Osloer Str.
Prinzen-allee
Badstr.
34
Bornholmer Str.
Bornholmer Str.
Berliner Str.
Wisbyer Str.
Ostseestr.
Prenzlauer Allee
Gesund-brunnen
Schönhauser Allee
Brunnenstr.
Volkspark Humboldthain
Humboldthain
Falkplatz
Friedrich-Ludwig-Jahn Sportpark
Prenzlauer Allee
Eberswalder Str.
Danziger Str.
Bernauer Str.
Hussitenstr.
Arkonapl.
Kastanienallee
Schönhauser Allee
Jüdischer Friedhof
Prenzlauer Allee
Greifswalder Str.
Brunnenstr.
Friedhof d. Sophienkirch-gem.
Invalidenstr.
Volkspark am Weinberg
Teuto-burger Pl.
30
Nordbahnhof
29
Chausseestr.
Zillepark
Torstr.
Torstr.
Rosenthaler Str.
Rosa-Luxemburg-Str.
Greifswalder Str.
Friedhof d. St.-Marien-Nikolai-Gem.
Mollst
Friedenstr.
Volkspark Friedrichshain
27
Oranien-burger Str.
Oranien-burger Str.
Hackescher Markt
28
26
Monbijou-park
Friedrichstr.
5
1-4
6
Lust-garten
Dorotheen-str.
Unter den Linden
Unter den Linden
Friedrichstr.
Bebel-platz
7
8
Pariser Platz
Behrenstr.
Französische Str.
9
Wilhelmstr.
Hausvogtei-platz
14
Gertraudenstr.
15
Märk. Ufer
16
17
Jannowitzbr.
Lichtenberger Str.
Platz
Brückenstr.
8
Leipziger Str.
Leipziger Str.
Potsdamer Platz
Spree
Holzmarktstr.
Ost-bahnhof
Heinrich - Heine - Str.
Michael-kirchpl.
Kochstr.
Oranienstr.
Waldeck-park
Legien-damm
Leuschner-damm
H.-Heine-Platz
Engeldamm
Köpenicker Str.
Anhalter Bhf.
Stresemannstr.
Wilhelmstr.
Lindenstr.
Jüdisches Museum
Oranien-platz
Mariannen-platz
Manteuffelstr.
Oranienstr.
Prinzenstr.
Lausitzer Platz
Wassertor-platz
Gitschiner Str.
Skalitzer Str.
Sommerbad Kreuzberg
Böckler-park
Kottbuser Str.
Wiener Str.
Möckernstr.
Bethlehems-kirchhof
Blücherstr.
Baerwalderstr.

Berliner Museumsführer

L&H VERLAG

DANKE

Staatliche Museen zu Berlin, Besucher-Dienste
MD Berlin/Museumspädagogischer Dienst Berlin

Der Verlag hat die Anzeigen für die Berliner Behinderten-Zeitung, Kulturstiftung DessauWörlitz und Monumente kostenlos geschaltet.

ZENTRALE INFORMATIONEN

MD Berlin – Kulturdienstleister für Museen und Theater in Berlin

Alle weiteren Informationen zu Museen und Sonderausstellungen, zu Archiven, Denkmälern und Gedenkstätten in Berlin gibt die MD infoline der Berliner Museen, Fon 283 97 444 individuell und umfassend Auskunft.

Staatliche Museen zu Berlin
www.smpk.de
Info-Telefon 20 90 55 55

Berlin Tourismus Marketing
www.berlin-tourism.de oder www.btm.de
information@btm.de
Info-Hotline 01 90-0-1 63 16 (Serviceansage zum Verbindungsentgelt, anschl. 0,45 bis 1,20 Euro/Min.)

www.berlin.de

Gemeinsamer Internetauftritt der Regionalmuseen
www.berliner-regionalmuseen.de

MUSEUMSINSEL
Museumsinselfestival, vor dem Pergamonmuseum

Museumszentrum Dahlem

Museum für
Ostasiatische Kunst

Lannsstraße 8
14195 Berlin

Museum für
Indische Kunst

Lannsstraße 8
14195 Berlin

Staatliche Museen zu Berlin
– Preußischer Kulturbesitz

INHALT

Museumsübersicht (Alphabetisches Register Seite *330*)

Mitte

Friedrichshain-Kreuzberg

* diese Museen sind zur besseren Übersichtlichkeit hier mit eingeordnet; die Friedensbibliothek gehört der Lage nach zu Pankow/Prenzlauer Berg, das Museum für Kommunikation zu Mitte

Pankow-Prenzlauer Berg-Weißensee

Lichtenberg-Hohenschönhausen

Marzahn-Hellersdorf

Treptow-Köpenick

Mit der 3-Tage-Karte „SchauLust Museen Berlin" können Sie zum günstigen Preis an drei aufeinander folgenden Öffnungstagen über 50 Berliner Museen und Sammlungen besuchen. Dazu gehören unter anderem die Häuser der Staatlichen Museen zu Berlin –Preußischer Kulturbesitz– wie etwa das Pergamonmuseum, Ägyptisches Museum oder die Gemäldegalerie. Außerdem die Museen der Stiftung Stadtmuseum Berlin, das Deutsche Technikmuseum, Jüdisches Museum, Brücke-Museum und viele andere mehr.

Näheres zu den Dienstleistungs- und Serviceangeboten des MD Berlin und der Besucher-Dienste der Staatlichen Museen zu Berlin finden Sie ab Seite *314*

Berlin

S- und U-Bahn Liniennetz

S1 Wannsee -- Yorckstr.
Nordbahnhof -- Oranienburg
S2 Blankenfelde -- Yorckstr.
* Gesundbrunnen -- Bernau (b Bln)
S25 Nordbahnhof -- Hennigsdorf (b Bln)

S26 Lichterfelde Süd -- Papestr.
Nordbahnhof -- Birkenwerder
S3 Erkner -- Charlottenburg (-- Grunewald)
S41* Ring im Uhrzeigersinn
S42* Ring gegen Uhrzeigersinn
S46* Königs Wusterhausen -- Gesundbrunnen

S47* Spindlersfeld -- Gesundbrunnen
S5 Strausberg Nord -- Westkreuz
S7 Ahrensfelde -- Potsdam Hauptbahnhof
S75 Wartenberg -- Spandau
S8 (Zeuthen --) Grünau -- Gesundbrunnen
S9 Berlin-Schönefeld Flughafen -- Spandau

U1 Krumme Lanke -- Warschauer Straße
U15 Uhlandstr. -- Wittenbergplatz -- Warschauer
U12 Ruhleben -- Warschauer Straße
U2 Ruhleben -- Pankow
U4 Nollendorfplatz -- Innsbrucker Platz

Legende

- S- und U-Bahn-Linie mit Umsteigemöglichkeit
- Linie des Regionalverkehrs
- Schienenersatzverkehr
- Züge in Pfeilrichtung halten nicht am Bhf Ostkreuz
- B Bahn-Regionalverkehr
- DB Fernbahnhof
- Behindertengerechter Zugang
- Behindertenfreundlicher Zugang
- P+R Park-und-Ride-Möglichkeit
- ZOB Zentraler Omnibusbahnhof
- U12 Nur im Nachtverkehr Fr/Sa, Sa/So ca. 1.00-4.00 Uhr und bei Großveranstaltungen

★ Züge der Linie S2 aus Bernau bzw. Buch verkehren ab Gesundbrunnen weiter als S42. Nach einer Ringumrundung verkehren diese Züge ab Gesundbrunnen weiter als S46 ▸ Königs Wusterhausen oder S47 ▸ Spindlersfeld. In der Gegenrichtung verkehren die Züge der Linien S46 und S47 ab Gesundbrunnen weiter als S41 und nach einer Ringumrundung verkehren diese Züge ab Gesundbrunnen weiter als S2 nach Bernau bzw. Buch.

Information

Verkehrsverbund Berlin-Brandenburg GmbH
Hardenbergplatz 2, 10623 Berlin
(030) 25 41 41 41

Berliner Verkehrsbetriebe (BVG)
10773 Berlin
(030) 19 44 9

S-Bahn Berlin GmbH
Kundenbüro
Invalidenstr. 19, 10115 Berlin
(030) 2974 33 33

Die Bahn DB **DB Regio AG**
Deutsche Bahn Gruppe
Regionalbereich Berlin/Brandenburg
Im Hauptbahnhof Potsdam
Babelsberger Str. 18, 14473 Potsdam
01805 99 66 33

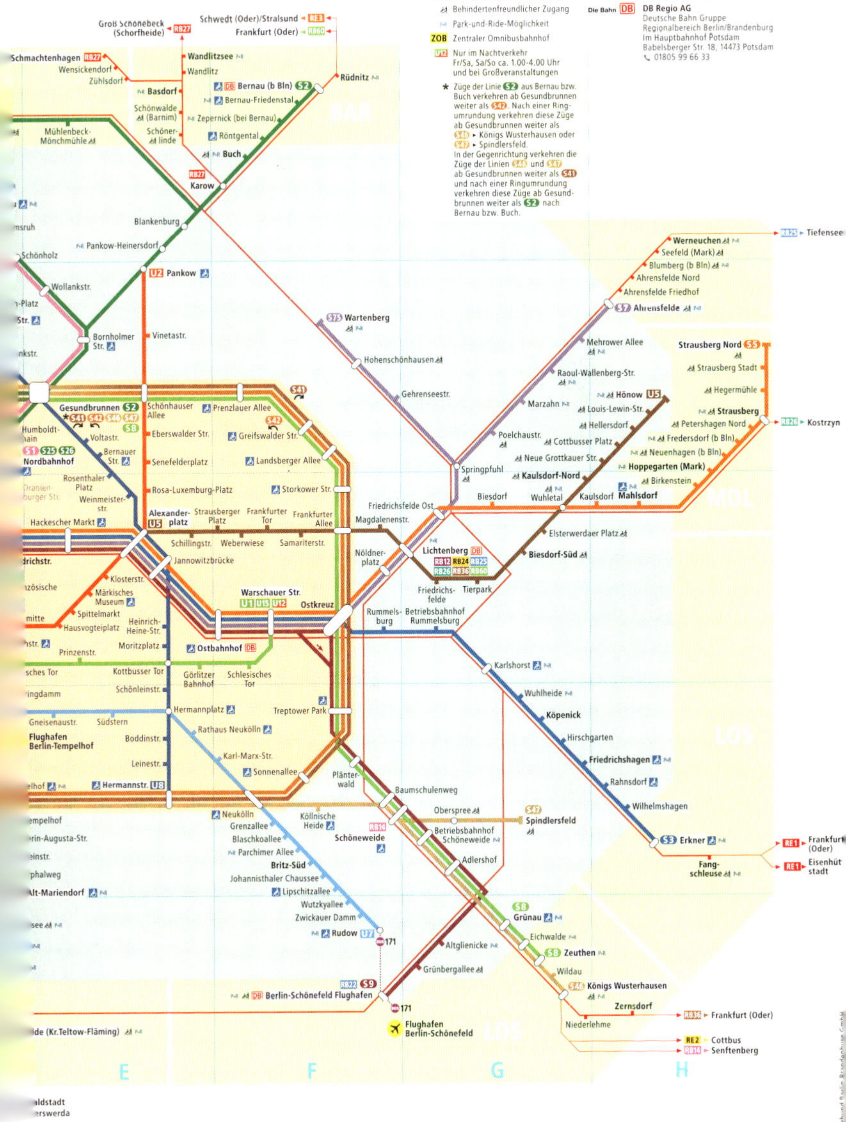

Alexanderplatz -- Hönow
Alt-Tegel -- Alt-Mariendorf
Rathaus Spandau -- Rudow
Wittenau -- Hermannstraße
Rathaus Steglitz -- Osloer Straße

Nutzen Sie innerhalb Berlins auch die Fahrtmöglichkeiten des Bahn-Regionalverkehrs.

ABC Tarifbereich Berlin

Im Berliner C-Bereich gibt es spezielle Angebote, die Sie bei Ihrem Verkehrsunternehmen erfragen können.

Hinweis: Berlin-Schönefeld gehört sowohl zum Teilbereich B des Tarifbereiches Berlin als auch zum Landkreis Dahme-Spreewald.

Stand: 16. Juni 2002

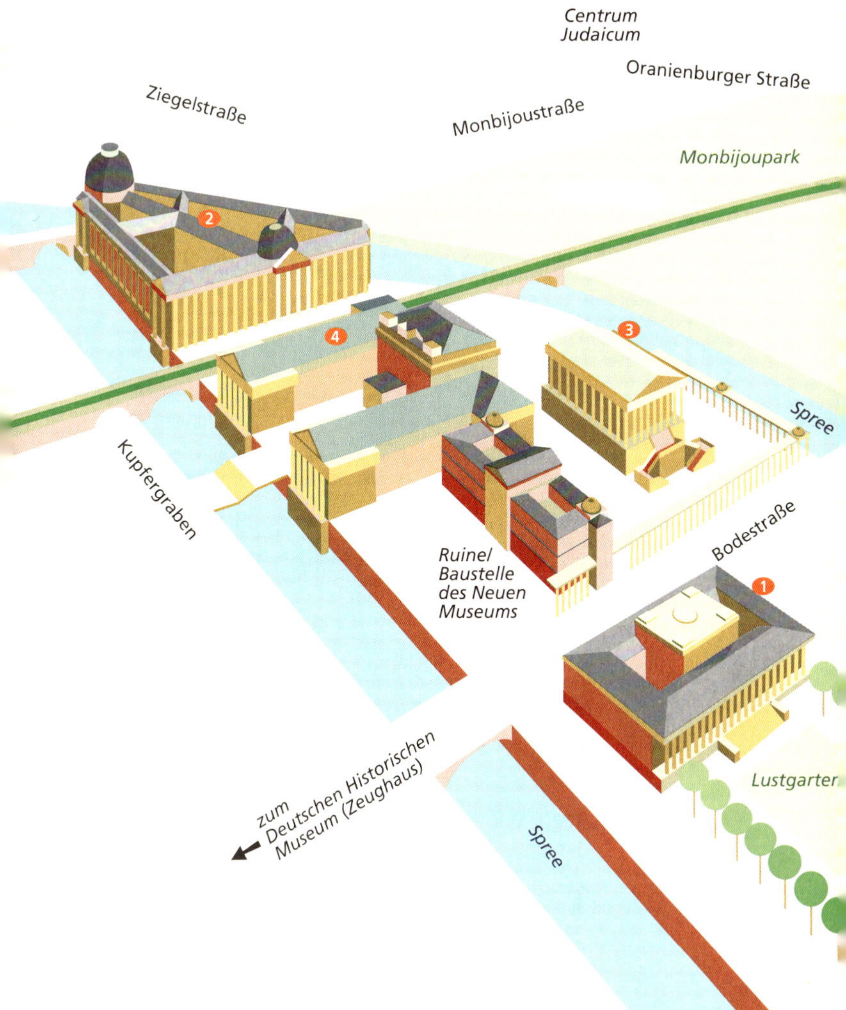

Museumsinsel 1 - 4

1. Altes Museum
2. Bode-Museum
3. Alte Nationalgalerie
4. Pergamonmuseum

„ALLE KÜNSTE OHNE ENDE" - DAS MUSEUMSINSELFESTIVAL

Im Herzen Berlins dokumentiert das Ensemble von Pergamonmuseum, Altem Museum, Alter Nationalgalerie, Bodemuseum und Neuem Museum die Entwicklung modernen Museums-Designs über mehr als ein Jahrhundert. Der umfassende Masterplan zur Sanierung, Neuordnung und Erweiterung der Museumsgebäude sieht auch die Aufwertung der Freiflächen für die öffentliche Nutzung vor. Um diese anspruchsvolle Bauaufgabe „Museumsinsel" zu kommunizieren, haben die Besucher-Dienste der Staatlichen Museen zu Berlin gemeinsam mit den Veranstaltern für das MuseumsinselFestival ein attraktives Programm initiiert, das mit den Kunstsparten Theater, Film und Musik vielfältige Bezüge zum Genius Loci der musealen Künste herstellt.

Ein Aspekt des Festivals ist auch die künstlerische Begleitung des Masterplans, dessen ersten Meilenstein die Wiedereröffnung der Alten Nationalgalerie im Dezember 2001 darstellte. Das abendliche „Einleuchten" der Insel von einem fahrenden Boot aus illustriert u.a. den Fortschritt der Sanierungsarbeiten am Bodemuseum. Zu vielen Events erstrahlen die Bauwerke der Museumsinsel in einer stimmungsvollen Illumination von Lichtinstallationen.

1999 wurde die Berliner Museumsinsel in das UNESCO-Weltkulturerbe aufgenommen, was eine Patenschaft mit der ebenfalls zum Weltkulturerbe erklärten Altstadt von Havanna einschloss. In diesem Rahmen entstand die Idee zu einer Konzertreihe mit dem Motto „Weltkulturerbe trifft Weltmusik" im Kolonnadenhof vor der Alten Nationalgalerie. Hochrangige Künstler wie Eliades Ochoa vom Buena Vista Social Club, der Filmmusik-Komponist Goran Bregovic, Vokalakrobat Al Jarreau oder die Weltmusik-Diva von den Kapverden, Cesaria Evora, gastierten zum MuseumsinselFestival mit dem musikalichen Erbe ihrer jeweiligen Herkunftsländer als Kulturbotschafter.

Die Schauspiel-Produktionen für die Museumsinsel inspirieren sich aus dem Prozesscharakter dieser größten Kulturbaustelle Europas. Die Künstler treten dabei in einen interaktiven Dialog mit den Besuchern und den Ausstellungen, der Architektur und den Flächen der Museumsinsel. Das Programm von „Götterleuchten" etwa bespielte mit seinen Theaterarbeiten auch verborgene Orte der Museumsinsel wie etwa die Keller unter dem Pergamonmuseum oder den Griechischen Hof des im Wiederaufbau befindlichen Neuen Museums, einem zentralen Ort der zukünftigen archäologischen Promenade. Nach einer sehr erfolgreichen Theaterinszenierung im Ehrenhof des Pergamonmuseums im Jahr 2000 wurde dort im zweiten Jahr des Festivals eine moderne Fassung von Kleists „Amphitryon" aufgeführt. Im Lustgarten vor dem Alten Museum gab die Shakespeare Company Berlin ihr Debut.

Jeden Abend verwandelt sich der Hof vor der Kulisse von Kolonnaden, Alter Nationalgalerie und Neuem Museum mit Liegestühlen und Leinwand zu Berlins schönstem Sommerkino, wobei Kino in diesem Falle mehr als „nur" Film ist: die Kinomacher interpretierten etwa den Pergamonfries als ersten „Monumentalfilm" und entwickelten ausgehend davon speziell auf die Museumsinsel zugeschnittene Programmlinien, die auch Filme mit Live-Begleitung durch renommierte Musiker beinhalten. Für diese Stätte der Künste in der Mitte der Hauptstadt wurde eine Reihe von Berlin-Filmen und ausstellungsbegleitenden Künstlerfilmen konzipiert.

Cineastische Höhepunkte mit Film, Konzert und Lesung gibt es auch aus der Programmlinie Film & Musik sowie Film & Literatur. Dazu kommen Retrospektiven zu Schauspielern und Regisseuren. Illustre Künstler wie Klaus Maria Brandauer, Manfred Krug, Giora Feidman, Till Brönner oder Ben Becker machten das Freiluftkino Museumsinsel in den Sommernächten zu einem lebendigen Zentrum des kulturellen Austausches.

Jeden Tag besuchen 3.000 Gäste Ausstellungen auf der Museumsinsel, an den Wochenenden täglich bis zu 10.000. Mit dem MuseumsinselFestival laden die Staatlichen Museen zu Berlin nun auch an den Sommerabenden dazu ein, diesen einzigartigen Komplex aus Kunstwerken, Museumsbauten und suggestiven Freiflächen unter einem ganz neuen Blickwinkel zu erleben. Nachdem erstmals 1999 mit einem sechswöchigen Programm begonnen wurde, avancierte das Museumsinsel-Festival mit seinen allabendlichen Veranstaltungen von Mai bis September zu einem Berliner Highlight mit überregionaler Ausstrahlung: „Alle Künste ohne Ende".

Info

Fon 20 90 55 77

UND SO NUTZEN SIE DIESES BUCH

– Jedes der ca. 100 großen Museen hat eine Kennziffer, die Sie auch auf den Karten wiederfinden

– Alle Museen, auch viele andere –durchaus auch sehenswerte– finden Sie im Überblick aller Museen am Schluss des Buches

– Die Museen sind nach Bezirken geordnet. Benachbarte Museen haben auch eine „benachbarte" Kennziffer

– Im Register sind auch umgangssprachliche Bezeichnungen der Museen berücksichtigt

– Dieses Buch soll Ihnen lange Zeit Freude bereiten. Daher haben wir bewusst darauf verzichtet, aktuelle Daten und Termine zu nennen, die schon bald überholt sein könnten. Diese Informationen erhalten sie über die zentralen Dienste vom MD Berlin und SMPK

L&H Verlag, Deichstraße 27, 20459 Hamburg, E-Mail: LH-verlag@t-online.de

Neue Nationalgalerie
Tango-Nacht in der Langen Nacht

DIE LANGE NACHT DER MUSEEN

Zweimal im Jahr erstrahlen die Berliner Museen in nächtlichem Glanz: Bis weit nach Mitternacht öffnen sie Nachtschwärmern, neugierigen, unerschrockenen, kulturbegeisterten und partyhungrigen Besuchern ihre Pforten. Jeweils an einem Sonnabend Ende Januar/Anfang Februar und Ende August laden rund 100 Häuser zur Langen Nacht ein. Von der Museumsinsel bis zum Neuköllner Heimatmuseum, von der Gedenkstätte Berlin Hohenschönhausen bis zum Schwulen Museum, dem Botanischen Garten, dem Naturkundemuseum oder der Gemäldegalerie. Besucher können nicht nur bekannte und weniger bekannte Sammlungen zu nächtlicher Stunde kennen lernen, sondern Museen auf ungewöhnliche, zumeist sehr sinnliche Weise erleben: Lichtinstallationen tauchen den weltberühmten Pergamonaltar in faszinierenden Glanz, Performances verfremden Kunstwerke und rücken sie so neu ins Bewusstsein. Eine ägyptische Flöte erklingt neben der Nofretete, Indischer Tanz verzaubert Ausstellungen. Bei Lesungen, Live-Musik, Filmen, Workshops, Theateraufführungen, Modenschauen und Partys begegnen sich Vergangenheit und Gegenwart, treffen sich verschiedene Künste, Regionen und Zeitalter. Das Programm der einzelnen Museen ist so vielfältig, wie die Kunstschätze, die sie ausstellen: Neben traditioneller Musik erklingt Jazz, Klezmer, World Music. Es werden Afrikanische Nächte, Capoeira-Vorführungen, Manga-Mal-Performances und spezielle Kinderprogramme angeboten, aktuelle Ausstellungen künstlerisch illustriert und Dauerausstellungen in neues Licht getaucht. Begehrt sind Blicke hinter die Kulissen, in die Werkstätten und Depots der Museen, sowie Führungen und Vorträge zu Sammlungen oder einzelnen Exponaten und ihrer Geschichte.

Im Sommer wird der nächtliche Blick in die Museen durch zahlreiche Open-Air-Angebote ergänzt: Man kann vor der monumentalen Silhouette der Alten Nationalgalerie hochkarätiges Kino im Liegestuhl genießen, interaktives Theater im Ehrenhof des Pergamonmuseums erleben oder im Garten des Ethnologischen Museums eine erste „Tango-Lesson" nehmen. Im Winter locken Lange Filmnächte, bis am Morgen „die erste U-Bahn wieder fährt", nach Dahlem, und viele Museen werden von Lichtinstallationen und Außen-Projektionen eindrucksvoll illuminiert. Sommers wie Winters verbinden eigens eingerichtete Bus-Shuttles die „Spielstätten" der Langen Nacht miteinander.

Die Stars sind die Museen selbst, die in der Begegnung der Schätze vergangener Zeiten mit lebendiger Gegenwartskultur ihren vollen Glanz entfalten und für jeden Geschmack etwas zu bieten haben: Besucher können sich, je nach Temperament, durch die Nacht treiben lassen, gezielt ihren Wissensdurst stillen oder von Party zu Party rauschen, neu eröffnete Ausstellungen besuchen, noch nie gesehene Museen kennen lernen, die baulichen Fortschritte des Masterplans Museumsinsel verfolgen oder einfach den Erlebnis-Routen der Bus-Shuttles folgen.

Die Nacht in den Museen zum Tage zu machen, ist eine relativ junge Berliner Erfindung. Die erste Lange Nacht fand im Februar 1997 statt. Inzwischen hat sich der einstige Geheimtipp zum festen Ritual entwickelt. Jährlich kommen mehr Besucher, nehmen weitere Häuser teil, wird das Programm, phantasievoller und interessanter. Über 200 000 Museumsbesuche werden in einer einzigen Langen Nacht gezählt.

Die Lange Nacht hat Nachahmer gefunden. Mittlerweile gibt es eine Lange Nacht der Galerien, der Wissenschaft, der Schlösser. Für viele ist die Reise von Museum zu Museum zu einer eigenen Inszenierung geworden: Man tauscht sich in den Bus-Shuttles aus, trifft Freunde, schaut in Mitte eine aktuelle Ausstellung an, besucht in Kreuzberg ein Museum, das man erst in der Langen Nacht entdeckt hat und feiert zum Abschluss mit Freunden im Ethnologischen Museum Fiesta Mexicana.

Tipp

Wer das Bad in der Menge liebt, startet auf der Museumsinsel, wer viel Programm erleben will, ohne in Dreierreihen durch die Ausstellungen zu marschieren, fährt ein bisschen weiter in die Museen Dahlem-Kunst und Kulturen der Welt. Der Heimweg mit der Lange-Nacht-Community wird zum Wett-

bewerb: Wer hat das meiste, das schönste, das ungewöhnlichste gesehen. Am nächsten Morgen wird sich zeigen, ob man weiter gekommen ist, mehr erlebt hat als die Journalisten, die sich durch die Lange Nacht gekämpft haben. In einem sind sich alle einig: Die Lange Nacht ist immer wieder ein Erlebnis. Das Programm ändert sich, die Faszination bleibt.

Info

Das Lange-Nacht-Ticket berechtigt zum Besuch in allen teilnehmenden Häusern und gilt als Fahrausweis für die öffentlichen Verkehrsmittel einschließlich der Bus-Shuttles, die auf 14 Routen die Museen miteinander verbinden.

Vorverkauf in allen beteiligten Häusern und weiteren Vorverkaufsstellen

Besucher-Dienste der Staatlichen Museen zu Berlin
Fon 20 90 55 77, www.smpk.de

Ein einzigartiges Museum

Im ehemaligen Wasserwerk von 1893 zeigen wir Ihnen die Geschichte der Wasserversorgung und Stadtentwässerung Berlins.
In denkmalgeschützter Architektur erwarten Sie Dauer- und Sonderausstellungen sowie eine vorführbereite Dampfmaschine.

MUSEUM
IM WASSERWERK

Mi - Fr	10 - 16 Uhr
Sa, So, Feiertags	10 - 17 Uhr

Vom 1. November bis 28. Februar:

Mi - Fr	10 - 15 Uhr
Sa, So, Feiertags	10 - 16 Uhr

Sie finden uns am Müggelsee in herrlicher Landschaft, unweit des Strandbades.

Müggelseedamm 307, 12587 Berlin
Tel 030.8644-76 95
www.bwb.de, museum@bwb.de

Besuchen Sie uns!
Mit der Tram 60 bis Endstation Wasserwerk

BERLIN-MITTE

ALTES MUSEUM
Das älteste Museum Berlins, von Schinkel erbaut

MUSEUMSINSEL

1 ALTES MUSEUM

Im Haus wird seit Juni 1998 im Hauptgeschoss die Antikensammlung präsentiert.

Bodestr. 1–3 (Eingang Lustgarten), 10178 Berlin
Fon 20 90 55 55, 20 90 55 66 (Info)
Fax 20 90 55 02
Antikensammlung: Prof. Dr. Wolf-Dieter Heilmeyer
Di–So 10–18 Uhr
Führungen mit thematischer Absprache nach Voranmeldung unter Fon 20 90 55 66, Fax 20 90 55 02

S- und U-Bahn bis Friedrichstraße; S-Bahn bis Hackescher Markt oder Oranienburger Straße; Tram 1, 2, 3, 4, 5, 6, 13, 15, 50, 53; Bus 100, 348, 200 bis Lustgarten
Berlin-Mitte, Museumsinsel
Gebührenpflichtige Parkplätze in der Nähe

Förderverein: Freunde der Antike auf der Museumsinsel Berlin, Bodestr. 1–3, 10178 Berlin

Das älteste Museum Berlins, 1822–1830 von Karl Friedrich Schinkel erbaut und 1830 als Domizil der Gemäldegalerie und der Antikensammlung eröffnet, gilt als eines der schönsten Museumsbauten des 19. Jahrhunderts in Europa. Die fast 90 m breite Hauptfront öffnet sich mit einer imponieren-

ALTES MUSEUM
Die Rotunde wurde nach dem Vorbild des römischen Pantheons konzipiert

den, von 18 ionischen Säulen getragenen Vorhalle zum Lustgarten. Der zentrale Raum des Alten Museums ist als Rotunde nach dem Vorbild des römischen Pantheons konzipiert. Ein Ring aus 20 korinthischen Säulen trägt die umlaufende Galerie.

Ursprünglich für alle Berliner Kunstsammlungen geschaffen, beherbergte das Alte Museum seit 1904 in seinem Haupt- und Obergeschoss allein die Antikensammlung. 1943 und 1945 schwer beschädigt und ausgebrannt, ist es bis 1966 wiederaufgebaut worden. Während das Äußere auch heute noch den Entwürfen Schinkels entspricht, wurde das Gebäudeinnere umfassend modernisiert.

Seit 1993 wird das Museum wieder für die Antikensammlung genutzt, die ihre griechische Sammlung mit der Schatzkammer seit 1998 im Hauptgeschoss präsentiert.

„Neue Antike im Alten Museum" lautet das Motto der Neueröffnung der Antikensammlung mit wiedervereinigten Beständen der antiken Kunst. Ausgewählte Werke der Skulptur, Vasenmalerei, der Bronzen und Terrakotten, Gold- und Silberarbeiten repräsentieren griechische Kunst- und Kulturgeschichte von der Kykladenkultur bis zur römischen Epoche.

Die in 30 Abschnitte gegliederte Ausstellung beginnt mit einem Einblick in griechische Vorgeschichte – die Kykladenkultur, Kreta, Mykene. Anschließend ist geometrische und archaische Kunst zu sehen. Anhand von Waffen und Kleinfunden wird in die Funde Olympias eingeführt. Das ionische Griechenland wird durch Funde aus Samos und Milet repräsentiert, die archaische Handelswelt durch Sammlungsstücke aus Korinth und Ägina.

Besonders sehenswert sind der Goldschmuck und die Silberschätze aus der Schatzkammer, die auch eine der großen Attraktionen der Antikensammlung in Charlottenburg war.

2 BODE-MUSEUM

Geschlossen bis voraussichtlich 2005

Museumsinsel mit (von links nach rechts) Bode-Museum, Pergamonmuseum, Alte Nationalgalerie, Neues Museum (Ruine/Baustelle)
nicht im Bild: Altes Museum

3 ALTE NATIONALGALERIE

Das Haus zeigt internationale und deutsche Malerei und Plastik des 19. Jahrhunderts.

Bodestr. 1–3 (Eingang Lustgarten), 10178 Berlin
Fon 20 90 55 55, 20 90 55 66 (Info)
Fax 20 90 55 02
Prof. Dr. Peter-Klaus Schuster

Di–So 10–18 Uhr, Do 10–2 Uhr
Führungen nach Voranmeldung unter Fon 20 90 55 66
Fax 20 90 55 02

S- und U-Bahn bis Friedrichstraße; S-Bahn bis Hackescher Markt oder Oranienburger Straße; Tram 1, 2, 3, 4, 5, 6, 13, 15, 50, 53; Bus 100, 348, 200 bis Lustgarten
Gebührenpflichtige Parkplätze in der Nähe

Förderverein: Verein der Freunde der Nationalgalerie, Hohenzollerndamm 27a, 10713 Berlin

Behindertengerecht

Die 1861 als Sammlung zeitgenössischer Kunst begründete Nationalgalerie wurde 1866–1876 nach Entwürfen von Friedrich August Stüler erbaut. Seit der Platz in dem tempelartigen Gebäude nach fünfzig Jahren zu knapp wurde, suchte man nach zusätzlichen Ausstellungsräumen. 1968 öffnete die Neue Nationalgalerie, die Malerei und Plastik des 20. Jahrhunderts zeigt. Zeitgenössische Kunst aus den Sammlungen der Staatlichen Museen ist seit November 1996 im Hamburger Bahnhof – Museum für Gegenwart Berlin zu sehen.

Nach mehrjähriger umfangreicher Sanierung wurde die Nationalgalerie im Dezember 2001 wiedereröffnet. Ihre Sammlung umfasst den nach dem Zweiten Weltkrieg getrennten und seit 1991 wiedervereinigten Bestand an Malerei und

ALTE NATIONALGALERIE
Nach Stüler-Plänen 1866–1876 erbaut

Wiedereröffnung 2001

Plastik des 19. Jahrhunderts. Die ständige Ausstellung verteilt sich über drei Etagen. Im Obergeschoss wurden zwei Säle zusätzlich gewonnen. Im Untergeschoss ist eine Sammlung deutscher Skulpturen des Klassizismus ausgestellt, in deren Mittelpunkt das Werk Johann Gottfried Schadows steht. Zu seinen Hauptwerken zählt das berühmte Doppelstandbild der Prinzessinnen Luise und Friderike von Preußen (1795/97).

Weitere klassizistische Skulpturen stammen von Rauch, Tieck, Dannecker, Schwanthaler und Canova. Außerdem sind Gemälde von Adolph Menzel („Eisenwalzwerk" von 1875) und Werke der Berliner Sezession zu sehen. Im Mittelgeschoss werden Werke zwischen Idealismus und Impressionismus gezeigt. Neben Berliner Bildhauerkunst nach 1850 sind Werke der Deutschrömer Böcklin, Feuerbach, Hildebrand und Marées ausgestellt. Die französischen Impressionisten sind mit Gemälden von Monet, Cezanne, Manet und Renoir sowie Skulpturen von Rodin vertreten. Weitere Schwerpunkte bilden: Wilhelm Leibl und sein Kreis, Hans Thoma, die Weimarer Malerschule, Max Liebermann sowie die Malerei der Münchner Schule nach 1850. Im Treppenhaus ist das „Gastmahl" von Anselm Feuerbach zu bewundern. Im Obergeschoss wird Kunst zwischen Goethezeit und Vormärz präsentiert: die Nazarenerfresken aus der Casa Bartholdy in Rom, das Grabmahl des Grafen von der Mark von Johann Gottfried Schadow, Kunst der Goethezeit, Hauptwerke der deutschen Romantik mit Gemälden von Caspar David Friedrich und Karl Friedrich Schinkel, Malerei der Nazarener, Werke der Spätromantik, Landschaftsmalerei Carl Blechens sowie Werke des Berliner, Münchener und Wiener Biedermeier und Kartons zu Fresken der Münchner Glyptothek von Peter Cornelius.

4 PERGAMONMUSEUM

Im Pergamonmuseum sind die Antikensammlung (Pergamonaltar, Markttor von Milet), das Vorderasiatische Museum (Ischtar-Tor, Prozessionsstraße von Babylon) und das Museum für Islamische Kunst (Mschatta-Fassade) untergebracht.

Bodestr. 1–3 (Eingang Kupfergraben), 10178 Berlin
Fon 20 90 55 55, 20 90 55 66 (Info)
Fax 20 90 55 02
Prof. Dr. Wolf-Dieter Heilmeyer, Antikensammlung
Prof. Dr. Beate Salje, Vorderasiatisches Museum
Dr. Volkmar Enderlein, Museum für Islamische Kunst

Di–So 10–18 Uhr, Do bis 22 Uhr
Tonbandführungen mit Handy sind im Eintrittspreis eingeschlossen: auf Deutsch, Englisch, Französisch, Italienisch, Türkisch und Japanisch durch das gesamte Museum (einzelne Abteilungen können ausgewählt werden)
Führungen nach Voranmeldung unter Fon 20 90 55 66, Fax 20 90 55 02

S- und U-Bahn bis Friedrichstraße; S-Bahn bis Hackescher Markt; Tram 1, 2, 3, 4, 5, 6, 13, 15, 50, 53;
Bus 100, 200, 348 bis Lustgarten Berlin-Mitte, Museumsinsel
Gebührenpflichtige Parkplätze in der Nähe

Das Museum verfügt über einen Behinderteneingang, -WC und Fahrstuhl. Das Aufsichtspersonal ist gern behilflich.

Das Pergamonmuseum auf der Museumsinsel zwischen Spree und Kupfergraben wurde 1910–1930 nach Entwürfen von Alfred Messel errichtet. Die Baudurchführung leitete Ludwig Hoffmann, nachdem Messel 1909 gestorben war. Weltweit bekannt wurde das Museum durch die beispielhafte Präsentation antiker Architektur.

PERGAMONMUSEUM
Eine vorbildliche Präsentation antiker Architektur
Pergamonaltar, 180–159 v.Chr.

Die Antikensammlung ist eine der größten der Welt. Sie umfasst Werke antiker Baukunst, Plastik und Kleinkunst aus zwölf Jahrhunderten. Die Ausstellung ist zeitlich, thematisch und landschaftlich geordnet. Durch maßgetreue Rekonstruktionen von Architekturteilen, die erhaltene Originalfunde mit einbeziehen, kann der Besucher sich ein Bild von Raumwirkung und Proportionsverhältnissen antiker Baukunst machen.

Glanzstück der Antikensammlung des Museums ist der Pergamonaltar, um 180–159 v. Chr. als ein Weihgeschenk vor allem an Athene, die Schutzgöttin der kleinasiatischen Stadt Pergamon, entstanden. Die Westseite des Altars wurde unter Einfügung alter Bauglieder rekonstruiert. Von dem 2,30 m hohen Relieffries, der einst den gesamten Bau umschloss, sind der Nord-, Süd- und Ostfries an die Wände des Ausstellungsraumes verlegt worden. Der Fries, ein Hauptwerk hellenistischer Kunst, thematisiert den Kampf der Götter gegen die Giganten. Der kleinere Telephos-Fries befindet sich an den Wänden des Altarinnenhofes.

Werke pergamenischer Baukunst befinden sich auch in dem der hellenistischen Architektur Kleinasiens gewidmeten Ausstellungssaal. Bauglieder von Kult- und Profanbauten aus Priene, Pergamon, Magnesia am Mäander und Milet machen hier mit weiteren hellenistischen Architekturschöpfungen bekannt. Der Ausstellungssaal der römischen Baukunst wird von dem gewaltigen Bau des römischen Markttores von Milet (Kleinasien, um 130 n. Chr.) beherrscht – ein weiterer Glanzpunkt der Antikensammlung. Das Tor, eine symmetrisch angelegte, zweigeschossige Fassadenarchitektur mit vorspringenden Seitenflügeln, erhob sich einst an der Nordostecke des Südmarktes von Milet. In der Stadt selbst wurde der in der Mitte des Saales ausgelegte Mosaikboden gefunden, der einst den Speiseraum eines Privathauses schmückte. Das sogenannte Orpheus-Mosaik stammt aus der zweiten Hälfte des 2. Jahrhunderts n. Chr.

Die Sammlung antiker Skulpturen zählt zu den bedeutendsten in europäischen Antikenmuseen. Ihre Geschichte lässt sich bis ins 17. Jahrhundert zurückverfolgen. 1982 wurde die

Sammlung neu geordnet der Öffentlichkeit übergeben. Die aus dem griechischen Mutterland und dem ionischen Bereich stammenden Bildwerke des 6.–4. Jahrhunderts v. Chr. werden chronologisch und thematisch in fünf Ausstellungsräumen präsentiert. Auf archaische Marmorbildwerke folgen Skulpturen aus klassischer Zeit. Zu den Hauptwerken der Sammlung zählt die in Tarent gefundene spätarchaische Marmorstatue der Thronenden Göttin (Unteritalien, 480 v. Chr.). Weitere Räume zeigen pergamenische und römische Kopien nach griechischen Originalen, hellenistische und römische Kunst sowie antike Münzen aus dem Münzkabinett der Staatlichen Museen zu Berlin.

Das Vorderasiatische Museum geht auf eine Gründung im Jahre 1899 zurück und ist eine der größten Sammlungen altvorderasiatischer Kunst. Seit 1930 ist es im Pergamonmuseum untergebracht. Bei Ausbruch des Zweiten Weltkrieges wurden die Denkmäler nicht verlagert, und der gesamte Bestand des Vorderasiatischen Museums blieb erhalten. Jedoch wurde das Pergamonmuseum als Haus schwer zerstört. Das geschlossene Vorderasiatische Museum wurde 1958 wiedereröffnet.

Die Ausstellung vermittelt einen Eindruck von der ca. 6000 Jahre umfassenden Geschichte, Kultur und Kunst Vorderasiens. Der weitaus größere Teil der im Museum verwahrten Altertümer wurde bei deutschen Ausgrabungen zwischen 1889 und 1939 entdeckt. Charakteristisch ist der reiche Besitz an Architekturdenkmälern.

Die im Südflügel des Pergamonmuseums aufgebaute Ausstellung verteilt sich über 13 Räume. In der Hauptachse des Museums verläuft die Prozessionsstraße von Babylon, die auf das Ischtar-Tor zuführt. Die aus leuchtenden Schmelzfarbenziegeln rekonstruierten riesigen Wandflächen der babylonischen Prachtbauten aus der Zeit Nebukadnezars II. (604–562 v. Chr.), zu denen auch Teile der Thronsaalfassade gehören, sind Hauptanziehungspunkt. Zur besseren Veranschaulichung der Bausituation von Straße und Tor ist ein Modell der Anlage aufgebaut. Weitere hervorragende Werke altvorderasiatischer

PERGAMONMUSEUM
Die Geschichte, Kultur und Kunst Vorderasiens

Monumentalarchitektur sind die Teile der buntfarbigen Stiftmosaikwand (Uruk, um 3000 v. Chr.) sowie die Backsteinfassade vom Innanatempel (Uruk, um 1415 v. Chr.). Besondere Erwähnung verdienen auch die assyrischen Palastreliefs aus Kalchu (9. Jahrhundert v. Chr.). Die vielen Kleinkunstobjekte – Gefäße, Schmuck, Geräte, Ton- und Steinreliefs, Stempelsiegel und Fliesen – sind chronologisch und nach Themenkreisen geordnet.

Das 1904 gegründete Museum für Islamische Kunst eröffnete 1932 seine neuen Ausstellungsräume im Pergamonmuseum. Als Folge des Zweiten Weltkrieges kam es zu einer Teilung der Sammlung. Die fest eingebauten Architekturteile der Mschatta-Fassade und eine große Anzahl von bedeutenden Kunstwerken des Islamische Museums auf der Museumsinsel blieben erhalten und konnten nach der Restaurierung (Schäden im Zweiten Weltkrieg) 1954 wieder für Besucher geöffnet werden. Seit Mai 1998 sind die im Westteil Berlins verbliebenen – ab 1971 in Dahlem ausgestellten – islamischen Kunstwerke wieder ins Pergamonmuseum gezogen, so dass beide Sammlungsteile wieder vereinigt sind. Von der babylonischen Prozessionsstraße des Vorderasiatischen Museums führt eine Treppe in die im südlichen Obergeschoss des Pergamonmuseums untergebrachte Ausstellung. In 18 Räumen wird eine Vorstellung von der Vielfalt und dem Formenreichtum der islamischen Kunst von den Anfängen im 7. Jahrhundert bis zum 18./19. Jahrhundert vermittelt.

Ein Rundgang ist ausgeschildert. Zu sehen sind Architekturdenkmäler, Werke der Buchkunst in Wechselausstellungen, Teppiche, Holz- und Elfenbeinschnitzereien, Keramiken, Lederarbeiten und Metallerzeugnisse. Unbedingt sehenswert ist hier der Mschatta-Saal, der einen beeindruckenden Teil der mit Reliefs geschmückten Fassade des omayadischen Wüstenschlosses Mschatta (Jordanien, Mitte 8. Jahrhundert) präsentiert. Die Fassadenteile gelangten bereits 1903 zusammen mit einigen Architekturteilen aus dem Palasttrakt sowie Fragmenten von Skulpturen in das Kaiser-Friedrich-Museum. Seit März 2000 sind die bedeutendsten Werke in einer neuen Präsentation nebeneinander ausgestellt. Auch die Seldschukensäle werden von Architekturdenkmälern beherrscht, den aus Moscheen stammenden großen Gebetsnischen (13. Jahrhundert). Die Gebetsnische aus Kaschan in Zentralasien besteht aus zahlreichen Goldlüsterfliesen, die aus Konya in Zentralanatolien aus mehrfarbigem Fayencemosaik. Die Inschriften weisen auf die Verrichtung des Gebetes hin und preisen Allah. Ein hölzernes Kuppeldach aus einem islamischen Palast in Granada (14. Jahrhundert) bildet einen weiteren Höhepunkt. Einen guten Einblick in die Kultur der Osmanen gewährt das Aleppo-Zimmer mit seiner reichbemalten hölzernen Wandverkleidung, die aus dem Haus eines Aleppiner Kaufmannes stammt (1600–1603).

Info

Ein Katalogstand und ein Verkaufsstand der Buchhandlung Wasmuth befinden sich im Foyer des Pergamonmuseums (nette Beratung!).

Es gibt Informationsblätter zu ausgewählten Exponaten.

Alle drei Monate erscheint ein Programmheft der Staatlichen Museen, das u. a. über Veranstaltungen im Pergamonmuseum informiert.

Nach Anmeldung und thematischer Absprache mit Schulen oder anderen Kinder- und Jugendeinrichtungen werden besondere Aktivitäten angeboten.

Das Selbstbedienungs-Café des Pergamonmuseums befindet sich auf der linken Seite des Innenhofes. Neben Kaffee und Kuchen wird ein einfacher Mittagstisch geboten. Im Sommer sitzt man draußen: Di–So 10–18 Uhr, Do bis 22 Uhr

Näheres zu den Dienstleistungs- und
Serviceangeboten des MD Berlin und der
Besucher-Dienste der Staatlichen Museen zu Berlin
finden Sie ab Seite *314*

5 MUSEUM MITTE VON BERLIN

Das kleine Museum dokumentiert ausgewählte Aspekte der Geschichte des Berliner Stadtzentrums.

Palais am Festungsgraben
Am Festungsgraben 1, 10117 Berlin
Fon 20 84 00 0
Fax 53 65 66 75
museummitte@web.de
www.berliner-regionalmuseen.de
Wilfried Burkard

Mi–Fr 13–17 Uhr, Sa bis 20 Uhr, So 11–17 Uhr
Eintritt frei. Führungen durch die Ausstellung auf Anfrage, Anmeldung unter Fon 20 84 00 0

U-, S-Bahn bis Friedrichstraße; S-Bahn bis Hackescher Markt; Bus 100, 200, 348; Tram 1, 50. Unter den Linden, Dorotheenstraße. Geb.-pfl. Parkplatz Unter den Linden, Bodestraße, Am Festungsgraben

Bibliothek geöffnet nach Vereinbarung

Das aus dem 1987 gegründeten Heimatgeschichtlichen Kabinett Berlin–Mitte hervorgegangene Museum befindet sich seit 1997 im ersten Stock des Palais am Festungsgraben. Präsentiert werden Wechselausstellungen zur Geschichte des Berliner Stadtzentrums. Der Schwerpunkt liegt dabei auf Kultur- und Alltagsgeschichte sowie Fotografie. Wo möglich, werden Bezüge zwischen historischen und aktuellen Gegebenheiten aufgezeigt.

Info

Es gibt museumspädagogische Angebote für Schulen und Jugendgruppen. In Zusammenarbeit mit dem Heimatverein Mitte e.V. werden historische Spaziergänge durch den Bezirk angeboten.

6 DEUTSCHES HISTORISCHES MUSEUM

Das Deutsche Historische Museum befindet sich seit 1990 in einem der schönsten Barockbauten Deutschlands, dem ehemaligen Zeughaus.

Unter den Linden 3, 10117 Berlin
Fon 20 30 4-0
Fax 20 30 4-53
www.dhm.de
Prof. Dr. Hans Ottomeyer

Täglich außer Mi 10–18 Uhr (1.1. 12–18 Uhr), Do bis 22 Uhr. Geschlossen: Karfreitag, 1. Mai, 24. und 25. Dezember. Führungen durch die ständige Ausstellung für Einzelbesucher samstags und montags um 16 Uhr, sonntags um 14 und 16 Uhr; Gruppenführungen (auch fremdsprachig) jederzeit möglich nach Vereinbarung, Anmeldung bei Sonja Trautmann unter Fon 203 04-411, Fax 203 04-412

S-Bahn bis Hackescher Markt oder Friedrichstraße
U-Bahn bis Französische Straße, Hausvogteiplatz oder Friedrichstraße; Bus 100, 348 bis Staatsoper und Altes Museum. Vom Alexanderplatz über Karl-Liebknecht-Straße, Unter den Linden. Gebührenpflichtiger Parkplatz in der Nähe

Bibliothek Mo–Fr 9–16.30, Fon 21 50 21 11

Eingeschränkt behindertengerecht

Das älteste Gebäude in der Straße Unter den Linden wurde in der Zeit von 1695–1730 errichtet. Der erste Baumeister war Johann Arnold Nering. Seine Arbeit wurde von Martin Grünberg und Andreas Schlüter fortgesetzt und schließlich von Jean de Bodt vollendet. Neben der imposanten architektonischen Gestaltung beeindrucken vor allem die Bauplas-

DEUTSCHES HISTORISCHES MUSEUM
Im direkt gegenüberliegenden Kronprinzenpalais werden wechselnde Ausstellungen gezeigt

tiken, die auf Entwürfe von Andreas Schlüter und Guillaume Hulot zurückgehen. Während der plastische Schmuck der Außenfront den Sieg verherrlicht, zeigt der Innenhof mit den 22 Masken „Sterbender Krieger" von Schlüter die durch den Krieg verursachten Todesqualen.

Das Zeughaus diente zunächst als Waffendepot und Sammlungsort historischer Waffen und Trophäen. Von 1952–1990 präsentierte das Museum für Deutsche Geschichte hier eine Ausstellung, die Objekte und Dokumente von der Urgeschichte bis zur sozialistischen Gesellschaft der DDR umfasste. Die Regierung der DDR löste im September 1990 dieses Museum auf. Im Oktober 1990 wurden dem 1987 gegründeten Deutschen Historischen Museum Gebäude und Sammlungen übertragen. Das Zeughaus wurde im September 1991 mit einer ersten Reihe von Wechselausstellungen neu eröffnet.

Seit dieser Zeit bis Ende des Jahres 1998 wurden hier fast 100 wechselnde Ausstellungen und ab 1994 eine ständige Ausstellung unter dem Motto „Bilder und Zeugnisse der deut-

DEUTSCHES HISTORISCHES MUSEUM
Das ehemalige Zeughaus, einer der schönsten Barockbauten Deutschlands

schen Geschichte" präsentiert. Ab 1999 erfährt das Haus Unter den Linden eine Generalsanierung und erhält gleichzeitig ein neues Wechselausstellungsgebäude, das der renommierte Architekt I.M. Pei, der auch die Pariser Louvre-Pyramide schuf, entwarf.

Nach der Eröffnung beider Häuser stehen dann im Zeughaus ca. 7.000 qm für die Dauerausstellung zur deutschen Geschichte zur Verfügung. Bis dahin nutzt das DHM das dem Zeughaus gegenüberliegende Kronprinzenpalais für seine wechselnden Ausstellungen. Das in den sechziger Jahren rekonstruierte klassizistische Palais diente schon einmal als Ausstellungsgebäude, es nahm während der Zeit der Weimarer Republik einen Teil der Sammlungen der Nationalgalerie auf. Das Kronprinzenpalais beherbergt neben den vielfältigen Sonderausstellungen auch die Multivisions-Show zur deutschen Geschichte und den Museumsladen.

Info

Die neben dem Zeughaus gelegene Neue Wache wurde 1993 als „Zentrale Gedenkstätte der Bundesrepublik Deutschland für die Opfer des Krieges und der Gewaltherrschaft" neu gestaltet. In der Mitte steht die vergrößerte Skulptur „Mutter mit totem Sohn" von Käthe Kollwitz; geöffnet täglich 10–18 Uhr.

Tipp

Die deutsche Kapitulation vom 8. Mai 1945 steht im Mittelpunkt des Museums Berlin-Karlshorst. Das deutsch-russische Museum am historischen Ort erinnert an den Krieg im Osten von 1941–45. Informationen erhalten Sie auch im Foyer des Deutschen Historischen Museums.

7 DEUTSCHE GUGGENHEIM BERLIN

In der 1997 eröffneten Ausstellungshalle des Deutsche Guggenheim Berlin werden pro Jahr drei bis vier wechselnde Ausstellungen moderner und zeitgenössischer Kunst gezeigt, von denen je eine als Auftragsarbeit an einen Künstler vergeben wird.

Unter den Linden 13–15, 10117 Berlin
Fon 20 20 93-0
Fax 20 20 93-20
berlin.guggenheim@db.com
www.deutsche-guggenheim-berlin.de
Svenja Gräfin von Reichenbach

Täglich 11–20 Uhr; Do bis 22 Uhr
Allgemeine Führungen täglich um 18 Uhr;
Lunch Lectures (Führungen zu ausgewählten Themen zur Mittagszeit mit anschließendem kleinen Lunch) mittwochs um 13 Uhr; Themenführungen mit anschließendem Brunch sonntags um 11.30 Uhr; für Kinder werden Spezialführungen angeboten;
Anmeldung für gesonderte Führungsangebote unter Fon 20 20 93-14

S1, S2 bis Unter den Linden, SS3, S5, S7, S9, S25, S26, S75 bis Friedrichstraße; U2 bis Stadtmitte, U6 bis Französische Straße; Bus 100, 200, 348 Berlin-Mitte, Unter den Linden; Parkautomaten Unter den Linden

Eingeschränkt behindertengerecht: Die Ausstellungshalle ist ebenerdig.

Das Jointventure zwischen der Deutschen Bank und der Solomon R. Guggenheim Foundation befindet sich Unter den Linden in Berlin-Mitte.

Neben der Peggy Guggenheim Collection in Venedig und dem Guggenheim Museum in Bilbao ist Deutsche Guggenheim

Berlin in Europa das dritte Ausstellungshaus der weltweit agierenden Solomon R. Guggenheim Foundation, New York.

Die Ausstellungshalle des Deutsche Guggenheim Berlin befindet sich im Erdgeschoss des 1920 erbauten Gebäudes der Deutschen Bank. Die Ausstellungsfläche besteht aus einer einzigen 510 Quadratmeter großen, klar strukturierten Galerie. Sie entstand nach Entwürfen des amerikanischen Architekten Richard Gluckman, der u.a. auch mit der Realisierung des Dia Center for the Arts in New York, dem Andy Warhol Museum in Pittsburg und der Renovierung des Whitney Museum of American Art in New York beauftragt wurde.

Seit dem 7. November 1997 hat das Deutsche Guggenheim Berlin den Ausstellungsbetrieb aufgenommen: Gezeigt werden jährlich drei bis vier hochkarätige Austellungen, von denen je eine als Auftragsarbeit speziell für die Berliner Ausstellungshalle an einen Künstler vergeben wird. Den Schwerpunkt bilden zeitgenössische Künstler und die Kunst des 20. Jahrhunderts.

Info

Vom Ausstellungsraum führt eine Treppe zum Museumsshop mit einer großen Auswahl an Kunstliteratur, Postkarten, Geschenk- und weiteren Verkaufsartikeln.

Zu den jeweiligen Ausstellungen werden verschiedene Sonderveranstaltungen wie z. B. Filmreihen angeboten.

Für Kinder gibt es besondere Aktivitäten: „Kreativ malen" und „Kreativ schreiben".

Vom Ausstellungsraum führt eine Treppe zu dem Café KAFFEEBANK mit Ausblick in den überdachten Innenhof des Gebäudes.

Tipp

Ein weiteres Highlight in der Berliner Museumslandschaft ist der Hamburger Bahnhof als Berliner Museum für Gegenwart. Sie sehen dort zeitgenössische Kunst aus den Sammlungen der Staatlichen Museen sowie der Sammlung Erich Marx.

8 FRIEDRICHSWERDERSCHE KIRCHE – SCHINKELMUSEUM

In der von Schinkel erbauten Kirche ist Bildhauerkunst der Berliner Bildhauerschule vom späten 18. bis zum mittleren 19. Jahrhundert zu sehen.

Werderstraße, 10117 Berlin
Postanschrift: Bodestr. 1–3, 10178 Berlin
Außenstelle der Alten Nationalgalerie
Fon 20 90 55 55 (Info)

Di–So 10–18 Uhr, Führungen nach Anmeldung unter Fon 20 90 55 66, Fax 20 90 55 02

U2 bis Hausvogteiplatz; Bus 100, 200

Förderverein: Verein der Freunde der Nationalgalerie, Hohenzollerndamm 27a, 10713 Berlin

Behindertengerecht: Rollstuhlrampen;
Galerie nur über Treppe

Die Friedrichswerdersche Kirche wurde 1824–31 von Karl Friedrich Schinkel erbaut. Bis zu ihrer Teilzerstörung im Zweiten Weltkrieg wurde sie als Kirche genutzt. Nachdem die Ruine bis 1987 wiederhergestellt wurde, dient der backsteinerne Bau jetzt als Museum. Die ständige Ausstellung im Langhaus präsentiert Bildhauerkunst der Berliner Bildhauerschule vom späten 18. bis zum mittleren 19. Jahrhundert, darunter das Modell zu Schadows berühmter Prinzessinnengruppe. Auf der umlaufenden Empore sind Dokumentationen zur Geschichte der Friedrichswerderschen Kirche sowie zum Leben und Werk Schinkels zu sehen.

Wissenschaftliche Beratung nach tel. Anmeldung.

FRIEDRICHSWERDERSCHE KIRCHE
Jetzt mit ständiger Ausstellung zur Bildhauerkunst

9 HUGENOTTENMUSEUM

Das Museum dokumentiert die Geschichte der Hugenotten in Frankreich und Berlin-Brandenburg anhand von Büchern, Gemälden, Urkunden, Handschriften und Kunstgegenständen.

Gendarmenmarkt 5, 10117 Berlin
Fon 2 29 17 60
Fax 2 04 15 05
Robert Violet

Di–Sa 12–17 Uhr, So und feiertags 11–17 Uhr
Gruppenführungen bis maximal 30 Personen nur nach Anmeldung unter Fon 229 17 60

U-Bahn bis Hausvogteiplatz, Stadtmitte oder Französische Straße; Bus 147 oder 257 bis Gendarmenmarkt, Bus 100 oder 348 bis Staatsoper Unter den Linden

Eingeschränkt behindertengerecht: Rollstuhlfahrer sollten den Besuch unter Fon 229 17 60 anmelden.

Die Französische Friedrichstadtkirche auf dem Gendarmenmarkt wurde für die Gemeinde der Hugenottenfamilien in den Jahren 1701–05 nach Entwürfen von J. L. Cayart erbaut. 1780–85 wurde der große Kuppelbau nach Entwürfen von Gontard angefügt.

Im Erdgeschoss des Turmes ist 1935 das Hugenottenmuseum eingerichtet und seitdem – aufgrund von Kriegszerstörungen – mehrfach verändert worden. So wie die Sammlung heute zugänglich ist, wurde sie 1987 aufgebaut.

Die Exponate zur Entwicklung der französisch-reformierten Gemeinden in Berlin und der Mark Brandenburg vom 17. bis 20. Jahrhundert, einschließlich der französischen Reformationsgeschichte, verteilen sich über fünf Räume. Thematische Schwerpunkte der Ausstellung sind:

Theologische Hintergründe – Geschichte in Frankreich – Einwanderung nach Berlin, die Französische Kirche, Schulen und Sozialeinrichtungen der Berliner Gemeinde – Kunsthandwerk, Einfluss auf Wissenschaft, Literatur etc. – Zerstörung und Aufbau des Doms. Die Begleittexte zur Ausstellung sind deutsch- und französischsprachig.

Tipp

Im Deutschen Dom ist die vormals im Reichstag untergebrachte Ausstellung „Fragen an die deutsche Geschichte" zu sehen. In der 4. Turmetage des Französischen Doms befindet sich die Weingaststätte Turmstuben; geöffnet 12–1 Uhr.

Der Blick von der Aussichtsplattform des Turms in 60 m wird als Berlins schönste Aussicht gelobt (täglich von 9–19 Uhr).

Der Gendarmenmarkt mit Französischem und Deutschem Dom sowie dem von Schinkel erbauten Schauspielhaus gilt als einer der schönsten Plätze Berlins.

HUGENOTTENMUSEUM
Französischer Dom am Gendarmenmarkt
historische Zeichnung

10 MUSEUM KNOBLAUCHHAUS

Das Haus zeigt am Beispiel der Familie Knoblauch das Leben des Berliner Bürgertums zur Biedermeierzeit, außerdem Wechselausstellungen.

Poststr. 23, 10178 Berlin
Stiftung Stadtmuseum Berlin
Fon 240 02-12 (Hotline)

Di–So 10–18 Uhr, Führungen nach Vereinbarung, Anmeldung beim Stadtmuseum unter Fon 240 02-162

U- und S-Bahn bis Alexanderplatz, U2 bis Klosterstraße, 10 Min. zu Fuß; Bus 143, 148, 257 bis Mühlendammbrücke oder 5 Min. zu Fuß. Das Knoblauchhaus liegt in der Fußgängerzone im Nikolaiviertel. Gebührenpflichtiger Parkplatz beim Museum

Förderverein Museum Knoblauchhaus e.V., c/o Dr. Eva Dunzendorfer, Alois-Eckert-Str. 28, 60528 Frankfurt/Main

Das 1761 errichtete und im frühen 19. Jh. klassizistisch umgestaltete Knoblauchhaus im Nikolaiviertel gehört zu den wenigen noch erhaltenen alten Bürgerhäusern in Berlin. Benannt ist es nach der Kaufmanns- und Fabrikantenfamilie Knoblauch. Das Gebäude – einst Wohnhaus mit Kontor der Knoblauchschen Seidenbandhandlung – wurde nach der Restaurierung 1989 als Museum Knoblauchhaus eröffnet, dessen Arbeit ein Förderkreis unterstützt. Zeitgenössisches Mobiliar und Gebrauchsgegenstände aus Familienbesitz veranschaulichen die Wohn- und Alltagskultur des Berliner Bürgertums zur Biedermeierzeit. Eine Ausstellung in den schön restaurierten Räumen dokumentiert den Werdegang der Familie Knoblauch im stadtgeschichtlichen Zusammenhang.

Tipp

Die „Historischen Weinstuben" im EG des Hauses sind von 12–24 Uhr geöffnet. Besonders für Gruppen bietet sich ein Besuch des historischen Weinkellers von 1759 an; Fon 242 41 07.

11 MUSEUM NIKOLAIKIRCHE

In der ältesten Kirche Berlins mit Grabmalkunst aus vier Jahrhunderten werden Ausstellungen zur Baugeschichte des Gotteshauses, sakrale märkische Textilien, Plastiken und Kirchenglocken gezeigt.

Nikolaikirchplatz, 10178 Berlin
Stiftung Stadtmuseum Berlin
Fon 240 02-162 (Hotline)

Di–So 10–18 Uhr. Führungen nach Vereinbarung, Anmeldung beim Stadtmuseum unter Fon 240 02-162

U- und S-Bahn bis Alexanderplatz, U2 bis Klosterstraße, 5 Min. zu Fuß10 Min. zu Fuß; Bus 142, 143, 148
Die Nikolaikirche liegt in der Fußgängerzone im Nikolaiviertel. Gebührenpflichtiger Parkplatz i. d. Nähe

Eingeschränkt behindertengerecht

Die Nikolaikirche im Mittelpunkt des Nikolaiviertels ist das älteste erhaltene sakrale Bauwerk Berlins. Um 1230 wurde sie als Feldsteinbasilika auf dem städtischen Friedhof erbaut. Davon sind heute noch die drei unteren Geschosse des Westturmes erhalten. Ansonsten ist das Mauerwerk der frühgotischen Kirche in der dreischiffigen spätgotischen Hallenkirche aufgegangen, die bis 1470 an dieser Stelle errichtet wurde. 1876–78 wurde die Kirche umfangreich restauriert und im Zweiten Weltkrieg stark zerstört. Nachdem sie von 1981–87 wieder aufgebaut wurde, wird die mit wertvollen Epitaphen und Grabkapellen ausgestattete Nikolaikirche heute als Museum und für Konzertveranstaltungen genutzt.

Im Langhaus ist eine Ausstellung zur Baugeschichte der ältesten Pfarrkirche Berlins und zu St. Nikolai als Wirkungsstätte und Grablege bedeutender Berliner Persönlichkeiten zu sehen.

Märkische und Berliner Kirchenglocken sind in den nördlichen Langhauskapellen zu sehen.

Im Museum werden Sonderausstellungen gezeigt. Von den Türmen der Nikolaikirche ertönt täglich um 12, 15 und 18 Uhr das Automatik-Glockenspiel. In der Kirche werden Konzerte veranstaltet.

Tipp

Im Nikolaiviertel finden Sie eine Fülle gastronomischer Angebote – viele allerdings sehr touristisch ausgerichtet. Sehenswert ist das Restaurant „Zum Nußbaum". Das Giebelhaus stand früher auf der nahen Fischerinsel und war Heinrich Zilles Stammkneipe.

NIKOLAIKIRCHE
Die älteste sakrale Bauwerk Berlins

12 HANF MUSEUM

Das Haus informiert über Hanf als vielseitige Nutzpflanze.

Mühlendamm 5, 10178 Berlin
Fon 242 48 27
Fax 40 04 27 51
hanfmuseum@hanflobby.de
www.hanfmuseum.de

Di–Fr 10–20 Uhr, Sa und So 12–20 Uhr
Gruppenführungen nach telefonischer Voranmeldung

U- und S-Bahn bis Alexanderplatz, 10 Min. zu Fuß; U2 bis Klosterstraße, 5 Min. zu Fuß; Bus 142, 143, 148, 257 bis Mühlendammbrücke
Vom Alexanderplatz geradeaus, Gruner Straße, Mühlendamm. Gebührenpflichtiger Parkplatz in der Nähe

Bibliothek Di–Fr 10–20 Uhr, Sa und So 12–20 Uhr

Eingeschränkt behindertengerecht

Das Hanfmuseum, eröffnet 1994, war das erste Museum, das sich vollkommen der nach wie vor umstrittenen Pflanze Hanf widmete. Auf fast 300 qm können interessierte Gäste altes und neues Wissen über die Kulturpflanze erfahren.

Mit Schautafeln, Abbildungen und verschiedenen Objekten wird der Weg über die Botanik, die Vor- und Weiterverarbeitung bis hin zu unterschiedlichsten Endprodukten präsentiert. Sowohl die medizinische, als auch die kulturelle Bedeutung wird eingehend behandelt.

Darüber hinaus werden Sonderausstellungen und Sonderveranstaltungen geboten.

EPHRAIM-PALAIS
Die wirklich schönste Ecke Berlins

13 MUSEUM EPHRAIM-PALAIS

Poststraße 16, 10178 Berlin (Mitte)
Stiftung Stadtmuseum Berlin
Fon 240 02-121
Fax 240 02-187

Di–So 10–18 Uhr

U2 Klosterstraße, S/U Alexanderplatz; Bus 100, 142, 147, 148, 257, 348; Tram 2, 3, 4, 5, 6

Behindertengerecht

Der Hofjuwelier und Münzunternehmer Veitel Heine Ephraim beauftragte 1762 Friedrich Wilhelm Diterich die bestehende Bausubstanz auf dem Grundstück Mühlendamm/Ecke Poststraße zum Rokokopalais umzubauen. Das Palais galt im Volksmund schon früh als die „schönste Ecke Berlins". 1892–1895 erweitert, wurde das Palais für die Verbreiterung des Mühlendamms 1936 abgetragen. 1985–1987 erfolgte im Zuge der Errichtung des Nikolaiviertels seine Rekonstruktion, mit originalen Fassadenteilen und ovalem Treppenhaus, nahe dem ursprünglichen Standort. Im ersten Stock befindet sich in einem Raum als Höhepunkt der Innenraumgestaltung eine Kopie der sogenannten Schlüterdecke aus dem 1889 abgebrochenen Wartenbergschen Palais.

Das Museum Ephraim-Palais bietet auf drei Stockwerken wechselnde Ausstellungen zur Berliner Kunst- und Kulturgeschichte. Außerdem befindet sich hier die graphische Sammlung des Stadtmuseums.

14 MUSEUM NICOLAIHAUS

Brüderstraße 13, 10178 Berlin (Mitte)
Stiftung Stadtmuseum Berlin
Fon 20 45 81 63
Fax 206 16 88 14

Di–So 10-18 Uhr

U2 Spittelmarkt; Bus 147, 148, 257

Nicht behindertengerecht

Das Nicolaihaus ist ein einmaliges Zeugnis der Berliner Aufklärung. Benannt nach dem Schriftsteller, Verleger und Buchhändler Christoph Friedrich Nicolai (1733-1811), der es 1787 erwarb und durch Karl Friedrich Zelter umbauen ließ, bildete es über Jahrzehnte einen gesellschaftlichen Mittelpunkt des intellektuellen und kulturellen Lebens in Berlin. Zu den bekanntesten Gästen zählten Hegel, Hufeland, Schadow, Schinkel und Chodowiecki.

Von 1910–1936 beherbergte das Nicolaihaus das 1905 gegründete Lessing-Museum. Im Jahr 2000 wurde das Gebäude der Stiftung Stadtmuseum zur musealen Nutzung übergeben.

Es ist geplant, eine ständige Ausstellung zur Geschichte des Hauses und seiner Bewohner und zur Berliner Kulturgeschichte vom Rokoko bis zum Klassizismus einzurichten. Bis zur denkmalgerechten Renovierung werden Sonderausstellungen gezeigt.

15 HISTORISCHER HAFEN BERLIN

Im Hafen liegen insgesamt 32 fahrtüchtige Binnenschiffe. Außerdem informiert die auf einem alten Maßkahn untergebrachte Ausstellung „Die Geschichte der Binnenschifffahrt auf Spree und Havel".

Märkisches Ufer, Ecke Inselstraße, 10178 Berlin
Fon 213 80 41

1. März–31. Oktober: Di–Fr 14–18 Uhr; Sa, So und an Feiertagen 11–18 Uhr
Führungen nur nach vorheriger Anmeldung unter
Fon 213 80 41

U-Bahn bis Märkisches Museum; S-Bahn bis Jannowitzbrücke

Förderverein: Berlin-Brandenburgische Schiffahrtsgesellschaft e.V., Bamberger Str. 58, 10777 Berlin, Fon 213 80 41

Eingeschränkt behindertengerecht

Der Historische Hafen Berlin ist 1990 gegründet worden. Zunächst lagen die historischen Schiffe im Berliner Humboldthafen, bis Bauarbeiten in diesem Bereich um den Lehrter Stadtbahnhof einen anderen Standort erforderten. Im April 1994 wurde – voraussichtlich für einen Zeitraum von 10 Jahren – an der Südspitze der Fischerinsel, direkt neben der historischen Mühlendammschleuse und dem ältesten Stadtgebiet Berlins ein neuer Museumshafen angelegt.

Zum Hafen gehören insgesamt 32 fahrtüchtige Binnenschiffe der märkischen Wasserstraßen mit Ausrüstungs- und Ausstattungsgegenständen. Besonders sehenswert sind der fahrtüchtige Dampfschlepper „Andreas" sowie mehrere Finow-Maßkähne mit Segelausstattung.

Außerdem wird seit 1992 auf dem Berliner Maßkahn „Renate-Angelika" die Ausstellung „Die Geschichte der Binnenschiffahrt auf Spree und Havel" präsentiert. Sie informiert über 200 Jahre märkische Binnenschifffahrt. Neben den vielen Ausrüstungsteilen, alten Fotos und Dokumenten stellt der 1910 gebaute, holzgedeckte Schleppkahn selbst ein beeindruckendes Exponat dar.

Ende August jeden Jahres findet ein Hafenfest statt. Außerdem veranstaltet der sehr rege Förderverein Vortrags- und Diskussionsabende sowie eine Frühjahrsregatta für historische Lastensegler; Information unter Fon 2138041.

Essen und Trinken kann man in den Sommermonaten auf dem Heckradschlepper „Friedrich der Große". Es gibt ein Buffet mit Fischspezialitäten.

16 MÄRKISCHES MUSEUM

Das Haus präsentiert die Stadt- und Kulturgeschichte Berlins von den ersten Spuren der Besiedlung vor 60 000 Jahren bis zur Gegenwart anhand von Dokumenten, Modellen, Gemälden, Graphiken, Plastiken, Kunsthandwerk und -gewerbe.

Am Köllnischen Park 5, 10179 Berlin
Stiftung Stadtmuseum Berlin
Fon 240 02-162
Fax 30 86 62 01

Di–So 10–18 Uhr, Führungen nach Vereinbarung, Anmeldung beim Stadtmuseum unter Fon 240 02-162

U2 bis Märkisches Museum, U8 bis Heinrich-Heine-Straße oder Jannowitzbrücke; S-Bahn bis Jannowitzbrücke; Bus 147, 240, 265

Bibliothek zugänglich nach vorheriger Anmeldung
Fon 616 56-805

Förderverein: Verein der Freunde und Förderer des Stadtmuseums Berlin, p.A. Bostelmann & Siebenhaar Verlag/ FAB Verlag, Tempelhofer Ufer 23-24, 10963 Berlin

Das Märkische Museum wurde 1874 gegründet; 1908 zog es in das heutige Gebäude Am Köllnischen Park ein. Das architektonisch reizvolle Bauensemble wurde ab 1899 von Stadtbaurat Ludwig Hoffmann errichtet. Es ist in mehrere Gebäudeteile gegliedert, die zwei Höfe umfassen und die im einzelnen märkische Architekturmotive historisierend nachbilden.

Der Turm des Märkischen Museums ist dem der Bischofsburg in Wittstock nachempfunden, den gotischen Giebeln diente die Katharinenkirche von Brandenburg als Vorbild. Vor dem Haupteingang des Museums steht eine Nachbildung des Brandenburger Rolands von 1474.

Im Zweiten Weltkrieg wurde das Gebäude zu 80 % beschädigt; etwa 20 % der Bestände gingen verloren. Bereits im Juli 1946 konnte das Haus als erstes Berliner Museum wiedereröffnet werden. 1989–92 wurde der Wiederaufbau des Nordflügels mit der Rekonstruktion des Außenbaus abgeschlossen. Die alten Rundgänge innerhalb des Museumsbaus werden ebenfalls wiederhergestellt.

Im Erdgeschoss des Museums ist zur Zeit die historische Entwicklung von der Stadtgründung Anfang des 13. Jahrhunderts bis zur Zeit des Großen Kurfürsten im 17. Jahrhundert dokumentiert.

Mit Stadtmodellen, Stadtplänen und Ansichten wird die städtebauliche und topographische Entwicklung Berlins nach 1648 veranschaulicht. Weitere Exponate – Produkte aus Gewerken und Manufakturen, Waffen, Uniformen und Dokumente – veranschaulichen die wirtschaftlichen und gesellschaftlichen Verhältnisse in dieser Zeit.

Im ersten Geschoss setzt sich der stadthistorische Rundgang mit Themen des 20. Jahrhunderts fort: Modernisierungsschübe in Industrie, Wirtschaft, Handel und Medien fügen sich zu dem Bild der Metropole zusammen. Ein großer Bereich ist dem Arbeitsleben gewidmet. Hier wird vor allem mit Werken des Malers Hans Baluschek die soziale Problematik der industrialisierten Stadt vorgestellt.

Weitere Themenräume widmen sich der Nahrungsversorgung, der Freizeitgestaltung, der multikulturellen Gesellschaft, den besonderen Lebens- und Arbeitsbedingungen der Frauen und der Sicht der Kinder auf ihre Stadt. Als große Attraktion ist ferner das Kaiserpanorama mit historischen Stadtansichten zu besichtigen. Der Rundgang endet mit Themen zu Ereignissen der jüngeren und jüngsten Vergangenheit: Berlin unter dem Hakenkreuz, die geteilte Stadt, leben nach der Wende.

Sehens- und hörenswert ist auch der Bestand mechanischer Musikinstrumente, von denen zwei Flötenuhren und ein Orchestrion aus dem frühen 20. Jahrhundert besondere Attraktionen sind. Die Automatophone werden sonntags jeweils um 15 Uhr vorgeführt.

MÄRKISCHES MUSEUM
Die Stadt- und Kulturgeschichte Berlins
Der Turm wurde der Wittstocker Bischofsburg nachempfunden

Info

Im Museum werden wechselnde Sonderausstellungen gezeigt, dadurch ergibt sich die zeitweise Schließung von Dauerausstellungen.

Im Foyer gibt es einen Museumsshop.

Tipp

In unmittelbarer Nähe befinden sich das Museum für Kindheit und Jugend (ehemals Schulmuseum) sowie der Historische Hafen Berlin mit fahrtüchtigen Binnenschiffen.

Haben Sie Kinder dabei? Dann schließen Sie doch Ihren Museumsbesuch mit einem kurzen Besuch des Bären-Freigeheges ab, es liegt direkt im Park des Märkischen Museums.

17 MUSEUM FÜR KINDHEIT UND JUGEND

Das Museum dokumentiert die Bildungs- und Schulgeschichte vom 16. Jahrhundert bis in die 50er Jahre.

Wallstr. 32, 10179 Berlin, Stiftung Stadtmuseum Berlin
Fon 275 03 83
Fax 279 29 79

Di–Fr 9–17 Uhr, Führungen und Gruppenbesuche nach Vereinbarung, Anmeldung im Museum

U2 bis Märkisches Museum, U8 bis Heinrich-Heine-Str.
Bus 147, 265

Förderverein: Verein der Freunde des Museums für Kindheit und Jugend im Stadtmuseum Berlin, Wallstr. 32, 10179 Berlin

Das 1987 als Nachfolgeinstitution des Städtischen Schulmuseums (1875) und des Deutschen Schulmuseums (1876) wiedergegründete Museum gehört seit 1995 zur Stiftung Stadtmuseum Berlin. Es befindet sich derzeit in der 3. Gesamtschule am Köllnischen Park in Berlin Mitte.

Die ständige Ausstellung vermittelt Einblicke zur Bildungs- und Schulgeschichte sowie allgemein zu Kindheit und Jugend der letzten 200 Jahre. So wird der Weg von der Geburt bis zur Volljährigkeit nachgezeichnet und in Themenräumen das Leben der „Berliner Schulkinder vor 100 Jahren" sowie „Die große Welt im Kleinen. Historisches Spielzeug aus zwei Jahrhunderten" gezeigt.

Eine ebenfalls ständige Einrichtung ist das Skriptorium, in dem Besucher das Schreiben nach historischen Vorlagen mit Gänsekiel und Feder üben können.

Darüber hinaus bietet das Museum mit Fachführungen, Schüler- und Lehrerveranstaltungen, Lesungen und Kindergeburtstagsfeiern weitere Aktivitäten an.

18 FILMMUSEUM BERLIN

Filmmuseum Berlin im Filmhaus (Sony Center)
Potsdamer Str. 2, 10785 Berlin
Fon 300 903-0
Fax 300 903-13
info@filmmuseum-berlin.de

Öffnungszeiten
Museum: Di, Mi, Fr, Sa, So 10–18 Uhr, Do 10–20 Uhr

Die Ständige Ausstellung wird durch wechselnde Sonderausstellungen im 1. Obergeschoss ergänzt.
Für Rollstuhlfahrer zugänglich.
Führungen: MD infoline Fon 030/29 89 74 44
Öffnungszeiten: Di, Mi, Fr 11–18.30 Uhr

MShop Do 11–20 Uhr, Sa, So 11–19 Uhr
Öffnungszeiten: Bibliothek im 5. OG: Di, Mi, Fr 10–18 Uhr, Do 12–20 Uhr
Öffnungszeiten: Sammlungen/Archive: Di, Mi, Do 10–13 Uhr und 14–17 Uhr, Fr 10–13 Uhr
Um Voranmeldung wird gebeten

S-/U-Bahn Potsdamer Platz
Bus 148, 200, 248, 348 Varian-Fry-Straße

Café/Bistro/Bar: Im Erdgeschoss erwartet Sie das Billy Wilder's
Kino Arsenal 1 und 2. Das Kino Arsenal befindet sich im 2. Untergeschoss.
Programminformation Fon 030/2 69 55-1 00

Das Filmmuseum Berlin präsentiert eine glanzvoll inszenierte Reise durch die deutsche Filmgeschichte, mit Exkursionen nach Hollywood, und einen Ausflug in die Geschichte der Spezialeffekte. Pioniere und Diven, Caligari und Metropolis,

FILMMUSEUM BERLIN
Kampf der Skelette, Trickfiguren aus „Jason und die Argonauten"
Deutsche Kinemathek, Marlene Dietrich, Raum Hollywood

Marlene Dietrich und Heinz Rühmann, Stars, Tricks und Computeranimation. Die Archive des Museums gehören zu den reichsten filmhistorischen Schatzkammern der Welt.

Die Deutsche Kinemathek, heute unter dem Namen Filmmuseum Berlin ein internationaler Publikumsmagnet für jeden an Film Interessierten, wurde 1963 von dem Regisseur Gerhard Lamprecht gegründet. Seither wachsen die Bestände des Museums kontinuierlich. Die Archive des Filmmuseums Berlin beherbergen heute weit über 10.000 deutsche und ausländische Stumm- und Tonfilme, circa eine Million Szenen-, Porträt- und Werkfotos und mehrere zehntausend Drehbücher, Plakate und Filmprogramme. Umfangreiche Sammlungen mit Projektoren und Kameras von der Frühzeit bis heute dokumentieren auf einzigartige Weise die Entwicklung der Technikgeschichte in der Filmproduktion. Skizzen, Dekorationsentwürfe und Modelle belegen die Entwicklung der Filmarchitektur. Ein wichtiger Schwerpunkt der Archive sind Dokumente zum deutschen Filmexil. Als ein Spezialbereich gilt die Sammlung zum Thema Special Effects / Phantastischer Film.

In der Marlene Dietrich Collection Berlin wird der umfangreiche und unschätzbare Nachlass von Marlene Dietrich bewahrt, einer der weltweit wertvollsten Künstlernachlässe überhaupt. Auch Sammlungen so berühmter Schauspieler und Regisseure wie Heinz Rühmann und Gert Fröbe oder Fritz Lang und William Dieterle gehören zu den Beständen des Hauses.

Das Filmmuseum Berlin präsentiert seine einzigartigen Sammlungen auf mehr als 2000 qm und drei Etagen: Der Weg durch die Ständige Ausstellung führt von der 3. in die 2. Etage; die Räumlichkeiten für Sonderausstellungen befinden sich im 1. Obergeschoss.

Die Ständige Ausstellung überzeugt die Besucher durch exquisite filmhistorische Schaustücke von gestern und heute. Und obendrein durch eine raffinierte Inszenierung der einzelnen Räume und Themen. Das Filmmuseum bietet einen Gang durch die Filmgeschichte zwischen Berlin und Hollywood, zwi-

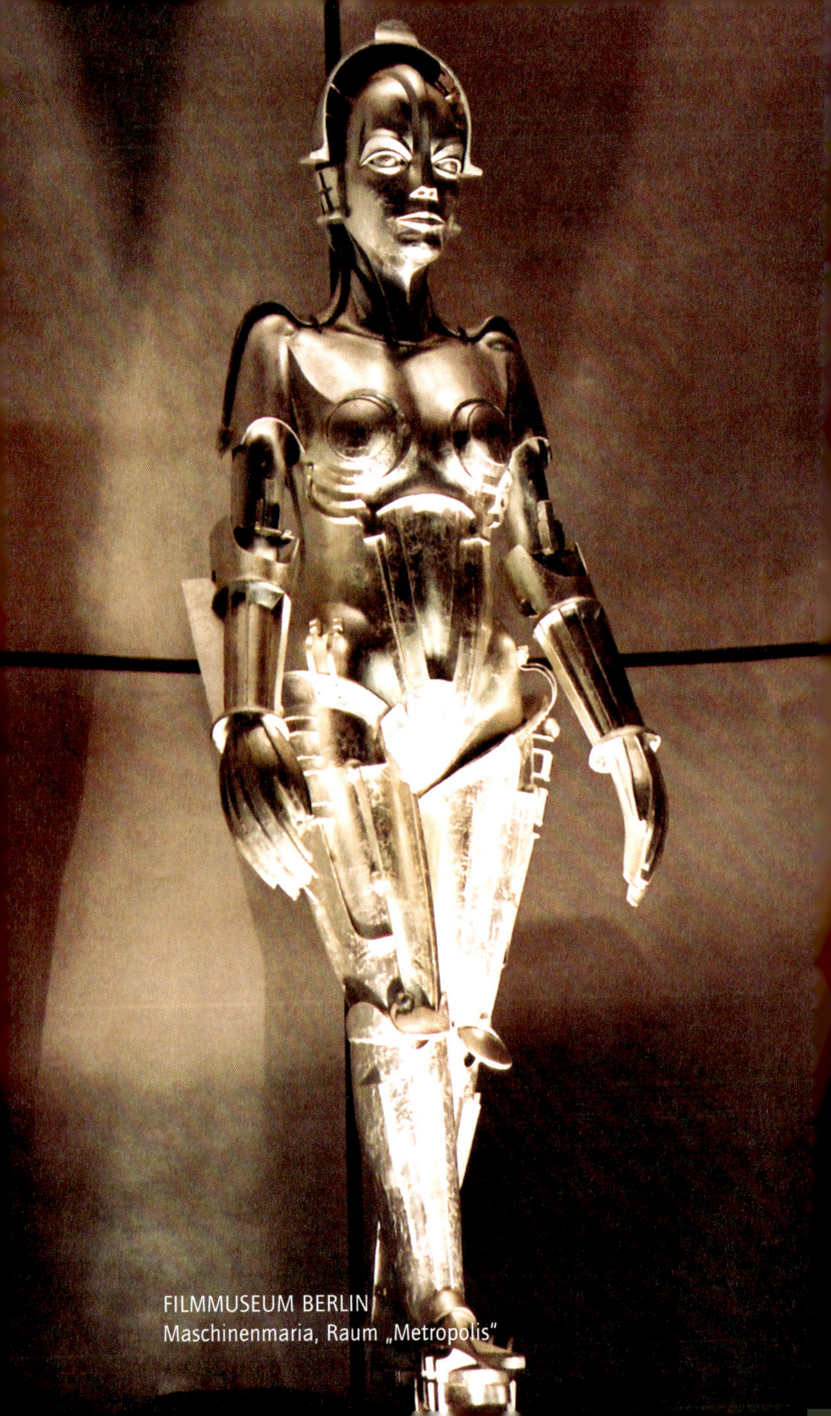

FILMMUSEUM BERLIN
Maschinenmaria, Raum „Metropolis"

schen Kunst- und Kultfilmen, zwischen Starkino und den phantastischen Welten der Special Effects. Dem Weltstar Marlene Dietrich sind drei glanzvoll ausgestattete Räume gewidmet. Was ist sonst noch zu sehen? Ikonen aus der Frühzeit des Kinos, die filmischen Meister der zwanziger Jahre, zwei Räume sind den Filmen „Das Cabinet des Dr. Caligari" und „Metropolis", Klassikern des Weltkinos also, gewidmet, der erste „Oscar", den Hollywood je verliehen hat – an den deutschen Schauspieler Emil Jannings übrigens, und die Stars des deutschen Nachkriegskinos von Hildegard Knef und Romy Schneider zu Franka Potente, von Gert Fröbe, Heinz Rühmann und Mario Adorf zu Götz George. Weiterc Themen heißen „Olympia", „Film im Nationalsozialismus" und „Filmexil". In einem zweiten eigenständigen Ausstellungsbereich begegnet der Besucher den phantastischen Figuren des „Oscar"-Preisträgers Ray Harryhausen: Hydra, Medusa und kämpfenden Skeletten ebenso wie der Science Fiction und Fantasy aus den Bilderwelten eines Steven Spielberg und George Lucas.

Sonderausstellungen mit deutschen und internationalen Themen und Namen ergänzen die ständige Präsentation des Museums. Diskussionen, Lesungen, Vorträge gehören zum Programmangebot. Dass es auch Filme, bekannte und unbekannte, en suite im Filmmuseum Berlin zu sehen gibt, ist klar. In den beiden Arsenalkinos, betrieben von den Freunden der Deutschen Kinemathek, gibt es täglich mehrere Vorstellungen, Klassisches und Avantgardistisches, Unterhaltsames und künstlerisch Ambitioniertes – was sich ja keineswegs ausschließen muss. Zum Filmmuseum Berlin gehört auch eine der weltweit größten Fachbibliotheken zur Film-, Fernseh- und Mediengeschichte, die den Besuchern des Hauses ebenfalls offen steht.

Wer sich nach so vielen Eindrücken und Informationen eine Pause gönnen will, der ist im „Billy Wilder's – Café, Bistro, Bar" richtig oder im „MShop" des Filmmuseums Berlin willkommen.

Das Filmmuseum Berlin ist ein Treffpunkt für Cineasten, Kinogänger, Neugierige. Und dies alles gelegen in einer der aufregendsten Architekturen des neuen Berlin, in jenem hypermodernen technizistischen Gebäude, das der Chicagoer Architekt Helmut Jahn entworfen hat. Im Herzen der Stadt ist man also zugleich im Herzen des Films.

Info

Das Filmmuseum arbeitet mit dem Filmmuseum Potsdam und dem Filmpark Babelsberg zusammen.

Filmpark Babelsberg, Postfach 90 03 34, 14439 Potsdam
Eingang Großbeerenstraße, 14482 Potsdam
Fon Besucherservice 03 31-721 27 50
Fax 03 31-721 27 37

Filmmuseum Potsdam, Marstall, 14467 Potsdam
Fon 03 31-271 81-0
Fax 03 31-271 81-26
filmmuse@brandenburg.de
www.brandenburg.de/filmmuseum

Film

Jazz, Koks
und Dirnen
inklusive.

KULTURFORUM 19–23

19 Gemäldegalerie
20 Kunstgewerbemuseum
21 Kupferstichkabinett – Sammlung der Zeichnungen und Druckgraphik
22 Musikinstrumenten – Museum des Staatlichen Instituts für Musikforschung PK
23 Neue Nationalgalerie

19 GEMÄLDEGALERIE

Das Haus zeigt Meisterwerke europäischer Malerei vom 13. bis 18. Jahrhundert.

Kulturforum im Tiergarten, Matthäikirchplatz 8,
10785 Berlin
Stauffenbergstr. 40, 10785 Berlin
Fon 266 29 51
Fax 266 32 62
Prof. Dr. Jan Kelch

Di–So 10–18 Uhr, Do bis 22 Uhr, Führungen nach Voranmeldung unter Fon 20 90 55 66, Fax 20 90 55 02

U- und S-Bahn bis Potsdamer Platz; Bus 129, 148, 200, 248, 348 Kulturforum im Tiergarten, Potsdamer Straße zwischen Sigismund- und Stauffenbergstraße
Wenige Parkplätze vor dem Museum

Förderverein: Kaiser-Friedrich-Museumsverein, c/o Gemäldegalerie, Stauffenbergstr. 41, 10785 Berlin
Fon 266 21 02

Behindertengerecht. Aufzug, Rollstuhlrampen (außer Parey-Villa), Betreuung nach Anmeldung, WC

Die Anfänge der Gemäldegalerie gehen zurück auf den Kunstbesitz des Großen Kurfürsten und Friedrich des Großen. Die Erwerbungen ganzer Sammlungen 1815 (Giustiniani) und 1821 (Solly) schufen die eigentlichen Grundlagen für das Entstehen der Galerie. Diese wurde 1830 in dem von Karl Friedrich Schinkel erbauten Alten Museum am Lustgarten eröffnet. Der systematisch fortschreitende Ausbau der vorhandenen Bestände in den folgenden Jahren ist untrennbar mit dem Namen Wilhelm von Bode, dem Direktor der Galerie von 1890–1929, verknüpft. Die rasch wachsende Sammlung fand auf der Museumsinsel im Kaiser-Friedrich-Museum (1904) und

Grundriß Studiengalerie
Untergeschoß

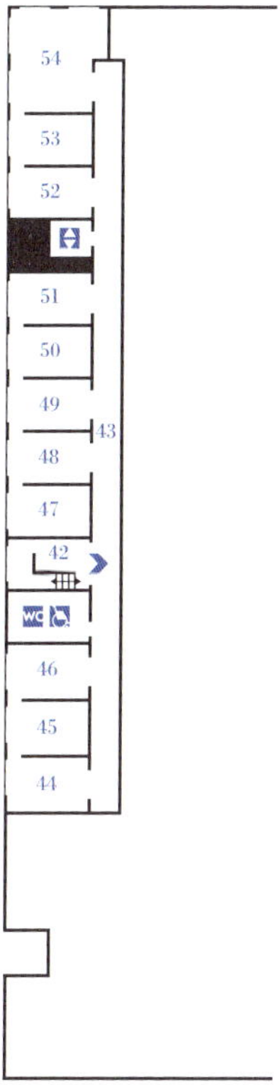

Grundriß Gemäldegalerie
Hauptgeschoß

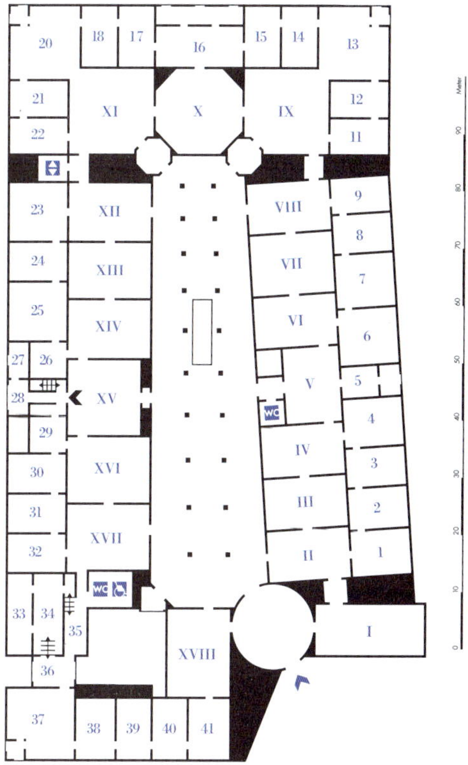

I-III 1-4
Deutsche Malerei, Dürer, Cranach

IV-VI 5-7
Niederländische Malerei, Van Eyck, Bruegel

VII-XI 8-19
Flämische und Holländische Malerei, Rubens, Rembrandt

VII-XI 20-22
Englische, Französische und Deutsche Malerei, Gainsborough, Watteau

XII-XIV 23-26, 28
Italienische, Französische und Spanische Malerei, Caravaggio, Velázquez

XV-XVII 29-32
Italienische Malerei, Raffael, Tizian

34
Miniaturmalerei

XVIII 35-41
Italienische Malerei, Giotto, Botticelli

27, 33, 42
Digitale Galerie

43-54
Studiengalerie Europäische Malerei, 13.-18. Jh.

im Deutschen Museum (1930) ihr neues Domizil. Der Zweite Weltkrieg und seine Folgen, die Vernichtung von 400 Hauptwerken sowie die Teilung der Sammlung unterbrachen die kontinuierliche Entwicklung der Gemäldegalerie.

Im Westteil Berlins fanden die Gemälde in dem von Bruno Paul als „Asiatisches Museum" in Dahlem entworfenen Bau bis September 1997 eine provisorische Heimstätte. Das ehemalige Kaiser-Friedrich-Museum (seit 1956 Bode-Museum) im Ostteil Berlins beherbergte bis zum Frühjahr 1997 Gemälde aus dem Bestand der Galerie. Die über lange Jahre getrennten Sammlungen mit ca. 2700 Gemälden sind seit Juni 1998 in einem Museumsneubau am Kulturforum in Berlin-Tiergarten, zwischen Philharmonie und Neuer Nationalgalerie, ausgestellt.

Die Berliner Gemäldegalerie verfügt über eine der bedeutendsten Kollektionen europäischer Malerei, die von mittelalterlicher Tafelmalerei bis zu den klassizistischen Werken um 1800 reicht. In der Hauptgalerie ist der Kernbestand von ca. 900 Meisterwerken ausgestellt. Sie wird durch eine Studiengalerie mit etwa 400 Bildern ergänzt. Die Sammlung ist nach Kunstlandschaften und kunsthistorischen Epochen geordnet.

In die Gemäldegalerie gelangt man über die zentrale Eingangshalle des Museumskomplexes am Kulturforum (Matthäikirchplatz, zwischen Philharmonie und Neuer Nationalgalerie), wo sich auch die Kunstbibliothek, das Kupferstichkabinett und das Kunstgewerbemuseum befinden. Der Besucher betritt eine Rotunde, an die sich ein weiträumiges Atrium anschließt. Darum sind U-förmig zwei Reihen von Ausstellungsräumen angeordnet – insgesamt 53 Ausstellungsräume mit nord- und südalpiner Malerei.

Ein Rundgang beginnt rechts von der Rotunde in den Räumen I bis IV und den dahinterliegenden Kabinetten 1 bis 4 mit Deutscher Malerei vom 13. bis 16. Jahrhundert. Zu sehen sind u. a. Werke von Lucas Cranach d. Ä., Albrecht Dürer, Martin Schongauer, Albrecht Altdorfer sowie – besonders hervorzuheben – das „Bildnis des Kaufmanns Georg Gisze" (1532) von Hans Holbein d. J. Die in den anschließenden Räumen ausgestellte Sammlung Niederländischer Malerei vom 15. bis 16. Jahrhundert umfasst Gemälde u. a. von Jan van Eyck, Petrus Christus, Rogier van der Weyden, Hugo van der Goes, Jan Gossaert, Pieter Bruegel der Ältere.

Die Ausstellung Flämischer und Holländischer Malerei des 17. Jahrhunderts präsentiert u. a. Werke von Peter Paul Rubens, Rembrandt, Frans Hals, Anton van Dyck, Jan Vermeer van Delft und Jan Steen. Die Englische, Französische und Deutsche Malerei des 17. und 18. Jahrhunderts ist mit Gemälden von Thomas Gainsborough, Antoine Watteau und Antoine Pesne, Claude Lorrain, Nicolas Poussin, Joshua Reynolds, François Boucher, C.B. Rode sowie A. Graff vertreten.

Stellvertretend für die Hochrenaissance und den Frühmanierismus stehen die Gemälde von Tizian, Raffael und Giorgione.

Miniaturmalerei vom 16. bis zum 18. Jahrhundert ist in Raum 34 zu sehen. Mit der Italienischen Malerei vom 13. bis zum 16. Jahrhundert – u.a. Bellini, Giotto, Sandro Botticelli – endet der Gang durch die Ausstellung im Hauptgeschoss.

Im Untergeschoss befinden sich die Studiengalerie mit Europäischer Malerei vom 13. bis zum 18. Jahrhundert sowie die Digitale Galerie. Hier finden sie zwölf Computerarbeitsplätze mit multimedialen Präsentationen.

Info

Für Kinder gibt es im museumspädagogischen Angebot neben speziellen Führungen mit anschließender altersspezifischer kreativer praktischer Tätigkeit didaktische Materialien (Arbeitsblätter) mit Suchspielen in der Ausstellung.

Nach Vereinbarung und Anmeldung bieten die Wissenschaftler des Museums Beratung an.

Im Haus befindet sich eine Cafeteria und die Buchhandlung Wasmuth mit einem Shop.

20 KUNSTGEWERBEMUSEUM

Das Haus zeigt europäischer Kunsthandwerk vom frühen Mittelalter bis zur Gegenwart: Welfenschatz, Lüneburger Ratssilber, Porzellan- und Möbelsammlung, Design.

Kulturforum im Tiergarten, Matthäikirchplatz 8,
10785 Berlin
Postanschrift: Tiergartenstr. 6, 10785 Berlin
Fon 20 90 55 55 (Info)
Fax 20 90 55 02
Dr. Angela Schönberger

Di–Fr 10–18 Uhr, Sa und So 11–18 Uhr. Führungen nach Voranmeldung unter Fon 20 90 55 66; Fax 20 90 55 02

U- und S-Bahn bis Potsdamer Platz; Bus 129, 148, 200, 248, 348 Kulturforum im Tiergarten, Potsdamer Straße zwischen Sigismund- und Stauffenbergstraße
Wenige Parkplätze vor dem Museum

Förderverein: Julius-Lessing-Gesellschaft, Tiergartenstr. 6, 10785 Berlin

Behindertengerecht. Aufzug, Rollstuhlrampen, WC

Das 1967 gegründete Berliner Kunstgewerbemuseum ist das älteste seiner Art in Deutschland. Von 1881 bis 1921 war das „Königliche Kunstgewerbemuseum" im Martin-Gropius-Bau untergebracht. 1921 wurde die Gelegenheit ergriffen, nach und nach Raumfluchten des Berliner Schlosses zu beziehen, die der abgedankte Kaiser verlassen hatte. Die Sammlungen konnten hier mit großen Teilen der höfischen Ausstattung aus der Zeit der preußischen Könige vereint werden und wurden in Schlossmuseum umbenannt.

Zu Beginn des Zweiten Weltkriegs wurde das Museum geschlossen und die Exponate ausgelagert. Die nach dem

Zweiten Weltkrieg erhaltenen Bestände, die Bombardements, Brand, Plünderung und Diebstahl überstanden hatten, bildeten entsprechend ihren im Sommer 1945 aktuellen Bergungsorten den Kern zweier neuer Kunstgewerbemuseen in zwei neuen deutschen Staaten. Nach Übergangszeiten im Verborgenen konnte 1963 im Schloss Köpenick zuerst ein Ostberliner Kunstgewerbemuseum wiedereröffnen. Nur wenige Monate danach machte die 1957 gegründete Stiftung Preußischer Kulturbesitz ihr Kunstgewerbemuseum im Knobelsdorff-Flügel von Schloss Charlottenburg zugänglich.

Im Westen Berlins wurde 1978 der Grundstein zu einem Neubau am Tiergarten gelegt. Das Kunstgewerbemuseum, dessen Wettbewerb der hoch renommierte Architekt Rolf Gudbrodt gewonnen hatte wurde zum ersten realisierten Gebäude des hier seit 1967 geplanten Kulturforums. Der 1985 eröffnete Bau bot mit 6000 qm Ausstellungsfläche großzügigen Raum und den empfindlichen Kunstwerken moderne klimatische und Sicherheitsbedingungen. Der zweite Standort des Kunstgewerbemuseums, Schloss Köpenick, ist nach umfangreicher Restaurierung als ein Museum der „Raumkunst" mit Schwerpunkt Möbel und Raumstattung vom 16. bis 18. Jahrhundert ab 2003 wieder geöffnet.

Die Sammlungsbestände verteilen sich auf drei Raumfolgen im Unter-, Erd- und Obergeschoss. Die Aufteilung nach Raumgruppen von I bis XI entspricht dem Rundgang, der mit dem frühen Mittelalter beginnt und beim Kunsthandwerk und Industriedesign der Gegenwart endet. Vom Zugangsgeschoss aus gelangt man direkt in die Informationsgalerie, wo Ausstellungstafeln mit Kommentar und Bildern über alle wichtigen kunsthandwerklichen Techniken und eine Reihe von kulturgeschichtlichen Themen informieren.

Im Erdgeschoss wird Kunsthandwerk vom Mittelalter bis zur Renaissance gezeigt. Gleich am Eingang von Raum I trifft man auf den Schatz aus dem Dionysiusstift von Enger/Herford (Westfalen), zu dem u. a. ein kostbares, mit Edelsteinen besetztes Bursenreliquiar aus der zweiten Hälfte des 8. Jahrhunderts gehört. In der Mitte des Saales ist der kostbare Welfenschatz ausgestellt: Das Kuppelreliquiar in Form einer byzantinischen Kirche (Köln um 1175), dessen Sicherung und Konservierung auf der Informationsgalerie beschrieben wird, soll den 1173 aus Konstantinopel gebrachten Kopf des Heiligen Gregors enthalten haben. Der Tragaltar des Heiligen Eilbertus ist derselben Epoche zuzurechnen; das goldene Welfenkreuz stammt vermutlich aus Oberitalien.

Von besonderer Bedeutung in den übrigen Räumen sind italienische Majolika sowie venezianisches Glas des 16. und 17. Jahrhunderts in Raum II. In Raum III wird neben Nürnberger Goldschmiedearbeiten in mehreren Vitrinen einer der bedeutendsten erhaltenen städtischen Silberschätze in Deutschland präsentiert: das Lüneburger Ratsilber mit 34 silbernen und vergoldeten Gefäßen und Geräten der Hochgotik und der Renaissance.

Im Obergeschoss sind kunstgewerbliche Objekte von der Renaissance bis zum Art Déco zu sehen. In Raum IV beeindruckt der Inhalt des im Zweiten Weltkrieg verbrannten Pommerschen Kunstschrankes: Brett- und Kartenspiele, Meßinstrumente, Gegenstände zur Körperpflege aus dem 16. bis 17. Jahrhundert. Chinesisches und deutsches Porzellan (Meißen, Berlin) des 17. und 18. Jahrhunderts wird in Raum V präsentiert.

Werfen Sie anschließend einen Blick in das Chinesenzimmer aus dem Palazzo Graneri in Turin sowie in Raum VI in das vertäfelte Spiegelkabinett von Schloss Wiesentheid/ Franken (1724/25). Außerdem sind Biedermeier, Jugendstil- und Historismusglas ausgestellt. Der Rundgang durch das Obergeschoss endet in Raum VII, in dem Porzellan, Fayencen und Glas des Jugendstil und des Art Déco präsentiert werden.

Im Untergeschoss des Museums, in den Räumen IX und X, findet man Gebrauchs- und Produktdesign des 20. Jahrhunderts. Neben Keramik, ausgewählten Beispielen der internationalen Glaskunst, einigen Gold- und Silberschmiedearbeiten,

Tapisserien u. a. liegt das Hauptgewicht in dieser Abteilung beim internationalen Design.

Wechselnde Sonderausstellungen werden im Unter- und Zwischengeschoss des Museums gezeigt; außerdem werden wechselnde, kleine Foyerausstellungen präsentiert.

Wissenschaftliche Beratung und Begutachtung von Kunstgegenständen wird freitags von 11–12.30 Uhr durch die Mitarbeiter des Museums angeboten.

Tipp

Kunstgewerbe aus der Zeit zwischen 1890 und 1989 (Jugendstil, Art Déco und Funktionalismus) wird auch im Bröhan-Museum am Charlottenburger Schloss präsentiert.

KUNSTGEWERBEMUSEUM
Europäisches Kunsthandwerk auf 6000qm Ausstellungsfläche

21 KUPFERSTICHKABINETT – SAMMLUNG DER ZEICHNUNGEN UND DRUCKGRAPHIK

Das Kupferstichkabinett sammelt europäische und amerikanische Zeichnungen und Druckgrafik vom Mittelalter bis zur Gegenwart sowie alte Handschriften.

Kulturforum im Tiergarten, Matthäikirchplatz 8
10785 Berlin
Fon 20 90 55 55 (Info)
Fax 20 90 55 02
Dr. Hein-Thomas Schulze Altcappenberg

Di–Fr 10–18 Uhr, Sa und So 11–18 Uhr
Wechselnd je nach Sonderausstellung, Studiensaal Di–Fr 9–16 Uhr. Führungen nach Voranmeldung unter Fon 20 90 55 66, Fax 20 90 55 02

U- und S-Bahn bis Potsdamer Platz; Bus 129, 148, 200, 248, 348 Kulturforum im Tiergarten, Potsdamer Straße zwischen Sigismund- und Stauffenbergstraße
Wenige Parkplätze vor dem Museum

Präsenzbibliothek nutzbar für die Besucher des Studiensaales

Behindertengerecht

Das Kupferstichkabinett geht in seinen Anfängen auf das Jahr 1652 zurück, als der Große Kurfürst etwa 2.500 Zeichnungen und Aquarelle für die Bibliothek des brandenburgisch-preußischen Hofes erwarb. Unter König Friedrich Wilhelm III. wurden 1831 die noch recht übersichtlichen Bestände in einem Saal des heutigen Alten Museums untergebracht. Durch den Ankauf der Sammlung des preußischen Generalpostmeisters und Staatsministers von Nagler gelangten Riesenbestände an Druckgrafik, bedeutende altdeutsche Zeichnungen, wertvolle illustrierte Bücher und mit Miniaturen geschmückte mittelalterliche Handschriften in das Kabinett. Gleichzeitig überwies die Akademie der Künste ihre Bestände an Stichen und Zeichnungen, so dass die Sammlung aus Platzgründen in das Schloss Monbijou übersiedelte. Zu den Erwerbungen der Folgezeit gehören z. B. mehrere tausend italienische Zeichnungen der Sammlung Pacetti und etwa 1.500 Holzstöcke altdeutscher Meister aus der Nürnberger Sammlung Deerschau. 1848 zog das Kupferstichkabinett in das neu errichtete Neue Museum um, wo es sich bis zur Kriegszerstörung des Hauses 1943 befand. Nach dem Zweiten Weltkrieg wurde der größere Teil des Bestandes im Dahlemer Museumskomplex untergebracht, der im Osten der Stadt erhaltene Teil im Alten Museum. Seit 1994 ist das Kupferstichkabinett wieder vereint und befindet sich in dem von Rolf Gutbrod und dem Büro Hillmer & Sattler errichteten Neubau am Kulturforum nahe dem Potsdamer Platz.

Das Kupferstichkabinett sammelt europäische – aus jüngerer Zeit auch amerikanische – Zeichnungen und Druckgrafik vom Mittelalter bis zur Gegenwart, außerdem illuminierte Handschriften aus dem Mittelalter und der Renaissance sowie mit Originalgrafik illustrierte Bücher. Der Bestand wird traditionell in folgende Abteilungen unterteilt: Buchmalerei, Zeichnungen und Druckgrafik des 14./15. bis 18. Jahrhunderts aus Italien, Deutschland, den Niederlanden, aus Frankreich, England und Spanien sowie Zeichnungen und Druckgrafik des 19. und 20. Jahrhunderts. Das Kabinett besitzt Werke von Botticelli bis Giacometti, von Rembrandt bis Goya, von Dürer bis Picasso.

Die Bestände sind sehr lichtempfindlich und können und dürfen nicht in einer ständigen Ausstellung präsentiert werden. Deshalb werden die Kunstwerke in Magazinen aufbewahrt und ausschließlich in Sonderausstellungen zu wechselnden Themen gezeigt.

Außerdem können Sie sich im Studiensaal Werke Ihrer Wahl vorlegen lassen; Anmeldung unter Fon 266 20 21.

Tipp

Sonderausstellungen der Kunstbibliothek werden im 1. Obergeschoss des Gebäudes präsentiert.

22 MUSIKINSTRUMENTEN-MUSEUM DES STAATLICHEN INSTITUTS FÜR MUSIKFORSCHUNG PK

Das Museum präsentiert Musikinstrumente vom 16. bis zum 20. Jahrhundert.

Tiergartenstraße 1 (neben der Philharmonie),
10785 Berlin
Fon 25 48 10 oder 25 48 11 78
Fax 25 48 11 72
Dr. Conny Restle

Di–Fr 9–17 Uhr, Sa und So 10–17 Uhr
Geschlossen am 1.1., Ostermontag, 1.5., Pfingstmontag, 24., 25., 31.12. Öffentliche Führung samstags um 11 Uhr; samstags 12 Uhr Vorführung der Wurlitzer Orgel; Gruppenführungen bis zu 30 Personen nach Vereinbarung, Anmeldung unter Fon 25 48 11 39;

U- und S-Bahn bis Potsdamer Platz; Bus 129 bis Potsdamer Brücke/Neue Nationalgalerie, Bus 148, 200, 248, 348 bis Philharmonie Am Kulturforum/Potsdamer Platz. Kostenpflichtiger Parkplatz beim Museum

Bibliothek Di–Do 10–17 Uhr, Fr 10–12 Uhr

Behindertengerecht: Aufzug, Rollstuhlrampen, Betreuung, WC, auch behindertengerechte Führungen

Die Anfänge des Musikinstrumenten-Museums gehen in das Jahr 1888 zurück, als an der Königlichen akademischen Hochschule für Musik in Berlin eine Sammlung alter Musikinstrumente gegründet wurde. 1935 wurde die Sammlung in das neugegründete Staatliche Institut für deutsche Musikforschung eingegliedert. Seit 1984 ist das Musikinstrumenten-Museum in einem neuen Haus an der Philharmonie untergebracht.

Der Bau, der in seinen Vorentwürfen auf den berühmten Berliner Architekten Hans Scharoun zurückgeht, besteht im Innern aus einem sehr weitläufigen Bereich mit umlaufender Galerie. Eine Gliederung des Museumsraumes erfolgt nur durch unterschiedlich hohes Niveau oder Pfeiler, auf trennende Wände wurde verzichtet.

Die Ausstellung ist in 20 Bereiche unterteilt und erstreckt sich über Erd- und Obergeschoss. Zu sehen ist, was in mehr als 500 Jahren – von der Renaissance bis in unsere Zeit – geblasen, gezupft, gestrichen oder angeschlagen worden ist: Etwa 800 europäische Musikinstrumente sind ausgestellt. Zahlreiche CD-Säulen vermitteln Klangeindrücke. Außerdem gibt es unterschiedliche Demonstrationsmodelle zum Anfassen.

Im Erdgeschoss sehen Sie verschiedene Cembali, Tangentenflügel, Tafelklaviere und Clavichorde. Besonders sehenswert ist der Blasinstrumentenbau aus St. Wenzel in Naumburg. Anschließend werden frühe Orgeln und Lauten, Gamben, berühmte Streichinstrumente (Amati, Stradivari u. a.), Drehleiern, Pandurinen und Pochetten, Harmonien sowie zwei eingebaute Orgeln präsentiert: die Gray-Orgel mit Rückpositiv sowie die berühmte Mighty Wurlitzer Orgel (im EG der Spieltisch, im OG die Kammern). Weitere Themen sind der Nürnberger Blasinstrumentenbau, Musik in Preußen und Berlin, Wiener Klassik, Musikerpersönlichkeiten im 19. Jahrhundert, Biedermeier und in der Gründerzeit.

Im Obergeschoss befindet sich eine Instrumentenbauer-Werkstatt mit einer Präsentation verschiedener Experimente. Weitere Themenbereiche sind eine Hommage an Curt Sachs, Militär- und Repräsentationsmusik, die Marcussen-Orgel, Renaissance der alten Musik, Aspekte der „Volksmusik", der Berliner Instrumentenbau sowie die Mechanisierung der Musik.

Tipp

Die Wurlitzer Orgel – eine besondere Attraktion des Museums – wird samstags um 12 Uhr vorgeführt.

Im Museum werden Vorträge und verschiedene Konzertreihen wie „Alte Musik-live" sowie die Sommermatineen der Gotthard-Schierse-Stiftung veranstaltet;
Information unter Fon 25 48 11 78.

Im Bildarchiv in der 2. Etage, in Raum 208, finden Sie zusätzliche Informationen über ausgestellte Instrumente und Bildmaterial; geöffnet Mo–Do 9–15 Uhr, Fr 9–14 Uhr und nach Vereinbarung unter Fon 25 48 11 53.

Am Verkaufsstand im Eingangsbereich sind verschiedene Publikationen erhältlich.

Beratung nach telefonischer Vereinbarung.

Das SIM-Café befindet sich im Untergeschoss.

Tipp

In unmittelbarer Nachbarschaft befindet sich Scharouns Meisterwerk: die Philharmonie.

Kulturforum 19 - 23

⓳ Gemäldegalerie
⓴ Kunstgewerbemuseum
㉑ Kupferstichkabinett
㉒ Musikinstrumenten-Museum
㉓ Neue Nationalgalerie

23 NEUE NATIONALGALERIE

Die Neue Nationalgalerie beherbergt Malerei und Plastik des 20. Jahrhundert.

Kulturforum im Tiergarten, Potsdamer Str. 50
10785 Berlin
Fon 20 90 55 55 (Info)
Fax 20 90 55 02
Prof. Dr. Klaus-Peter Schuster

Di–Fr 10–18 Uhr, Sa und So 11–18 Uhr, Do bis 22 Uhr
Führungen nach Voranmeldung unter Fon 20 90 55 66,
Fax 20 90 55 02

U- und S-Bahn bis Potsdamer Platz; Bus 129, 148, 200, 248, 348 Kulturforum im Tiergarten, Potsdamer Straße zwischen Sigismund- und Stauffenbergstraße
Wenige Parkplätze vor dem Museum

Förderverein: Verein der Freunde der Nationalgalerie

Behindertengerecht

Die Neue Nationalgalerie befindet sich in einem 1968 nach den Plänen des Architekten Mies van der Rohe errichteten Gebäude, das als erstes Museum des heutigen Kulturforums fertiggestellt wurde. Das Obergeschoss und Teile des Untergeschosses des Hauses werden häufig für Sonderausstellungen genutzt. Der ständigen Ausstellung der Neuen Nationalgalerie mit Malerei und Plastik des 20. Jahrhunderts ist das Untergeschoss des Gebäudes weitgehend vorbehalten und auf Grund der häufigen Sonderausstellungen nicht immer vollständig zu sehen.

Die klassische Moderne beginnt mit Arbeiten von Hodler und Edvard Munch, von letzterem stammt der „Lebensfries" für Max Reinhardt. Die Sammlung expressionistischer Malerei

NEUE NATIONALGALERIE
Blick zum Potsdamer Platz

umfasst Werke von Kirchner, Heckel, Schmidt-Rottluff, Nolde und Mueller.

Arbeiten von Picasso, Gemälde von Juan Gris und Fernand Léger sowie eine Skulptur von Laurens illustrieren die Entwicklung der kubistischen Kunst. Ein weiterer kleiner Raum ist dem Dadaismus gewidmet, mit frühen Werken von Schwitters und Arp.

Malerei am Bauhaus ist vertreten durch Werke von Paul Klee, Oskar Schlemmer und Lyonel Feininger. Neben bedeutenden Werken von Max Beckmann sind Gemälde von Otto Dix und George Grosz zu sehen. Aspekte der surrealistischen Malerei zeigen die Arbeiten von Max Ernst, de Chirico, Magritte, Dali und Miro. Gemälde von Wols, Baumeister, Soulages und Nay dokumentieren die europäische Nachkriegskunst.

Neben Arbeiten der Künstlergruppe „Zero" wird die amerikanische Farbflächenmalerei u. a. durch „Who's Afraid of Red, Yellow and Blue IV" (1970) von Barnett Newman, einem bedeutenden Spätwerk des Künstlers, repräsentiert.

Im Skulpturengarten sind u.a. Werke von Laurens und Marini ausgestellt; auf der Terrasse finden sich Skulpturen von Serra, Moore und Calder und anderen Künstlern.

Die Neue Nationalgalerie präsentiert wechselnde Sonderausstellungen von internationalem Rang.

In einem Buchshop im Untergeschoss sind Kataloge, Poster und Postkarten erhältlich.

Tipp

Besuchen Sie auch die im Juni 1998 am Kulturforum neu eröffnete Gemäldegalerie. Die Sammlung Berggruen präsentiert in Charlottenburg zahlreiche Werke von Picasso, Klee, Braque u. a. Weitere Werke der „Brücke"-Künstler sehen Sie im Zehlendorfer Brücke-Museum. Kunst ab 1960 sehen Sie im Hamburger Bahnhof, Museum für Gegenwart-Berlin, einem weiteren, eindrucksvollen Ausstellungsort der Nationalgalerie.

24 GEDENKSTÄTTE DEUTSCHER WIDERSTAND

Die Gedenkstätte mit Ehrenhof zeigt die ständige Ausstellung Widerstand gegen den Nationalsozialismus.

Stauffenbergstr. 13–14, Eingang über den Ehrenhof,
10785 Berlin
Fon 26 99 50 00
Fax 26 54 22 30
info@gdw-berlin.de
www.gdw-berlin.de
Leitung Dr. Johannes Tuchel

Mo–Mi und Fr 9–18 Uhr, Do 9–20 Uhr, Sa, So und feiertags 10–18 Uhr. Geschlossen 1. Januar, 24., 25., 26. und 31. Dezember. Öffentliche Führungen jeden Sonntag um 15 Uhr; Kostenlose Gruppenführungen nach Anmeldung (4 Wochen vorher) unter Fon 26 99 50 00

U- und S-Bahnhof Potsdamer Platz mit 10 Min. Fußweg, U-Bahnhof Mendelssohn-Bartholdy-Park mit 10 Min. Fußweg; Bus 129 bis Gedenkstätte Deutscher Widerstand, Bus 148, 348 Kulturforum mit 5 Min FußwegWenige Parkmöglichkeiten in den umliegenden Straßen

Eingeschränkt behindertengerecht

Die Gedenkstätte Deutscher Widerstand mit Ehrenhof (eingeweiht 20.07.1953, umgestaltet 1980) und ständiger Ausstellung Widerstand gegen den Nationalsozialismus ist im historischen Bereich des ehemaligen Oberkommandos des Heeres an der Stauffenbergstraße (bis 1955 Bendlerstraße) untergebracht. Die ständige Ausstellung befindet sich durch den Toreingang im linken Aufgang im 2. Obergeschoss. Hier war die Kommandozentrale des Umsturzversuches (Operation Walküre) vom 20. Juli 1944. Nach dessen Scheitern und dem erzwungenen Selbstmord von Generaloberst Ludwig Beck wurden im heutigen Ehrenhof Stauffenberg, General Friedrich Olbricht, Oberst Ritter Mertz von Quirnheim und Oberleutnant Werner von Haeften erschossen.

Die ständige Ausstellung (eröffnet im kleinen Rahmen 1968 und in ihrer heutigen Form 1989) dokumentiert mit über 5.000 Fotos und Dokumenten die gesamte Breite und Vielfalt des Kampfes und der Gegnerschaft gegen den Nationalsozialismus. Ein chronologisch und thematisch konzipierter Rundgang führt durch folgende Bereiche: Die Weimarer Republik – Der Nationalsozialismus – Widerstand aus der Arbeiterbewegung – Widerstehen in Kunst und Wissenschaft – Exil und Widerstand – Widerstehen aus liberalem und konservativem Denken – Die militärische Verschwörung – Stauffenberg und das Attentat vom 20. Juli 1944 – Das Scheitern des Umsturzes – Der Kreisauer Kreis – Die Weiße Rose – Die Rote Kapelle – Widerstand im Kriegsalltag – Jugendopposition – Kampf aus der Kriegsgefangenschaft/Nationalkomitee Freies Deutschland – Widerstand von Juden – Hilfen für Verfolgte –Widerstand von Häftlingen – Widerstand von Sinti und Roma – Unrechtsstaat und Widerstand.

Entsprechend dieser Themenvielfalt ist das Text- und Bildmaterial sehr umfangreich. Es wird auf sehr ansprechend aufbereiteten Schautafeln und Stellwänden sowie zur weiteren Vertiefung in großen Ordnern zum Blättern präsentiert. Außerdem liegen zu jedem Thema Führungsblätter aus.

Die Gedenkstätte Deutscher Widerstand will mit ihrem umfangreichen Programm die beim Widerstand erkennbaren Motive, die politischen und menschlichen Hintergründe zum Kampf für die Wiedererlangung von Menschlichkeit und Recht als begründete Bestandteile einer menschlichen Gesellschaft im demokratischen Staat vor allem jungen Menschen vermitteln.

Info

Jeden ersten Sonntag im Monat werden um 11 Uhr Spiel- oder Dokumentarfilme über den Widerstand gezeigt.

Für Gruppen werden verschiedene Seminarveranstaltungen angeboten, die den Ausstellungsbesuch vertiefen; Info unter Fon 26 99 50 00.

Tipp

Besuchen Sie auch die Gedenkstätte Plötzensee für die Opfer des Nationalsozialismus.

GEDENKSTÄTTE PLÖTZENSEE

25 BAUHAUS-ARCHIV – MUSEUM FÜR GESTALTUNG

Das Museum zeigt in Wechselausstellungen Architektur, Design und Kunst des Bauhauses (1919–1933) sowie seiner Folgeinstitutionen und Sonderausstellungen aus allen gestalterischen Bereichen.

Klingelhöferstr. 14, 10785 Berlin
Fon 254 00 20; Infoline: 25 40 02 78
Fax 25 40 02 10
bauhaus@bauhaus.de
www.bauhaus.de
Dr. Peter Hahn

Mi–Mo 10–17 Uhr, montags Eintritt frei; bei Vorbereitungen zu Sonderausstellungen sind Teile der Ausstellungsräume zeitweilig geschlossen. Führungen nur nach Voranmeldung 14 Tage im voraus bei Bärbel Mees unter Fon 25 40 02 43

U-Bahn bis Nollendorfplatz, 10 Min. zu Fuß; Bus 100, 129, 341 bis Lützowplatz, Bus 109 bis Schillstraße/Kurfürstenstraße. Von der Siegessäule in die Hofjägerallee, Klingelhöferstraße
Kostenloser Parkplatz am Museum

Bibliothek Mo–Fr 9–13 Uhr

Behindertengerecht: Rollstuhlrampen, WC

Der Neubau des Bauhaus-Archives, das 1960 von Hans M. Wingler in Darmstadt gegründet wurde, ist von 1976–78 nach einem Entwurf des 1969 verstorbenen Walter Gropius am Berliner Landwehrkanal geschaffen worden. Der Grundriss zeigt parallele Trakte, die durch einen niedrigen Zwischenbereich verbunden sind. Sein unverwechselbares Aussehen erhält der Bau durch die nach Norden ausgerichteten Oberlichter, die das

Tageslicht gefiltert einlassen. Zum Bauhaus-Archiv gehören neben dem Museum eine Dokumentensammlung und eine Bibliothek.

Der Nachlass zahlreicher ehemaliger Bauhäusler wie z.B. Walter Gropius, Herbert Bayer, Lucia Moholy und Georg Muche bildet das Kernstück der Sammlung des Bauhaus-Archives. Zahlreiche Teilnachlässe sowie viele Einzelstücke aus allen Bereichen und Werkstätten komplettieren die Sammlung. Dazu gehören Vorkursarbeiten, Möbel, Metallgegenstände, Keramik, Webarbeiten, Architekturpläne und Modelle sowie eine große Auswahl von Graphiken und künstlerischen Arbeiten aller Meister und vieler berühmt gewordener Schüler. Außerdem beschäftigt sich das Bauhaus-Archiv mit Vorläufern aus dem 19. und 20. Jahrhundert sowie mit Folgeinstitutionen des Bauhauses. Dazu gehören das New Bauhaus in Chicago und die Hochschule für Gestaltung in Ulm.

Die sehr umfangreiche Sammlung wird in wechselnden thematischen oder personenbezogenen Ausstellungen präsentiert. Die moderne und sehr ansprechende Aufbereitung macht einen Besuch des Bauhaus-Archives sowohl für Fachbesucher als auch für interessierte Laien unbedingt empfehlenswert.

Info

Im Museum werden wechselnde Sonderausstellungen zu bauhausverwandten Themengebieten gezeigt, zu denen ein Rahmenprogramm mit Vorträgen angeboten wird.

Im Museumsshop können Sie neue Designobjekte kaufen. An einem Computer im Eingangsbereich können Informationen zum Bauhaus abgefragt werden.

Die museumseigene Cafeteria bietet z. B. Salate, Nudelgerichte, Suppen und Maultaschen; Fon 282 57 00.

Tipp

Besuchen Sie auch das von dem Bauhaus-Architekten Mies van der Rohe entworfene Landhaus Lemke in Berlin-Hohenschönhausen, in dem eine ständige Ausstellung zur Geschichte des Hauses und wechselnde Kunstausstellungen zu sehen sind.

BAUHAUS-ARCHIV
Nach Norden ausgerichtete Oberlichter geben dem Gropius-Bau seine Faszination

26 MORI-ÔGAI-GEDENKSTÄTTE

Die Gedenkstätte erinnert an den japanischen Arzt und Dichter Mori Ôgai (1862–1922).

Luisenstr. 39, 10117 Berlin
Fon 282 60 97
Fax 281 50 68
Prof. Dr. Klaus Kracht

Mo–Fr 10–14 Uhr, Führungen nach Anmeldung unter Fon 282 60 97 bei B. Weber

S-Bahn bis Friedrichstraße, Unter den Linden; Bus 100

Bibliothek Mo–Fr 10–14 Uhr

Förderverein: Stiftung Mori-Ôgai-Gedenkfonds, Johannisstr. 10, 10117 Berlin

Die Gedenkstätte für den Arzt Mori Ôgai, einen Mitbegründer der modernen japanischen Literatur, wurde 1984 von Prof. Dr. Jürgen Berndt als Einrichtung der Japanologie der Humboldt-Universität gegründet. Mori Ôgai, der während seines Deutschlandaufenthaltes 1884–1888 am Berliner Hygiene-Institut tätig war, ist eine Symbolfigur für fruchtbare deutsch-japanische Beziehungen. Er hat zahlreiche Hauptwerke der deutschen Literatur als erster ins Japanische übersetzt. Die 1984 eröffnete Gedenkstätte befindet sich in der ehemaligen Wohnstätte des vor allem in Japan sehr bekannten Arztes und Dichters. Sie gehört zum Pflichtprogramm zahlreicher japanischer Berlin-Touristen, ist aber auch eine lohnenswerte Anlaufstelle für alle anderen Japan-Interessierten.

Info

Wissenschaftliche Beratung wird zu den Öffnungzeiten angeboten. In der Gedenkstätte finden zahlreiche Veranstaltungen wie Lesungen, Filmabende, Ikebana- und Kalligraphiekurse statt.

27 CENTRUM JUDAICUM

Die Dauerausstellung der Stiftung „Neue Synagoge Berlin – Centrum Judaicum" dokumentiert die Geschichte des Hauses und des mit ihm verbundenen jüdischen Lebens.

Oranienburger Str. 28–30, 10117 Berlin
Fon 880 28-300
Fax 282 11 76
Office@cjudaicum.de
www.cjudaicum.de
Dr. Hermann Simon

1. Sept. bis 30. April: So–Do 10–18 Uhr, Fr 10–14 Uhr;
1. Mai. bis 31. Aug.: So–Do 10–20 Uhr, Fr 10–18 Uhr;
samstags und an jüdischen Feiertagen geschlossen
Führungen durch die Ausstellung So 14 u. 16, Mi 16 Uhr;
Gruppenführung nach schriftlicher Anmeldung:
cohen@cjudaicum.de, Fax 880 28-320
Kuppelbesichtigungen im Rahmen der Öffnungszeiten der Ausstellung vom 1. April bis 30. September

S-Bahn bis Oranienburger Straße, Friedrichstraße, Hackescher Mark; U-Bahn bis Oranienburger Tor, Friedrichstraße, Weinmeisterstraße; Tram 13, 1, 6

Behindertengerecht

Die Stiftung „Neue Synagoge Berlin – Centrum Judaicum" wurde 1988 aus Anlass des 50. Jahrestages des Novemberpogroms von 1938 ins Leben gerufen. Die Dauerausstellung „Tuet auf die Pforten..." zeichnet die Geschichte der „Neuen Synagoge" und des Berliner jüdischen Lebens nach.

Die im maurischen Stil errichtete Synagoge wurde am 5. September 1866 eingeweiht und war damals das größte jüdische Gotteshaus Deutschlands. In der Pogromnacht vom 9. zum 10. November 1938 wurde sie im Inneren verwüstet und im November 1943 durch Bomben schwer beschädigt.

Die letzten Gottesdienste fanden im März 1940 statt. Nach Sprengung der Hauptsynagoge im Jahr 1958 standen nur noch die an der Straße gelegenen Gebäudeteile. Mit der symbolischen Grundsteinlegung im November 1988 begann der Wiederaufbau der Ruine. Das Gebäude wurde am 7. Mai 1995 wiedereröffnet.

In der ehemaligen Eingangsrotunde wird anhand eines Modells der ehemaligen Synagoge der gesamte Gebäudekomplex vorgestellt. Er besteht nur noch als Fragment, da der eigentliche Synagogenhauptraum heute nicht mehr existiert. Von den gewaltigen Ausmaßen des Synagogenraumes kann man sich bei einem Gang auf die hinter den restaurierten Gebäudeteilen gelegene Freifläche, auf der der Grundriss des Raumes in Stein ausgelegt ist, überzeugen. In zwei an die Rotunde anschließenden Räumen – eigentlich weitere Vorräume der Neuen Synagoge – wird die Geschichte des Gebäudes und der Umgebung sowie des jüdischen Lebens in der Nachbarschaft dargestellt. Die Personen, die in der schwierigsten Zeit der Neuen Synagoge – nach 1933 – mit ihr in Verbindung standen, mussten größtenteils emigrieren oder wurden in den Vernichtungslagern ermordet. Auch die meisten Gegenstände, die über das Haus etwas erzählen könnten, wurden zerstört. Die kleine, aber umso eindrucksvollere Sammlung umfasst neben Zeremonialobjekten wie Toravorhängen und anderen synagogalen Textilien Gemälde, Dokumente, Fotos und auch die Ewige Lampe der ehemaligen Synagoge, die als bedeutendstes Fundstück bei den Restaurierungsarbeiten 1989 gefunden wurde.

Im Repräsentantensaal im 2. Obergeschoss – dem Glanzstück der wiederhergestellten Teile der Neuen Synagoge – werden Sonderausstellungen gezeigt.

Die Stiftung „Neue Synagoge Berlin – Centrum Judaicum" führt in ihren Räumen verschiedene Veranstaltungen durch. Im November finden die jüdischen Kulturtage der Jüdischen Gemeinde zu Berlin statt. Das Centrum Judaicum verfügt über bedeutende Archivbestände.

Tipp

Besuchen Sie das attraktive, quirlige Café Ohren – Restaurant/Café.

30.9.03

28 BERLINER MEDIZINHISTORISCHES MUSEUM

Das Haus präsentiert eine Ausstellung von etwa 900 außerordentlich wertvollen und seltenen pathologisch-anatomischen Präparaten.

Berliner Medizinhistorisches Museum, Universitätsklinikum Charité, Campus Charité Mitte, Schumannstr. 20/21,
10117 Berlin
Fon 450 53 61 56
Fax 450 53 69 05
Prof. Dr. Thomas Schnalke

Di–So 10–17 Uhr, Mi 10–19 Uhr, Mo und feiertags geschlossen.
Führung nach Vereinbarung bei Frau Dr. Lennig Fon 450 53 60 49

S-Bahn bis Friedrichstraße oder Lehrter Stadtbahnhof;
U6 bis Zinnowitzer Straße oder Oranienburger Straße;
Bus 147 Berlin-Mitte: Friedrichstraße, Wilhelmstraße, Invalidenstraße

Parkmöglichkeiten in den umliegenden Straßen begrenzt

Am 27. Juni 1899 konnte Rudolf Virchow sein Pathologisches Museum in der Berliner Charité mit 20 833 Ausstellungsstücken eröffnen. Diese Objekte sollten der Belehrung der Studierenden und der praktischen Ärzte und bis zu einem gewissen Maße auch des Publikums dienen. Vorrangig dienten die aufgestellten Präparate Virchow aber als Material für die sorgfältige Erforschung von Krankheiten.

Auf Antrag Virchows wurde im Rahmen des Gesamtumbaus der Charité auch ein Neubau des Instituts für Pathologie mit einem separaten Museumsgebäude errichtet. Dieses bot auf 5 Ebenen 2000 qm Ausstellungsfläche.

Im Zweiten Weltkrieg wurde das Museumsgebäude schwer getroffen, die Sammlung zum größten Teil zerstört. Nach dem Krieg bauten Virchows Amtsnachfolger die Präparatesammlung systematisch wieder auf, so dass im März 1998 das Museum zu neuem Leben erweckt werden konnte.

Zunächst wurden zwei Säle der dritten Etage rekonstruiert und dem Publikum zugänglich gemacht. Etwa 900 außerordentlich wertvolle und seltene pathologisch-anatomische Präparate sind hier im neu gegründeten Berliner Medizinhistorischen Museum ausgestellt.

In naher Zukunft wird das Museum weitere Räume nutzen können, in denen vorrangig medizinhistorische Sachzeugen aus der langen Geschichte der Berliner Medizin zur Schau gestellt werden sollen. Durch die Eröffnung einer neuen Etage kann das Museum künftig vermehrt Wechselausstellungen zeigen, in welchen medizinische Themen – in ihren geschichtlichen wie auch in ihren aktuellen Dimensionen – für die interessierte Öffentlichkeit aufgeschlossen und präsentiert werden.

Derzeit wird das Museum bereits intensiv als Veranstaltungsort genutzt. Die Kriegsruine des ehemaligen Hörsaals kann für Veranstaltungen gemietet werden (Frau Dr. Schubert Fon 450 53 61 29).

BERLINER MEDIZINHISTORISCHES MUSEUM
So wollte Rudolf Virchow Studenten, Ärtze und Publikum belehren

29 BRECHT-WEIGEL-GEDENKSTÄTTE

Die Gedenkstätte, die zu Leben und Werk des Paares informiert, ist in den letzten Arbeitsräumen von Bertolt Brecht und Helene Weigel untergebracht.

Chausseestr. 125, 10115 Berlin
Fon 283 05 70 44
Fax 283 05 70 33
pfeil@adk.de
Elke Pfeil

Di–Fr 10, 10.30, 11 und 11.30 Uhr; Do zusätzlich 17, 17.30, 18, 18.30 Uhr; Sa 9.30, 10, 10.30, 11, 11.30, 12.30, 13, 13.30 Uhr; So 11, 12, 13, 14, 15, 16, 17, 18 Uhr; geschlossen an allen Feiertagen. Besuch des Museums nur mit Führung zu den angegebenen Zeiten oder Di–Fr nachmittags nach Vereinbarung, Anmeldung unter Fon 283 05 70 44. Je Führung max. 8 Personen.

U6 bis Oranienburger Tor oder Zinnowitzer Straße; Bus 340, 245; S-Bahn bis Friedrichstraße und weiter 10 Min. zu Fuß. Wenige Parkmöglichkeiten in den umliegenden Straßen

Bertolt-Brecht-Archiv mit Bibliothek geöffnet nur nach Vereinbarung: Fon 283 05 70-0, bba@adk.de

Träger: Stiftung Archiv der Akademie der Künste, Hanseatenweg 10, 10557 Berlin

Die Brecht-Weigel-Gedenkstätte ist im Hinterhaus und im Seitenflügel in der Chausseestr. 125 untergebracht. Bertolt Brecht (1898–1956), der Autor der Dreigroschenoper und Begründer des epischen Theaters, lebte hier im 1. Obergeschoss von 1953–1956. Die Schauspielerin Helene Weigel (1900–1971), Brechts Frau, gründete nach Brechts Tod das Bertolt-Brecht-Archiv, das den Nachlass Brechts verwaltet und heute im

2. Obergeschoss untergebracht ist.

Die Schauspielerin Helene Weigel, seit 1929 mit Brecht verheiratet, bezog im Januar 1954 eine Wohnung im 2. Obergeschoss des Hauses. Von 1957 bis zu ihrem Tod 1971 lebte sie dann in einer Wohnung im Erdgeschoss. Die Grabstätten Brechts und Weigels befinden sich auf dem benachbarten Dorotheenstädtischen Friedhof.

1977/78 wurde das Haus Chausseestr. 125 saniert und zu Brechts 80. Geburtstag am 10.02.1978 als Brecht-Haus eröffnet. Die früheren Wohnungen des Ehepaares Weigel/Brecht wurden als Brecht-Weigel-Gedenkstätte der Öffentlichkeit zugänglich gemacht. Der Besucher wird in Weigels Wohnung durch Veranda, Schlafzimmer und Küche geführt, in Brechts Wohnung können zwei Arbeitszimmer und ein Schlafzimmer besichtigt werden. Im Schlafzimmer hängt das chinesische Rollenbild „Der Zweifler", das Brecht durch sein fünfzehnjähriges Exil (1933–1948) begleitet hat.

Bei den interessanten Führungen durch die Wohn- und Arbeitsräume Weigels und Brechts erfährt man sehr viel über das Leben des Paares – über Brechts Werk und seine Theaterarbeit.

Wer sich ausführlicher informieren möchte: Das im gleichen Haus untergebrachte Archiv mit den Nachlässen von Brecht und Weigel hat Di, Mi, Fr 9–12 und 13–17 Uhr, Do 9–12 und 13–19 Uhr geöffnet.

Info

Von seinem Arbeitszimmer konnte Brecht auf den Dorotheenstädtischen Friedhof sehen. Machen Sie nach dem Besuch der Gedenkstätte einen Abstecher dorthin. Sie finden die Grabstätten vieler Berühmtheiten wie Schinkel, Rauch, Schadow, Hegel, Borsig, Brecht und Weigel.

Das Literaturforum im Brecht-Haus führt regelmäßig Veranstaltungen im Bereich Theater/Literatur durch.

Tipp

Das Kellerrestaurant im Brecht-Haus bietet Wiener Küche, teilweise nach Art Helene Weigels; Mo–Sa ab 19 Uhr,

Fon 282 38 43.

30.08.03

30 MUSEUM FÜR NATURKUNDE

Das größte naturhistorische Museum Deutschlands verfügt über eine eindrucksvolle Sammlung von mehr als 25 Millionen zoologischen, paläontologischen, mineralogischen und geologischen Objekten.

Invalidenstr. 43, 10115 Berlin
Fon 20 93-85 91
Fax 20 93-88 14
www.museum.hu-berlin.de
Prof. Dr. Hans-Peter Schultze

Di–Fr 9.30–17 Uhr. Sa., So. Feiertage 10-18 Uhr
Geschlossen: 24., 25. und 31.12.
Führungen werktags nach Vereinbarung, Anmeldung unter Fon 20 93 85 50

U6 bis Zinnowitzer Straße; S-Bahn bis Lehrter Stadtbahnhof; Bus 245, 340; Tram 6, 8

Wissenschaftliche Präsenzbibliothek zu Zoologie, Paläontologie und Mineralogie: werktags 9–15 Uhr

Fördererkreis der naturwissenschaftl. Museen Berlins e. V.

Eingeschränkt behindertengerecht

Die Geschichte des Museums für Naturkunde reicht mit seinen ältesten Sammlungsteilen bis auf die Naturaliensammlung der Akademie der Wissenschaften (1716) und die Berliner Bergakademie (1770) zurück. Mit der Gründung der Berliner Universität 1810 etablierten sich auch drei naturwissenschaftliche Museen, die diese Sammlungen übernahmen. In den Jahren 1883–1889 entstand in der Invalidenstraße ein neues, eigenes Museumsgebäude unter dem Namen Museum für Naturkunde. Seit 1969 sind hier die drei naturkundlichen Einzelmuseen unter einer Leitung vereinigt.

Die Ausstellungen des Museums gliedern sich in mehrere Bereiche und verteilen sich über 16 Räume. In der paläontologischen Abteilung finden sich versteinerte Pflanzen und Tiere, sogenannte Fossilien. Den Mittelpunkt bildet der sehr beeindruckende Sauriersaal – ein glasüberdachter Lichthof – mit dem größten aufgestellten Saurierskelett der Welt, dem 23 m langen und 12 m hohen Originalskelett des Brachiosaurus. Sehr interessant ist die um das Skelett aufgebaute Dokumentation der Ausgrabungsarbeiten.

Weltberühmt ist auch die Gesteinsplatte mit dem Fossil des Urvogels Archaeopteryx, dem ältesten bisher bekannten Vogel. Der Evolution der Wirbeltiere mit einem Überblick über die heute lebenden Formen und die Methoden der Evolutionsforschung ist Saal 4 gewidmet. Die Verwandtschaftsgruppe der Primaten (Saal 6) wird mit eindrucksvollen Tierpräparaten vorgestellt. Darunter ist die bei Besuchern besonders beliebte Dermoplastik des Gorillas Bobby. Er war der erste Gorilla, der sich in Europa vom Affenkind zum ausgewachsenen Tier entwickeln konnte. Ein weiterer Ausstellungsbereich präsentiert die einheimische Tierwelt in Form von eindrucksvollen, liebevoll gestalteten Dioramen.

Von der Eröffnung des Museums im Jahr 1889 an werden die Minerale im selben Ausstellungssaal (15) präsentiert. Hier liegen in schönen alten Vitrinen einige tausend Minerale, die mehr als die Hälfte der rund 3.000 bekannten Mineralarten abdecken.

Info

Im Eingangsbereich des Museums befindet sich ein Museumsshop.

Fast jeden Sonntag um 15 Uhr finden „Sonntagsveranstaltungen" mit Vorträgen und Führungen statt; Info unter Fon 20 93-85 91.

Die Selbstbedienungs-Cafeteria im Gewölbekeller des Museums hat von 9.30 bis 16.30 Uhr geöffnet. Warme Küche zu günstigen Preisen wird bis 14.30 Uhr angeboten.

Tipp

In unmittelbarer Nähe (Invalidenstr. 50–51) befindet sich der eindrucksvolle Hamburger Bahnhof, der seit November 1996 als Museum für Gegenwart internationale zeitgenössische Kunst zeigt.

Weitere naturwissenschaftliche Museen in Berlin sind das Botanische Museum und die Naturwissenschaftlichen Sammlungen des Stadtmuseums.

MUSEUM FÜR NATURKUNDE
Das größte aufgestellte Saurierskelett der Welt: 23m lang, 12m hoch

31 HAMBURGER BAHNHOF – MUSEUM FÜR GEGENWART BERLIN

Der Hamburger Bahnhof als Berliner Museum für Gegenwart beherbergt zeitgenössische Kunst aus den Sammlungen der Staatlichen Museen sowie der Sammlung Erich Marx und das Joseph-Beuys-Archiv.

Invalidenstr. 50–51, 10557 Berlin
Fon 209 05 5-5 (Info-Fon)
Fax 209 05 5-02
Prof. Dr. Klaus-Peter Schuster

Di–Fr 10–18 Uhr, Sa und So 11–18 Uhr
Führungen nach Voranmeldung unter Fon 209 05 5-66, Fax 209 05 5-02

U-Bahn bis Zinnowitzer Straße; S-Bahn bis Lehrter Stadtbahnhof; Bus 147, 245, 248, 340;
Tram 6, 8, 13, 50

Förderverein: Verein der Freunde der Nationalgalerie, Hohenzollerndamm 27a, 10713 Berlin

Eingeschränkt behindertengerecht

Der ehemalige Hamburger Bahnhof ist der einzige erhaltene historische Kopfbahnhof Berlins. Das dreigeschossige Empfangsgebäude im spätklassizistischen Stil wurde 1845–1847 von Friedrich Neuhaus erbaut.

Nachdem der Bahnhof 1884 stillgelegt und ihn der Lehrter Bahnhof in seiner Funktion abgelöste, wurde das Gebäude 1906 als Verkehrs- und Baumuseum eröffnet. 1945 wurde es kriegsbeschädigt und war seitdem unzugänglich – bis zu seiner Wiedereröffnung im November 1996 als Museum für Gegenwart Berlin.

Der Hamburger Bahnhof beherbergt seit 1996 als Museum für Gegenwart Berlin eine der wichtigsten Sammlungen internationaler zeitgenössischer Kunst. Hochrangige Werkgruppen von Joseph Beuys, Andy Warhol, Cy Twombly, Robert Rauschenberg und Anselm Kiefer aus der Sammlung Erich Marx bilden im Zusammenspiel mit einer wechselnden Auswahl von Werken der Gegenwartskunst aus den Sammlungen der Staatlichen Museen zu Berlin eine hervorragende Basis für anspruchsvolle zeitgenössische Ausstellungsprogramme.

Als Museum für Gegenwart hat das Haus eine offene medienübergreifende Struktur. Film, Video, Design, Fotografie, aber auch Musik und Sprache werden im engen Zusammenhang mit Malerei, Grafik und Plastik in stetig wechselnden Präsentationen vorgestellt.

Seit April 2001 zeigt sich der Hamburger Bahnhof wieder mit einem neuen Gesicht. In der Historischen Halle wurden die Großskulpturen von Anselm Kiefer, Richard Long und Mario Merz neu gruppiert. Sol LeWitts beeindruckender, fünf Meter hoher weißer Kubus (White Cube Without Corner) kommt als Neuerwerbung der Nationalgalerie hinzu.

Die Zeichnungen und Skulpturen von Joseph Beuys bleiben im Westflügel und die wichtigen Werkgruppen von Warhol, Rauschenberg, Twombly und Lichtenstein in der speziell hierfür konzipierten Ostgalerie.

In den kleineren Ausstellungsräumen des Erdgeschosses und den oberen Etagen des Hauptgebäudes werden neben vielen bekannten Werken auch neue Arbeiten von Damien Hirst, Ron Mueck, Vanessa Beecroft, Thomas Florschütz und Andreas Gursky zu sehen sein. Das geistig-intellektuelle Spiel der „Altmeister" Marcel Duchamp und Marcel Broodthaers wird in der ersten Etage des Hauptgebäudes in spannender Weise mit den extremen Körpererfahrungen der Wiener Aktionisten Nitsch, Brus und Schwarzkogler konfrontiert. Eine Videoinstallation zu dem 1998 in Prinzenhof gezeigten „6-tage-spiel" gibt einen nachhaltigen Eindruck vom Orgien Mysterien Theater von Hermann Nitsch.

Künstler wie Thomas Struth, Rachel Whiteread und Anish Kapoor runden den Bestand der Sammlung Marx in neueren Tendenzen ab. Die zentrale Hauptfigur aber ist Joseph Beuys, der mit einem eindrucksvollen Ensemble von Installationen und dem einzigartigen, rund 450 Zeichnungen umfassenden Werk „Secret Block for a Secret Person in Ireland" die Sammlung prägt. Letztere sind nur begrenzt ausstellbar, da die Werke sich auf sehr lichtempfindlichem Papier befinden.

In einem Medienarchiv, das u. a. das gesamte noch verfügbare Filmmaterial über Joseph Beuys enthält, kann sich der Besucher Einblick in das umfangreiche Werk des Künstlers verschaffen (nach Voranmeldung unter Fon 39 78 34 17).

Ein „Aktionsraum" im Ehrenhofflügel steht für Vorträge und andere Veranstaltungen zur Verfügung. Wissenschaftliche Beratung wird nach Vereinbarung angeboten.

Im Hamburger Bahnhof befindet sich ein Museumsrestaurant.

HAMBURGER BAHNHOF
Zeitgenössische Kunst im historischen Kopfbahnhof

32 ZUCKER-MUSEUM

Das Haus bietet einen Einblick in alle mit Zucker zusammenhängenden Gebiete: aus naturwissenschaftlichen, technischen Bereichen, aus der Landwirtschaft, Wirtschaftsgeschichte, Volkskunde und Kunst.

Amrumer Str. 32, 13353 Berlin;
Außenstelle des Deutschen Technikmuseums Berlin
Fon 31 42 75 74
Fax 31 42 75 86
Dr. Bernhard E. Nickl

So 11–18 Uhr, Mo–Do 9–16.30 Uhr
Kostenlose Führungen So um 11.30 und 14.30 Uhr, unter Vorbehalt sonst nach Voranmeldung unter
Fon 31 42 75 74 (kostenpflichtige Führung)

U9 bis Amrumer Straße, U6 bis Seestraße; Bus 126; Tram 23, 24

Parkmöglichkeiten auf dem Mittelstreifen der Straße

Schülerbibliothek geöffnet nach Voranmeldung

Förderverein: Fördererkreis Zucker-Museum,
Geschäftsstelle: c/o Verlag Dr. Albert Bartens
Lückhoffstr. 16, 14129 Berlin

Behindertengerecht: Rollstuhlfahrer bitte telefonisch voranmelden

Das 1904 eröffnete Zucker-Museum ist das älteste seiner Art in der Welt und gehört auch zu den ältesten Museen Berlins.

1989 wurde die Sammlung mit einer Neupräsentation wiedereröffnet.

Die modern und ansprechend gestaltete Ausstellung im dritten Obergeschoß des Universitätsgebäudes in der Amrumer Straße bietet dem Besucher in 11 Abteilungen eine Vielzahl von Objekten aus allen mit Zucker zusammenhängenden Gebieten: aus naturwissenschaftlichen, technischen und technologischen Bereichen, aus der Landwirtschaft, Wirtschaftsgeschichte, Volkskunde und Kunst.

Ein Rundgang durch die Ausstellung beginnt mit einem Einblick in die Kulturgeschichte des Zuckers. Die Bereiche Zuckerrohr, Kolonialzucker für Europa und Plantagenwirtschaft, Sklavenwirtschaft veranschaulichen die zum Teil grausame Geschichte des Zuckerrohranbaus und der -verarbeitung. Erst die Entdeckung des Rübenzuckers in Europa beendete das marktbeherrschende Monopol des Kolonialzuckers. Anschließend wird der Zuckerrübe als Königin der Feldfrüchte gehuldigt. Die Geschichte und Entwicklung des Rübenbaus wird ebenso anhand zahlreicher Exponate präsentiert, wie die Rübenverarbeitung und Zuckergewinnung.

Das Museum verfügt über Videofilme, eine Diasammlung, ein Bildarchiv.

An der Museumskasse werden Kataloge und Postkarten angeboten.

33 ANTI-KRIEGS-MUSEUM

Die Dokumentationsstätte zeigt Materialien zu Kriegsgeschehen und Friedensarbeit.

Brüsseler Straße 21, 13353 Berlin
Fon 45 49 01 10
Anti-Kriegs-Museum@gmx.de
Tommy Spree

Täglich 16–20 Uhr
Gruppenbetreuung auch für Schulklassen nach Vereinbarung unter Fon 402 86 91

U-Bahn bis Amrumer Straße

Das Museum steht in der Tradition eines bereits 1925 in Berlin von dem Pazifisten und Anarchisten Ernst Friedrich gegründeten Anti-Kriegs-Museums, das 1933 von den Nazis zerstört wurde. Seit 1982 baut eine Initiative um Tommy Spree, den Enkel von Ernst Friedrich, das Anti-Kriegs-Museum wieder auf. 1984 wurde das heutige Museum eröffnet.

Das kleine, private Museum zeigt in einem Raum vor allem historisches Material: Originalstücke von Ernst Friedrich sowie von Berlinern geliehene und gespendete Stücke aus dem Ersten und Zweiten Weltkrieg. Neben Kriegsspielzeug, Orden, Kriegstagebüchern und Bombensplittern sind u. a. Fotos von schwerverletzten Soldaten zu sehen. Eindrucksvoll ist ein originaler, mit historischen Gegenständen ausgestatteter Luftschutzkeller in den Kellerräumen des Museums. Außerdem ist dem Museum eine Peace Gallery angeschlossen, in der in Berlin ansässige Künstler ihre Werke zur Thematik Krieg und Frieden ausstellen können.

Das Anti-Kriegs-Museum zeigt Wechselausstellungen zur Thematik Krieg und Frieden.

Tipp

Besuchen Sie auch die Friedensbibliothek, Greifswalder Str. 4

34 HEIMATMUSEUM WEDDING

Das Museum dokumentiert Alltags- und Sozialgeschichte, Schul- und Industriegeschichte des früheren Stadtbezirks Wedding.

Pankstr. 47, 13357 Berlin
Fon 200 94-41 58
Fax 200 94-41 58
Gabriele Lang

Di und Mi 10–16 Uhr, Do 12–18 Uhr, So 11–17 Uhr
Führungen nach Vereinbarung, Anmeldung bei Frau Lang unter Fon 200 94-41 58

U8 bis Pankstraße; S1 bis Gesundbrunnen, S4 bis Wedding; Bus 143, 147, 227 bis U-Bahnhof Pankstraße
Kostenloser Parkplatz am Museum

Bibliothek und Archiv zugänglich nach Vereinbarung

Förderverein: Weddinger Heimatverein e.V.
Anschrift wie Museum

Das Museum ist in einem Schulgebäude untergebracht. Die ständige Ausstellung gibt Einblick in Wirtschafts- und Sozialgeschichte der Ortsteile Wedding und Gesundbrunnen, macht Berliner Wohnverhältnisse zu Beginn des 20. Jahrhunderts erlebbar und weckt Erinnerungen an vergangene Schulzeit.

Das Heimatmuseum Wedding bietet vielseitige Gelegenheit, sich über die Vergangenheit und Gegenwart des Stadtteils und seiner lokalen Besonderheiten zu informieren.

Das Museum berät Laien und Experten bei stadtgeschichtlicher Forschung.

In Sonderausstellungen werden lokalhistorische Themen präsentiert, aktuelle Fragestellungen auf ihre Entstehung und Perspektiven hin untersucht.

Info

Seit dem 1. Januar 2001 sind die Bezirke Wedding, Mitte und Tiergarten zum neuen Bezirk Mitte von Berlin vereinigt – für manche Bürger vielleicht ein Grund sich der Geschichte ihres ehemaligen Bezirks zuzuwenden, für andere ein Anlass, die lokalen und historischen Besonderheiten der benachbarten Stadtteile zu erkunden.

Die Museen Mitte, Tiergarten und Wedding sind mehr als Museen im üblichen Sinne: Sie sind Orte der Begegnung und des Austausches von Fachwissenschaftlern mit historisch interessierten Bürgerinnen und Bürgern im Stadtteil.

Museum Mitte von Berlin, Am Festungsgraben 1, 10117 Berlin.

Heimatmuseum Tiergarten, Turmstraße 75, 10551 Berlin, Archiv: Zwinglistraße 2, 10551 Berlin.

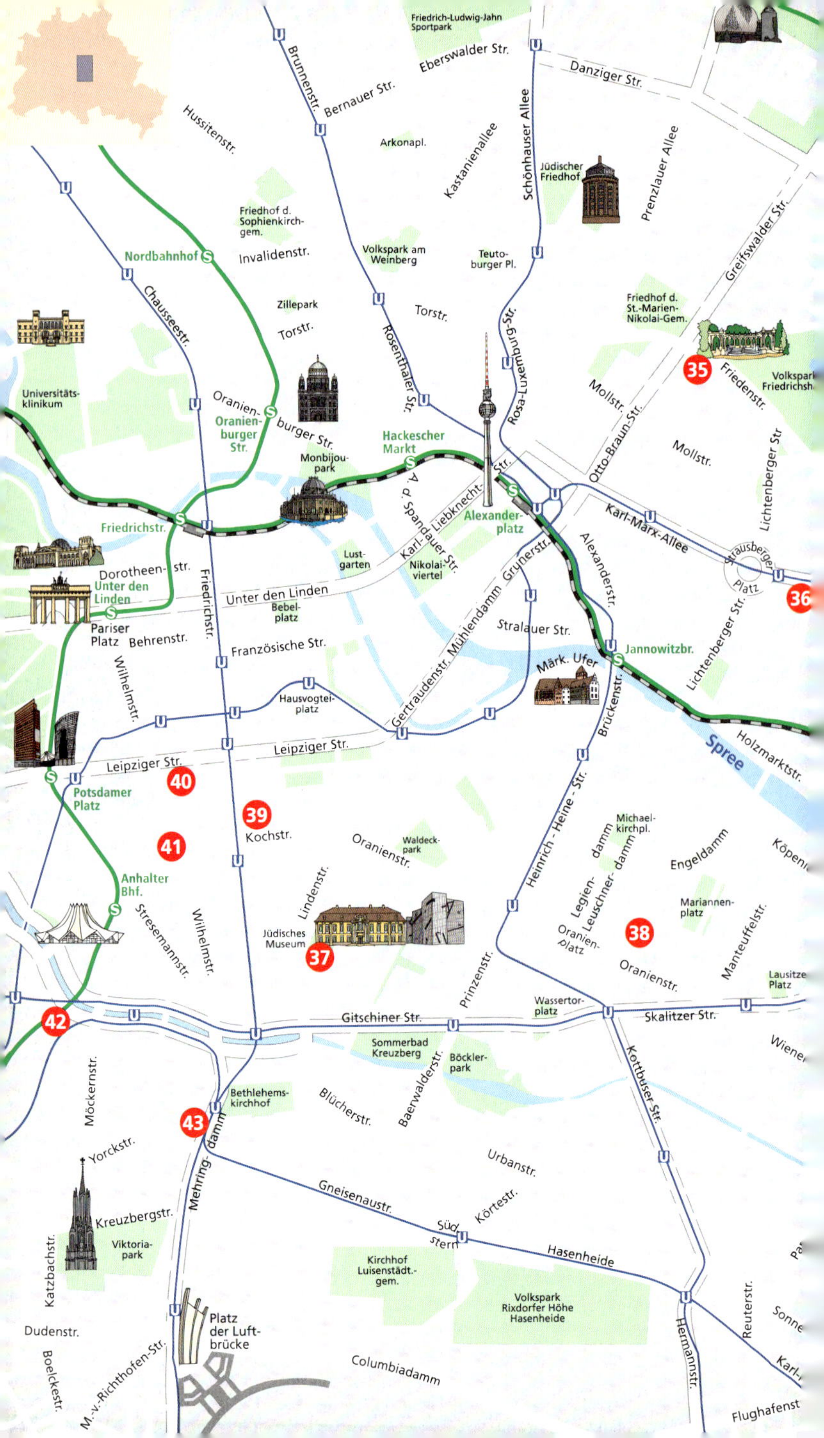
Friedrich-Ludwig-Jahn Sportpark
Eberswalder Str.
Danziger Str.
Brunnenstr.
Bernauer Str.
Hussitenstr.
Arkonapl.
Kastanienallee
Schönhauser Allee
Jüdischer Friedhof
Prenzlauer Allee
Friedhof d. Sophienkirch-gem.
Invalidenstr.
Volkspark am Weinberg
Teuto-burger Pl.
Greifswalder Str.
Nordbahnhof
Chausseestr.
Zillepark
Torstr.
Torstr.
Rosenthaler Str.
Rosa-Luxemburg-Str.
Friedhof d. St.-Marien-Nikolai-Gem.
35
Friedenstr.
Volkspark Friedrichsh
Universitäts-klinikum
Oranien-burger Str.
Oranien-burger Str.
Hackescher Markt
Monbijou-park
Mollstr.
Otto-Braun-Str.
Mollstr.
Lichtenberger Str
A. d. Spandauer Str.
Karl-Liebknecht-Str.
Alexander-platz
Karl-Marx-Allee
Friedrichstr.
Lust-garten
Nikolai-viertel
Alexanderstr.
Strausberger Platz
36
Dorotheen-str.
Unter den Linden
Unter den Linden
Friedrichstr.
Bebel-platz
Grunerstr.
Mühlendamm
Stralauer Str.
Pariser Platz
Behrenstr.
Französische Str.
Märk. Ufer
Jannowitzbr.
Lichtenberger Str.
Wilhelmstr.
Hausvogtei-platz
Gertraudenstr.
Brückenstr.
Holzmarktstr.
Spree
Leipziger Str.
Leipziger Str.
40
Potsdamer Platz
39
Kochstr.
41
Oranienstr.
Waldeck-park
Heinrich-Heine-Str.
Michael-kirchpl.
Legien-damm
Leuschner-damm
Engeldamm
Köpen
Anhalter Bhf.
Lindenstr.
Stresemannstr.
Wilhelmstr.
Jüdisches Museum
37
Prinzenstr.
Oranien-platz
Mariannen-platz
38
Oranienstr.
Manteuffelstr.
Lausitze Platz
42
Gitschiner Str.
Wassertor-platz
Skalitzer Str.
Wiene
Sommerbad Kreuzberg
Böckler-park
Baerwalderstr.
Blücherstr.
Bethlehems-kirchhof
Kottbuser Str.
Möckernstr.
43
Mehring-damm
Yorckstr.
Urbanstr.
Gneisenaustr.
Körtestr.
Süd-stern
Hasenheide
Kreuzbergstr.
Viktoria-park
Kirchhof Luisenstädt.-gem.
Volkspark Rixdorfer Höhe Hasenheide
Katzbachstr.
Reuterstr.
Sonne
Hermannstr.
Platz der Luft-brücke
Dudenstr.
Columbiadamm
Karl-
Boelckestr.
M.-v.-Richthofen-Str.
Flughafenst

FRIEDRICHSHAIN-KREUZBERG

* diese Museen sind zur besseren Übersichtlichkeit hier mit eingeordnet; die Friedensbibliothek gehört der Lage nach zu Pankow/Prenzlauer Berg, das Museum für Kommunikation zu Mitte

35 FRIEDENSBIBLIOTHEK – ANTIKRIEGSMUSEUM

Die Einrichtung der Evangelischen Kirche in Berlin-Brandenburg zeigt wechselnde (Wander-) Ausstellungen und verfügt über eine umfangreiche Bibliothek.

Haus der Demokratie und Menschenrechte
Greifswalder Str. 4, 10405 Berlin
Fon 508 12 07 oder 509 96 91

Mo–Fr 17–19 Uhr, Sa 13–17 Uhr
Führungen n. Vb. unter Fon 5 09 96 91 oder 508 12 07

Tram 2, 3, 4 Bus 142, 200, 257 bis
Am Friedrichshain

Ausleihbibliothek

Seit Mai 1982 zeigt das kleine Museum wechselnde Ausstellungen zu Krieg und Frieden. Verschiedene Ausstellungen sind archiviert und können ausgeliehen werden, z. B. Geschichte des ersten Antikriegsmuseums, Judenverfolgung im Dritten Reich, Albert Schweitzer, Mutter Teresa, Atombombenabwurf auf Hiroshima und Nagasaki, Die gefährlichste Krankheit, Der Traum von einem anderen Deutschland, Zerstörung und Erlösung, Entfernung von der Truppe oder zur Weißen Rose. Einmal im Jahr wird eine Ausstellung in der St.-Marien-Kirche in Berlin-Mitte neben dem Fernsehturm gezeigt. Im April 1985 wurde mit der Buchausleihe begonnen. Der Zugang zu sonst nicht öffentlichen Werken ließ die Friedensbibliothek neben der Umweltbibliothek in der Zionskirche im Prenzlauer Berg zu einer der Keimzellen der Bürgerbewegung werden, die den Umsturz in der ehemaligen DDR herbeiführte.

Tipp

Besuchen Sie auch das Anti-Kriegs-Museum im Wedding, Brüsseler Straße 21, mit dem die Friedensbibliothek zusammenarbeitet.

36 COMPUTER- UND VIDEOSPIELE MUSEUM

Die ständige Ausstellung ist derzeit geschlossen. Über die geplante Neueröffnung und weitere Aktivitäten gibt die Homepage des Museums mit aktuellen Beiträgen Auskunft.

Gubener Str. 47, 10179 Berlin
Fon 29 04 92 15
Fax 279 01 26
info@computerspielemuseum.de
www.computerspielemuseum.de
Andreas Lange

Förderverein für Jugend- und Sozialarbeit e. V.

Abenteuer und Action auf dem Bildschirm – fast wie im echten Leben. Das gibt es erst seit circa 30 Jahren und ist jetzt schon museumsreif: Im Computer- und Videospiele Museum werden historische und aktuelle Computer, Videospiele und Videomünzautomaten gesammelt.

Dazu gehören neben „Pong", dem Tischtennis-Spiel von 1972, das als erstes kommerzielles Videospiel auf dem Markt war, dem aktuellen Spiel „Formel 1", Nintendo-Konsolen und Atari-Rechnern auch seltene 3D-Spiele und solche Raritäten wie den Videospielmünzautomat „Polyplay". Von diesem einzigen in der DDR produzierten Videomünzautomaten wurden insgesamt nur ca. 1.000 Stück hergestellt.

Daneben hat das Museum eine große Sammlung von Zusatzteilen, Originalprogrammen, Handhelds und Joysticks

Tipp

Ein weiterer Tipp für Computerfans ist die Ausstellung Rechen- und Automationstechnik im Deutschen Technikmuseum in Kreuzberg.

JÜDISCHES MUSEUM
Der spektakuläre Libeskind-Bau begeisterte schon vor der Ausstellungseröffnung

05.10.02

37 JÜDISCHES MUSEUM BERLIN

Zwei Jahrtausende Deutsch-Jüdische Geschichte

Stiftung Jüdisches Museum Berlin
Lindenstrasse 9-14
10969 Berlin-Kreuzberg
Fon 3 08 78 56 81
Fax 25 99 34 09
www.jmberlin.de
info@jmberlin.de

Führungen: Fon 2 59 93-305, Fax 2 59 93-412
fuehrungen@jmberlin.de

U1, U6, U15 Hallesches Tor; Bus 143, 240, 248

Mo 10-22 Uhr, Di–So 10-20 Uhr, geschlossen nur an den Jüdischen Feiertagen Rosch ha-Schana und Jom Kippur sowie am Heiligabend.

Das Jüdische Museum Berlin hat eine lange Vorgeschichte. Schon 1933 – kurz vor Hitlers Machtübernahme – gab es in Berlin ein Jüdisches Museum, damals in der Oranienburger Straße. Dieses wurde 1938 von der Gestapo geschlossen und seine Bestände konfisziert. In der Nachkriegszeit wurde immer wieder zur Neugründung eines Berliner Jüdischen Museums aufgerufen, so etwa 1971, als die Jüdische Gemeinde zu Berlin den 300. Jahrestag ihrer Entstehung feierte.

Im Juni 1989 gewann der Architekt Daniel Libeskind den Wettbewerb „Erweiterung Berlin Museum mit Abteilung Jüdisches Museum", wie die offizielle Bezeichnung lautete. Der Grundstein für den Neubau wurde im November 1992 gelegt, das Richtfest im Mai 1995 gefeiert. Während der Bauphase wurde heftig und kontrovers über die Verwendung des Neubaus und den Status der „Jüdischen Abteilung" des damaligen Berlin Museums diskutiert. Seit Januar 1999 hat das Jüdische Museum Berlin einen autonomen Status als Stiftung des

JÜDISCHES MUSEUM
Im September 2001 eröffnet. Mit Ausstellungen zu zwei Jahrtausenden deutsch-jüdischer Geschichte. Links das Gebäude der „Jüdischen Abteilung" im früheren Berlin Museum

öffentlichen Rechts, die seit 2001 eine Bundeseinrichtung ist. Im September 2001 wurde das Museum mit seinen Ausstellungen zu zwei Jahrtausenden deutsch-jüdischer Geschichte feierlich eröffnet.

Der Libeskind-Bau ist als architektonisches Meisterwerk längst zu einem Wahrzeichen Berlins geworden. Rund 350 000 Besucher aus dem In- und Ausland haben schon vor der eigentlichen Eröffnung im Herbst 2001 den Weg in den damals noch leerstehenden Museumsbau gefunden.

Das Jüdische Museum Berlin umfasst neben dem Libeskind-Bau auch das barocke Kollegienhaus. Der Besucherzugang erfolgt über diesen Altbau, der mit dem Neubau unterirdisch verbunden ist, gleichsam unsichtbar. Der Libeskind-Bau erhebt sich über einem zickzackartig gewundenen, vielfach gebrochenen Grundriss. Er wird von einer geraden Linie durchschnitten, einem vom Untergeschoss bis zum Dach sich erstreckenden Leerraum. Von Libeskind „the void", die Leere genannt, fordern die Leerräume dazu auf, sich an die Auslöschung jüdischen Lebens in Europa durch den Nationalsozialismus zu erinnern und sich diesen Verlust zu vergegenwärtigen.

Im Untergeschoss gibt es ein Labyrinth ansteigender und kippender Achsen. Die Achse der historischen Kontinuität führt zu den Ausstellungsräumen. Die Achse des Exils führt aus dem Gebäude ins Freie, in den Garten des Exils und der Emigration. Die dritte Achse ist eine Sackgasse, die in der Enge des Holocaust-Turms endet.

Die Ausstellung, Zwei Jahrtausende Deutsch-Jüdische Geschichte, erzählt auf über 3000 m^2 von zwei Jahrtausenden deutsch-jüdischer Geschichte, anhand von historischen Objekten, Dokumenten, Kunstwerken und Alltagsgegenständen ebenso wie mit multimedialen Ausstellungstechnologien. Alte hebräische Handschriften, Tora-Rollen und silberne Leuchter, Amulette, Gemälde und Kunstwerke, Verordnungen und Auflagen, Münzen und Waffen, Fotoalben, Briefe, Kleidungsstücke, Taschenkalender, Schulhefte, Synagogenmodelle, Ritualbäder, Zeitungen, Filme, Musik und vieles mehr sind Zeugnisse für die Geschichte der Juden in Deutschland.

Mit dreizehn historischen Epochenbildern spannt die Ausstellung einen Bogen von der ersten historischen Quelle Kaiser

Konstantins aus dem Jahr 321 und dem ersten archäologischen Fund, einer Tonlampe mit dem Zeichen der Menora aus Trier, bis zur Neugründung jüdischer Gemeinden nach der Katastrophe der nationalsozialistischen Massenvernichtung.

Nach Zeugnissen aus der Frühzeit wird den Besuchern die mittelalterliche Welt von Aschkenas, der aus Deutschland stammenden Juden, vorgestellt und sie lernen die konträren Erfahrungen von Land- und Hofjuden kennen. Mit Moses Mendelssohn und der Haskalah, der jüdischen Aufklärung, beginnt ein neues Zeitalter. Die Besucher erfahren einiges über die jüdische Religion. Sie treffen prominente Persönlichkeiten aus der Geschichte und werden auch über das Alltagsleben der weniger prominenten informiert – über Zeiten des Fortschritts und ebenso wie über Zeiten der Stagnation und der Rückschläge. Sie erleben den Wandel in der jüdischen Tradition, der durch die Einflüsse der Emanzipation und später durch den Beginn der Moderne vollzogen wurde – um dann mit der Verzweiflung und dem Kampf ums Überleben konfrontiert zu werden, wenn die Reaktion deutscher Juden auf die nationalsozialistische Verfolgung thematisiert wird. Der letzte Teil der Ausstellung behandelt die Nachkriegsentwicklung. Dabei wird deutlich gemacht, dass hier nicht lediglich ein neues Kapitel folgt, sondern dass es sich um den Beginn einer neuen jüdischen Geschichte in Deutschland handelt, die einstweilen noch nicht klar definiert werden kann. So werden die Besucher voller Erfahrungen und Erlebnisse, aber auch nachdenklich und mit einigen offenen Fragen entlassen.

Wechselausstellungen, das multimediale Rafael Roth Learning Center, das Archiv des Leo Baeck Instituts und ein vielfältiges Veranstaltungsprogramm ergänzen die Ausstellung und ermöglichen ein vertieftes Kennenlernen der deutsch-jüdischen Geschichte und Kultur. Sehenswert ist auch das Museum Blindenwerkstatt Otto Weidt in der Rosenthaler Straße am Hackeschen Markt - eine Dependance des Jüdischen Museums Berlin und ein authentischer Ort, an dem der Kleinfabrikant Otto Weidt bis 1943 mehrere jüdische Arbeiter vor den Nationalsozialisten verstecken konnte.

Das Restaurant „Liebermanns" bietet sowohl kleine Snacks für zwischendurch als auch jüdische Spezialitäten. Fon 2 59 39-760

Das Sortiment des Shops umfasst von Büchern bis Schmuck Schönes und Ausgefallenes zum Schenken und Sammeln. Fon 2 52 93-171

Tipp

Museum Blindenwerkstatt Otto Weidt
Rosenthaler Str. 39, zweite Hofdurchfahrt, linker Aufgang
10178 Berlin-Mitte
Fon 28 59 94 07
Fax 25 76 26 14
ausstellung@blindes-vertrauen.de
www.blindes-vertrauen.de
Öffnungszeiten:
Mo-Fr 12–20 Uhr, Sa und So 11-20 Uhr

38 KREUZBERG-MUSEUM FÜR STADTENTWICKLUNG UND SOZIALGESCHICHTE

Das Museum zeigt Ausstellungen zur Geschichte Kreuzbergs.

Adalbertstr. 95 A, 10999 Berlin
Fon 50 58-52 33
Fax 50 58-52 58
info@kreuzbergmuseum.de
www.kreuzbergmuseum.de
Leitung Martin Düspohl

Mi–So 12–18 Uhr. Achtung: Teilweise bei Ausstellungen geänderte Öffnungszeiten. Führungen nach Anmeldung unter Fon 50 58 52 33

U-Bahn bis Kottbusser Tor; Bus 129, 140, 141

Bibliothek und Archiv Di–Fr 11–16 Uhr unter Fon 50 58 62 34 geöffnet

Förderverein: Verein zur Erforschung und Darstellung der Geschichte Kreuzbergs e. V., Mariannenplatz 2, 10997 Berlin

Behindertengerecht: Aufzug, WC

Das Kreuzberg-Museum zeigt in einem ehemaligen Fabrikgebäude stadtteilgeschichtliche Ausstellungen zu folgenden Themen: Handwerk und Industrie (insbesondere zur Geschichte des Druck- und Verlagswesens im Berliner Zeitungsviertel), Migrationsgeschichte (von den hugenottischen Glaubensflüchtlingen im 18. Jahrhundert bis zu den Migranten/innen aus der Türkei in jüngerer Zeit) und zur Stadtentwicklung der Nachkriegszeit (Sanierung/Selbsthilfe- und Alternativbewegung). Geplant ist, diese Aspekte in einer ständigen Ausstellung über die Geschichte eines der buntesten und spannendsten Stadtteile Berlins zusammenzuführen.

39 MAUERMUSEUM HAUS AM CHECKPOINT CHARLIE

Das Haus zeigt Objekte zur Geschichte der Berliner Mauer, den dortigen Geschehnissen sowie zum weltweiten gewaltfreien Kampf für Menschenrechte.

Friedrichstr. 43–45, 10969 Berlin
Fon 253 27 50
Fax 251 20 75
info@mauermuseum.com
www.mauer-museum.com
Leitung Dr. Rainer Hildebrandt

Täglich 9–22 Uhr. Führungen und Referate zu den Themen Bürgerbewegung, politische Haft in der DDR, gewaltfreier Kampf, Nationale Volksarmee und Grenzdienst in der DDR sowie „17. Juni"-Erhebung angeboten, Anmeldung unter Fon 253 92 50

U6 bis Kochstraße/Checkpoint Charlie U2 Stadtmitte; oder Bus 129 bis Checkpoint Charlie
Parkmöglichkeiten in den umliegenden Straßen; in der Zimmerstraße und vor dem Haus für Reisebusse

Eingeschränkt behindertengerecht

Das Museum wurde von Dr. Rainer Hildebrandt gegründet. Anlass der Gründung des Hauses am Checkpoint Charlie war der Bau der Mauer am 13. August 1961 und dessen Folgen: Allein im ersten Jahr nach dem Mauerbau wurden 41 Tote bei Grenzzwischenfällen registriert. Um über die gravierenden Menschenrechtsverletzungen, aber auch den Erfindungsreichtum bei Fluchten und über Fluchthelfer zu informieren, wurde zunächst 1962 eine Ausstellung in der Bernauer Straße eröffnet – unmittelbar gegenüber den Häusern mit zugemauerten Fenstern. Ein Jahr später entstand die Ausstellung am Checkpoint Charlie, die seitdem laufend erweitert wurde.

CHECKPOINT CHARLIE
Direkt an der früheren Mauergrenze wird die Zeit des Kalten Krieges lebendig

Der damals erstellte Teil der Ausstellung „Die Mauer – Vom 13. August bis heute" dokumentiert die Entwicklung der Mauer und zeigt Fluchtobjekte vom Mini-U-Boot bis zum Heißluftballon. Die Fortsetzung der Mauer-Ausstellung „Berlin – Von der Frontstadt zur Brücke Europas" entstand 1966, und präsentiert die gemeinsame sowie die getrennte Geschichte der Stadt vom Ende des Zweiten Weltkriegs bis heute.

Seit 1974 zeigt die Ausstellung „Maler interpretieren die Mauer" Arbeiten von Hajek, Keith Haring, Kolar, Grützke, Vostell und vielen anderen. Seit 1984 besteht die Ausstellung „Von Gandhi bis Walesa – Gewaltfreier Kampf für Menschenrechte". Sie zeigt die Prinzipien des gewaltfreien Widerstandes sowie zahlreiche Beispiele gewaltfreier Bewegungen für Menschenrechte in verschiedenen Ländern (u.a. Solidarnosc in Polen, Charta 77 in der CSSR). Sie schließt mit den siegreichen Revolutionen des Jahres 1989. Schrifttafeln informieren auf Deutsch, Englisch, Französisch und Russisch.

Info

Im Haus am Checkpoint Charlie werden zahlreiche Videofilme vorgeführt: Täglich von 9–22 Uhr werden verschiedene Dokumentarfilme von 10–25 Minuten Länge gezeigt. Täglich um 17.30 Uhr läuft der Spielfilm „Mit dem Wind nach Westen" (Ballonflucht) und um 19.30 wird der Dokumentarfilm „Mein Kampf" von Erwin Leiser über Hitler gezeigt.

Im Erdgeschoss befindet sich ein großer Verkaufsstand und Museumsshop mit Büchern, Postern, Postkarten, T-Shirts und diversen Souvenirs wie z. B. Mauerresten.

Am Ausgang gibt es eine Selbstbedienungs-Cafeteria.

Tipp

Der letzte in der Stadtmitte Berlins verbliebene Abschnitt der Mauer steht an der Niederkirchner Straße.

40 MUSEUM FÜR KOMMUNIKATION

Das Museum macht die Herkunft, die Entwicklung und die Zukunftsperspektiven der Informationsgesellschaft erleb- und begreifbar. Attraktive Wechselausstellungen richten den Blick auf die unterschiedlichen Aspekte von Kommunikation

Leipziger Straße 16, 10117 Berlin
Fon 202 94-0
Fax 202 94-111
Leitung Dr. Joachim Kallinich

Di–Fr 9–17 Uhr, Sa, So und feiertags 11–19 Uhr, 1.1., 24., 25. und 31.12. geschlossen. Überblicksführung Mi, Sa, So, jeweils 14 Uhr, Gruppen nach Vereinbarung: Schulklassen Fon 202 94-205, andere Gruppen Fon 202 94-204.

U2 Mohrenstraße, U6 Stadtmitte, Bus 148, 200, 348, TXL

Behindertengerecht

Das Museum für Kommunikation Berlin wurde 1872 als erstes Postmuseum der Welt gegründet. Auf Anregung des damaligen Generalpostmeisters Heinrich von Stephan entstand von 1893 bis 1897 ein prunkvoller Bau in der Leipziger Straße/Ecke Mauerstraße, wo das Museum fortan seinen Sitz hatte. Seit seiner eröffnung durchlief das Haus eine wechselvolle Geschichte: von der Schließung während der beiden Weltkriege und der Beschädigung durch Bomben über verschiedene Umbauetappen bis hin zur behutsamen Renovierung nach modernen, denkmalpflegerischen Gesichtspunkten. Am 17. März 2000 wurde es schließlich als Museum für Kommunikation Berlin wiedereröffnet.

Mit „KOMM-REIN!", „ALSO-GUT!" und „MACH-MIT!" fordern drei Roboter im Foyer des Museums, dem architektonisch beeindruckenden Lichthof, zu Kommunikation und Interaktion auf. Interaktive Stationen auf der Kommunikations-

gallerie bieten die Möglichkeit, die Grundlagen der Kommunikation zu erkunden. In der Schatzkammer im Untergeschoss werden Geschichten zu den 17 berühmtesten und kostbarsten Exponaten erzählt. Zu sehen sind u.a. die ersten Telefonapparate von Philipp Reis und die berühmtesten Briefmarken der Welt: die Blaue und die Rote Mauritius.

Wie verändern Medien die Wahrnehmung von Raum und Zeit? In insgesamt sechs zentrale Fragestellungen der Kommunikationsgeschichte führen die Themengalerien des 1. und 2. Obergeschosses ein. Die Sammlungssäle vertiefen diese Themen und erweitern sie um technikgeschichtliche Entwicklungen.

Die Computergalerie im 2. Obergeschoss setzt die Ausstellung im virtuellen Raum fort. Sie ist mit Gästebuch und Infothek als Forum der Kommunikation angelegt und wird mit museumspädagogischen Angeboten erweitert.

Das Museum biete ein vielfälltiges Programm mit Führungen, Aktionen für Kinder sowie Veranstaltungen und Vorträgen an. Ein Museumsshop und in Museumsrestaurant runden das Angebot ab.

41 TOPOGRAPHIE DES TERRORS

Die Ausstellung auf dem Prinz-Albrecht-Gelände informiert über die von 1933–45 hier ansässigen Überwachungs- und Verfolgungsapparate des NS-Regimes.

Niederkirchnerstraße 8, 10963 Berlin (Zugang auch von der Wilhelmstr.)
Fon 25 48 67 03
Fax 261 30 02
Leitung Prof. Dr. Reinhard Rürup,
Dr. Gabriele Camphausen

Mai–Sept.: täglich 10–20 Uhr; Okt.–April: täglich 10 Uhr bis zum Einbruch der Dunkelheit (spätestens bis 18 Uhr)
Kostenlose Gruppenführungen nur nach Anmeldung unter Fon 25 48 67 03

S1, S2, S25, S26 oder Bus 129 bis Anhalter Bahnhof; S-Bahn oder U2 bis Potsdamer Platz; U6 bis Kochstraße; oder Bus 129, 200, 248, 341, 348 Potsdamer Platz, Stresemannstraße

Gebührenpflichtiger Parkplatz am Gropius-Bau

Die Ausstellung „Topographie des Terrors" informiert über die Geschichte des Prinz-Albrecht-Geländes. Hier befanden sich von 1933–45 die Zentralen der wichtigsten Überwachungs- und Verfolgungsapparate des NS-Regimes: die Gestapo, die SS-Führung, der Sicherheitsdienst (SD) der SS und das Reichssicherheitshauptamt (RSHA). Das nach dem Krieg planierte Gelände ist seit 1987 als „Topographie des Terrors" für die Öffentlichkeit zugänglich.

Die Dokumentation „Topographie des Terrors" ist 1987 im Rahmen der Vorbereitungen für die historische Ausstellung zur 750-Jahr-Feier der Stadt Berlin im Martin-Gropius-Bau erstellt worden. Die Ausstellung geht auf die Stadtteil- und Gebäude-

geschichte, vom Bau über die Zerstörung bis zur Wiederentdeckung, ein. Hauptaugenmerk wird auf die Institutionen des Terrors und die Verfolgung, Vernichtung und den Widerstand von Regimegegnern gelegt.

In der früheren Prinz-Albrecht-Straße hatten u.a. Heinrich Himmler (Reichsführer-SS), Reinhard Heydrich (Chef der Sicherheitspolizei und des SD) und der Gestapochef Heinrich Müller („Gestapo-Müller") ihren Dienstsitz. Die Gestapo richtete in der Prinz-Albrecht-Straße 8 ein Hausgefängnis ein, um insbesondere politische Gegner durch „verschärfte Vernehmungen" und brutale Folter zu Informationen und Geständnissen zu pressen. Dort wurden u. a. Kurt Schuhmacher, Rudolf Breitscheid und Erich Honecker inhaftiert.

Aus der „Zentrale des Terrors" ergingen die Schutzhaftbefehle zur Einweisung von sogenannten „Staatsfeinden" in die Konzentrationslager und Anordnungen für Deportationen und

Exekutionen. Die Spitzenfunktionäre des RSHA planten und befahlen von hier aus den Völkermord an den europäischen Juden und an den Sinti und Roma.

Bei Kriegsende waren die Gebäude fast vollständig durch Luftangriffe und Häuserkämpfe zerstört. Die Ruine des Prinz-Albrecht-Palais' wurde 1949 und das Gestapo-Hauptquartier 1956 gesprengt. Das Gelände geriet in der Nachkriegszeit im Laufe der Jahre völlig in Vergessenheit.

Erst Anfang der 80er Jahre interessierte sich die Öffentlichkeit für den historischen Ort, und 1986 wurden im Auftrage des Kultursenators Ausgrabungs- und Spurensicherungsarbeiten vorgenommen. Aufgrund der Baumaßnahmen für das neue Dokumentations- und Besucherzentrum, das neben vier Ausstellungsbereichen und einer Fachbibliothek verschiedene Vertiefungsangebote bereit stellen wird, wurde der provisorische Ausstellungspavillon demontiert. Die Ausstellung ist bis zur Fertigstellung des Neubaus als Open-Air-Präsentation in den Ausgrabungen entlang der Niederkirchnerstraße zu sehen.

Beratung durch wissenschaftliche Mitarbeiter von 10–16.30 Uhr. Im Ausstellungsbüro sind die deutsche und englische Ausgabe des Kataloges sowie weitere Publikationen der Stiftung erhältlich.

42 DEUTSCHES TECHNIKMUSEUM BERLIN

Das Haus präsentiert Ausstellungen zu Schienen- und Straßenverkehr, Luft- und Schifffahrt, Produktions- und Textiltechnik, Druck- und Papiertechnik, Film- und Fototechnik, Daten-, Nachrichten- und Energietechnik, das Science Center SPECTRUM und den Museumspark mit Wind- und Wassermühlen.

Trebbiner Str. 9, 10963 Berlin-Kreuzberg
Fon 902 54-0
Fax 902 54-175
www.dtmb.de
Leitung Dr. Lieselotte Kugler

Öffnungszeiten: Di–Fr 9–17.30 Uhr, Sa und So 10–18 Uhr; geschlossen am 24.12., 25.12., 31.12., 1.5.
Gruppenführungen (max. 25 Personen) in Deutsch sowie Englisch, Französisch und Italienisch; Thema nach Absprache, Anmeldung mindestens 14 Tage im voraus, Di–Fr 10–14 Uhr unter Fon 902 54-124

U-Bahn Gleisdreieck oder Möckernbrücke, S-Bahn Anhalter Bahnhof, Bus 129. Die Trebbiner Straße zweigt vom Tempelhofer Ufer am Landwehrkanal ab
Kostenloser Parkplatz vor dem Museum

Bibliothek: Di 10–17.15 Uhr, Fr 10–14 Uhr

Förderverein des Deutschen Technikmuseums Berlin, Anschrift wie Museum, Fon und Fax 262 20 31

Behindertengerecht: Aufzug, Rollstuhlrampen, WC; im Museumspark Leitsystem für Blinde und Sehbehinderte

Das 1982 gegründete, 1983 eröffnete Deutsche Technikmuseum Berlin (bis 31.08.1996 Museum für Verkehr und Technik) betrachtet sich als Nachfolgeinstitution der über 100 technischen Sammlungen (u.a. Urania, Museum für Meereskunde, Verkehrs- und Baumuseum, Deutsche Luftfahrtsammlung), die es in den vergangenen 120 Jahren in Berlin gegeben hat und deren Bestände zum größten Teil im Zweiten Weltkrieg zerstört wurden.

Museumsstandort ist das historische Gelände des ehemaligen Anhalter Güterbahnhofes und des Anhalter Bahnbetriebswerkes am Gleisdreieck, das einst für den Verkehr und die Versorgung Berlins von zentraler Bedeutung war. Die auf diesem Gelände verteilten Gebäude – das restaurierte Fabrikgebäude der Markt- und Kühlhallengesellschaft, zwei Ringlokschuppen und Teile des ehemaligen Güterbahnhofs – und der Museumspark mit seinen Biotopen bilden zusammen ein in der internationalen Museumslandschaft einzigartiges Ensemble.

Mit der Eröffnung des Neubaus für Luft- und Schifffahrt ab Sommer 2003 kommt es auch im Altbau zu zahlreichen Umbauten und Neueröffnungen. Nach Abschluss aller Baumaßnahmen wird das Museum zu den weltweit größten Technikmuseen gehören.

Bis zur Fertigstellung des zukünftigen Hauptgebäudes, dem Güterbahnhof, betritt man das Museum durch den Eingang des Backsteingebäudes in der Trebbiner Straße. In der neugestalteten Eingangshalle, in der früher Pferdewagen mit Stangeneis beladen wurden, um es in die Stadt zu fahren, gibt es einen großzügigen Informationstresen und eine erste Einstimmung auf die Ausstellungsbereiche im 1. OG.

Die Historische Werkstatt mit Dampfmaschine und transmissionsgetriebenen Werkzeugmaschinen wird regelmäßig vorgeführt. Der davor stehende funktionsfähige Bandwebstuhl schafft die Verbindung zur neuen Ausstellung der Abteilung Textiltechnik im 1. OG. Sie handelt von textilen Strukturen und Materialien, von Technik und Kunst, von Maschinen und Menschen in weltweiter Arbeitsteilung. Es geht auch um Textilgeschichte und High Tech, um Ökologie und textile Schönheit.

5951

DEUTSCHES TECHNIKMUSEUM BERLIN
Rosinenbomber C47 „Skytrain“

Im Mittelpunkt einer neu eingerichteten Ausstellung steht der Computer. Unter den Exponaten befindet sich der Nachbau des ersten Computers der Welt, der Z1 von Konrad Zuse. Auch hier bieten sich viele Möglichkeiten, die Technik selbst zu begreifen.

Wer sich lieber Visitenkarten oder Exlibris auf einer Boston-Tiegeldruckpresse drucken oder auf Schreibmaschinen herumtippen möchte, ist in der Abteilung Drucktechnik am richtigen Ort. Unter der Aufsicht der freundlichen Vorführer druckt man an Maschinen aus dem 17. und 19. Jahrhundert. Zehn selbst gestaltete Visitenkarten sind für eine Spende erhältlich.

Um die Geschichte der Papiertechnik im Wortsinn – schöpferisch – nachvollziehen zu können, bietet diese Ausstellung dem Besucher die Möglichkeit, aus ehemaligen Pferdetrögen Blatt für Blatt zu schöpfen. Nach dem Gautschen (Entwässern des noch nassen Papierbogens durch Pressen) kann jeder seine Produktion mit nach Hause nehmen.

Der Ausstellungsbereich Nachrichtentechnik ist der Geschichte von Rundfunk, Fernsehen, Telegrafie und Telefonie gewidmet. Der Bogen spannt sich vom frühen Telegrafen von 1832 über den RIAS-Blockade-Sender bis zum einzigen noch funktionsfähigen Schwarzweiß-Fernsehstudio Europas von 1958.

Ein Schwerpunkt des Museums ist der Schienenverkehr mit der historischen Lokschuppenanlage von 1876, in der auf 34 Gleisen rund 40 Schienenfahrzeuge in Originalgröße zu sehen sind. Die streng chronologisch aufgebaute Ausstellung zur Eisenbahngeschichte ist in 33 Stationen gegliedert: Der erste Lokschuppen enthält die „Stationen" vom Beginn der Industrialisierung um 1800 bis 1920, der zweite Lokschuppen zeigt die „Stationen" von 1920 bis in die1980er Jahre.

Im hinteren Teil des zweiten Lokschuppens werden die Anfänge der Elektrotechnik dargestellt. Ein Experimentalbereich vermittelt die Grundlagen der elektrischen Stromerzeugung.

Verschiedene Objekte – Turbine, Generatoren, Exponate aus der Osram-Sammlung – illustrieren die Themen Energieversorgung und Elektrizitätsanwendung. Die Einheit „Elektrische Beleuchtung" präsentiert u.a. eine originale Straßenlaterne von Peter Behrens, dem Begründer des modernen Industrie-Design.

Von den Lokschuppen führen Türen in den sechs Hektar großen Museumspark. Falls Sie sich hier über die plastischen Schautafeln wundern: es handelt sich dabei um ein vorbildliches integratives Leitsystem, das auch blinden und sehbehinderten Menschen Informationen für den weiterführenden Besuch dieses Geländes ermöglicht.

Im Park stehen zwei rekonstruierte und funktionsfähige Windmühlen, die die vorindustrielle Energieumsetzung demonstrieren: eine ostfriesische Turmwindmühle von 1911 und die letzte Berliner Bockwindmühle von 1820, in der man unter der Aufsicht der Müller mit Handmühlen, die den 2000 Jahre alten römischen nachempfunden wurden, selbst Korn schroten kann.

Beispiele für moderne, regenerative Energietechniken sind Sonnenkollektoren, Solarzellen und Wärmepumpen – die Solaranlage verwandelt ohne sichtbare Bewegung und Motorenlärm Sonnenlicht in elektrische Energie, um ein Wasserspiel in Gang zu setzen. Außerdem können Sie in einer Schmiede mit wasserradgetriebenem Schwanzhammer einem Kunstschmied bei der Arbeit zusehen.

Im ehemaligen „Beamtenhaus" zwischen den beiden Lokschuppen werden ab Winter 2002 nach den Umbauarbeiten die einmalige Anlage einer Kofferproduktion aus den 1920er Jahren und die Schmuckherstellung präsentiert. Die Vorführung aller Arbeitsgänge, die zur Herstellung von Hartpappenkoffern sowie von Ketten, Broschen, Medaillen etc. notwendig sind, gehört zu den Hauptattraktionen des Museums. Anschließend können Sie – je nach Vorrat – einen schönen, stabilen Koffer oder ein Schmuckstück gegen eine Spende mitnehmen.

Der Geschichte der Filmtechnik widmet sich im Dachgeschoss des „Beamtenhauses" die Ausstellung „Lebende Bilder". Sie beleuchtet schwerpunktmäßig die Vor-Kinogeschichte, die Filmpioniere, den Amateurfilm und Teilbereiche der professionellen Filmtechnik.

Zwischen „Beamtenhaus" und zweitem Lokschuppen führt der Weg zur Historischen Brauerei. In der Kleinbrauerei wird die Entwicklungsstufe von den Rohstoffen bis zur Flaschenabfüllung in einer mittelständischen Brauerei gezeigt.

Im Aufsehen erregenden Neubau mit dem Rosinenbomber an der Fassade – er ist zum Wahrzeichen des Technikmuseums geworden – werden auf 12000 Quadratmetern Ausstellungsfläche schrittweise die Schifffahrt sowie die Luft- und Raumfahrt umfassend präsentiert.

Unter dem Titel „Lebensraum Schiff" entsteht eines der größten Schifffahrtsmuseen der Welt. Durch die 10.000 Jahre Geschichte der Hochsee- und Binnenschifffahrt zieht sich wie ein roter Faden die Darstellung des Lebens an Bord. Das älteste erhaltene Berliner Holzschiff, der Kaffenkahn von 1840, der aus dem Havelschlick geborgen wurde, und der Dampfschlepper KURT HEINZ von 1901 gehören zu den größten Originalexponaten.

„Von der Ballonfahrt zur Luftbrücke" handelt die Geschichte der Luftfahrt. Ca. 40 Luftfahrzeuge, darunter eine Ju 52, „Berlin – Luftkreuz Europas" in den 20er und 30er Jahren oder „Faszination, Verführung und Untergang der deutschen Luftfahrt im Dritten Reich" sind einige Themen dieser Ausstellung, die ebenfalls schrittweise eröffnet wird.

Eine besondere Attraktion ist das Science Center Spectrum! Der interaktive Bereich des Museums ist etwa drei Gehminuten vom Haupttrakt entfernt in einem der beiden Kopfbauten des ehemaligen Anhalter Güterbahnhofes untergebracht (Möckernstr. 26). In dieser vor allem bei der Jugend sehr beliebten Abteilung können Sie mit ca. 250

Experimenten den naturwissenschaftlichen Grundlagen der Technik auf die Spur kommen. Sie erfahren z. B. mit Hilfe des Foucaultschen Pendels die Erdumdrehung, können Experimente zur Radioaktivität machen, lachen vor einem Zerrspiegel, lernen, wie eine Batterie funktioniert, warum der Himmel blau ist und vieles mehr.

Wenn Sie nach so viel neuen Sinneseindrücken noch aufnahmefähig sind, gehen Sie in das hinter dem Spectrum gelegene Oldtimerdepot. Hier kommen Automobilfans dienstags bis sonntags von 10–17 Uhr auf ihre Kosten.

An den Septembersonntagen bringt Sie ein Shuttle mit Oldtimerbussen zur Depothalle mit über 50 Fahrzeugen des Kommunalverkehrs wie Schnauzenbussen, alten Trams, S- und U-Bahnen, Feuerwehren u.v.m.

Ein Besuch des Deutschen Technikmuseums wird Sie begeistern. Das Haus ist ein wirklicher Erlebnisort für aktive Besucher, ein Paradies für Kinder. Die Besucherbetreuerinnen und -betreuer des Museums sind alle sehr nett und freundlich. Ausprobieren, Mitmachen, Zugucken und Lernen ist überall erwünscht. Oftmals informieren Videoinstallationen und Computer zusätzlich zu Schautafeln.

Im Museum werden wechselnde Sonderausstellungen aus verschiedenen Bereichen der Technik gezeigt.

In den einzelnen Abteilungen stehen Vorführerinnen und Vorführer bereit. Die Vorführzeiten können Sie einer Informationstafel im Eingangsbereich entnehmen.

Info

In der Eingangshalle des Museums gibt es einen Buchstand mit Literatur zu Verkehr und Technik, Katalogen, Plakaten und Ansichtskarten; Fon 26 55 36 66.

Im Museumsrestaurant „Mutter und Schraube“ werden deutsch-österreichisch-italienische Speisen serviert. Im Spektrum befindet sich ein Imbiss-Stand.

43 SCHWULES MUSEUM

Das Haus zeigt wechselnde Ausstellungen zur schwulen Kultur- und Sozialgeschichte.

Mehringdamm 61, 10961 Berlin
Fon 693 11 72
SchwulesMuseumeV@aol.com
www.SchwulesMuseum.de
Ausstellungen: Wolfgang Theis
Bibliothek und Archiv: Manfred Baumgardt

Mi–So 14–18 Uhr, Sa bis 19 Uhr, Di geschlossen
Führungen finden samstags um 17 Uhr statt

U-Bahn bis Mehringdamm; Bus 119, 140

Förderverein: Freunde eines Schwulen Museums
in Berlin e.V; Anschrift wie Museum

Behindertengerecht

Das Schwule Museum ist eine Einrichtung, die sich um die Erforschung und Darstellung schwulen Lebens bemüht. Sie besteht seit 1985 im Gartenhaus am Mehringdamm 61. Zum ersten Mal an die Öffentlichkeit getreten sind die Gründungsmitglieder 1984 im Berlin-Museum mit der Ausstellung „ELDORADO – homosexuelles Leben in Berlin 1850–1950". Das Museum verfügt über eine ständig wachsende Sammlung zur schwulen Kultur- und Sozialgeschichte, die u. a. Gemälde, Grafiken, Fotos, Skulpturen und Originalkostüme umfasst. Das Haus zeigt keine ständige Ausstellung, sondern präsentiert seine Bestände in ansprechend aufbereiteten, wechselnden Ausstellungen zur Geschichte, Kultur, Kunst und Alltag von Homosexuellen.

Das Museum hat ein umfangreiches Archiv und eine wissenschaftliche Bibliothek (10.000 Bände). Die Mitarbeiter des Museums bieten Beratung an.

Kultur – Kompakt

€ 16,80 ISBN 3-928119-51-6

€ 16,– ISBN 3-928119-74-5

€ 7,80 ISBN 3-928119-57-5

€ 16,– ISBN 3-928119-66-4

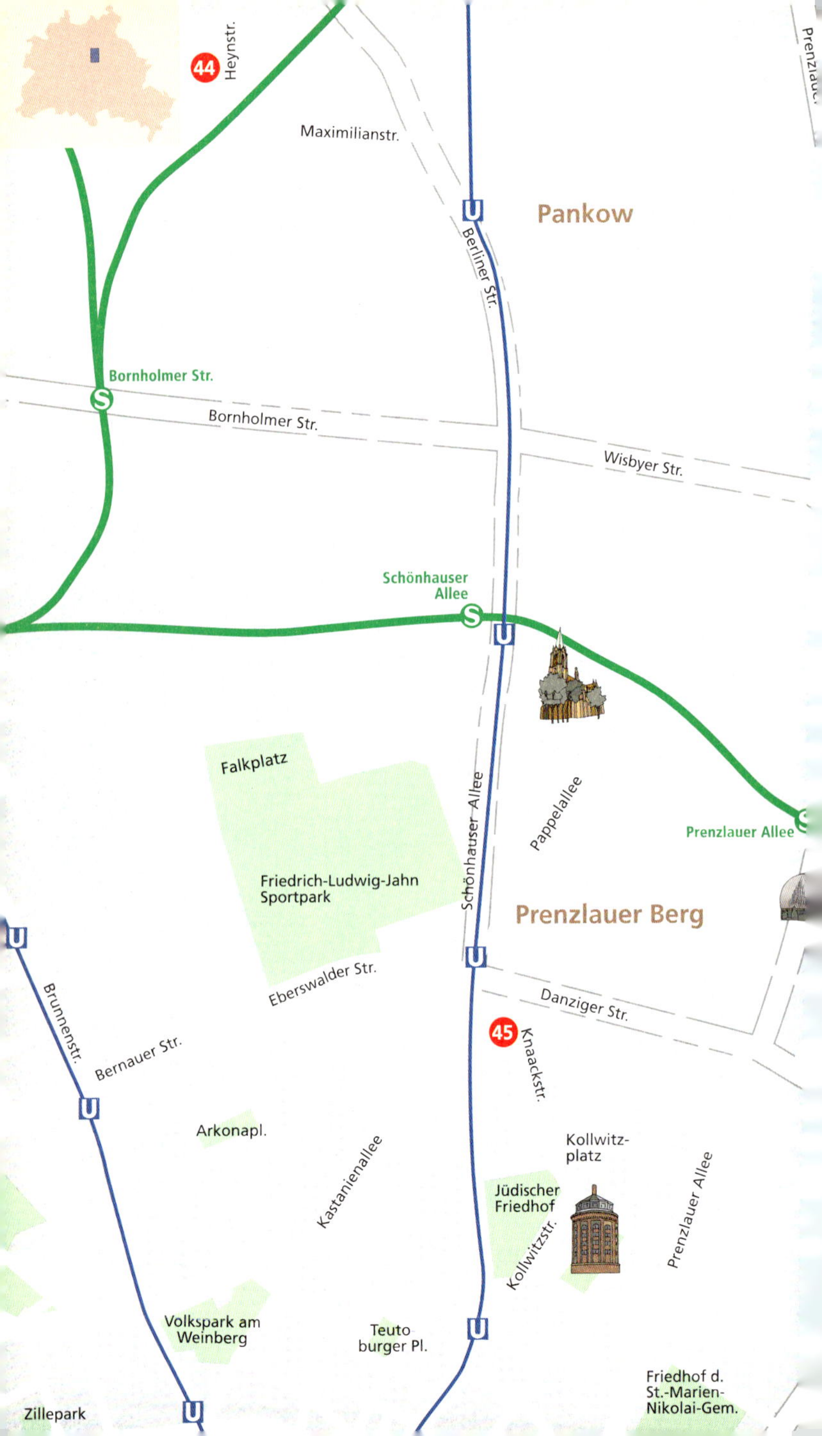

44
Heynstr.
Maximilianstr.
Prenzlauer
Pankow
Berliner Str.
Bornholmer Str.
Bornholmer Str.
Wisbyer Str.
Schönhauser Allee
Falkplatz
Pappelallee
Prenzlauer Allee
Friedrich-Ludwig-Jahn Sportpark
Schönhauser Allee
Prenzlauer Berg
Eberswalder Str.
Brunnenstr.
Danziger Str.
45
Knaackstr.
Bernauer Str.
Arkonapl.
Kollwitz-platz
Kastanienallee
Jüdischer Friedhof
Kollwitzstr.
Prenzlauer Allee
Volkspark am Weinberg
Teuto burger Pl.
Friedhof d. St.-Marien-Nikolai-Gem.
Zillepark

PANKOW-PRENZLAUER BERG-WEISSENSEE

44 PANKE MUSEUM

Das Heimatmuseum Pankow dokumentiert Pankower Regionalgeschichte und Alltags- und Wohnkultur der Zeit um 1900 aus dem Nordberliner Raum.

Heynstr. 8, 13187 Berlin
Fon 481 40 47
Fax 481 40 47

Di und Do 10–18 Uhr, So 10–17.30 Uhr, feiertags geschlossen. Kostenlose Führungen für Gruppen ab 10 Personen, Anmeldung unter Fon 481 40 47

S2, S26 bis Pankow; S1, S25 bis Wollankstraße; U2 bis Pankow; Bus 227, 250

Bibliothek in der „Chronik Pankow", Breite Straße 43
13187 Berlin
geöffnet Mo 8–16 Uhr und Mi von 14–19 Uhr

Das Pankower Heimatmuseum ist 1965 gegründet worden. Es ist in einer sehr gut erhaltenen, großbürgerlichen Pankower Wohnung der Jahrhundertwende untergebracht. Im Dezember 1993 erhielt das Haus den Namen „Panke Museum".

Zwei im Neobarock ausgestattete Repräsentationszimmer – mit Stuck, Bemalung, Parkett und Öfen im Originalzustand erhalten – ein gutbürgerliches „Berliner Zimmer" sowie eine Arbeiterstube und eine Küche vermitteln einen Eindruck der unterschiedlichen Wohnverhältnisse der Zeit um 1900. Zudem informieren wechselnde Ausstellungen über die Geschichte Pankows.

Veranstaltungen und Vorträge werden in der örtlichen Presse angekündigt.

45 SAMMLUNG INDUSTRIELLE GESTALTUNG

Die Sammlung präsentiert – ausschließlich in Wechselausstellungen – industriell hergestellte Gebrauchsgüter, Werbung und Verpackung aus Deutschland und der ehemaligen DDR.

Knaackstr. 97, 10435 Berlin
Fon 443 93 82 und 4 43 93 83
Fax 443 93 82 und 4 43 93 83

Mi–So 13–20 Uhr, geschlossen bei Ausstellungsumbauten! Führungen nach Vereinbarung, Anmeldung in der Sammlung

U-Bahn bis Eberswalder Straße;
Tram 13, 20, 50, 53

Bibliothek geöffnet nach vorheriger Anmeldung

Förderverein: Stiftung Industrie- und Alltagskultur, c/o Prof. Dr. Dietmar Palloks, Schönhauser Allee 36/39, 10435 Berlin

Die Sammlung industrielle Gestaltung befindet sich seit Ende 1993 auf dem denkmalgeschützten Areal der ehemaligen Schultheiss-Brauerei, einem 1889/92 errichteten Ensemble von Gebäuden und Höfen, das seit 1991 das multikulturelle Projekt der Kulturbrauerei beherbergt. Die 1950 von dem Bauhäusler Mart Stam in Berlin gegründete Sammlung gibt – aus Platzgründen hier ausschließlich in sehr reizvoll gestalteten Wechselausstellungen – einen umfassenden Eindruck von der Vielfalt industriell hergestellter Gebrauchsgüter vornehmlich aus der ehemaligen DDR. Sie umfasst Entwürfe, Modelle, fabrikneue und benutzte Haushaltsgeräte, Möbel, Lampen, Kameras, Fernsehgeräte, Glas- und Keramikerzeugnisse, Spielzeug, Fahrzeuge, Werbung, Verpackung u. a. m.

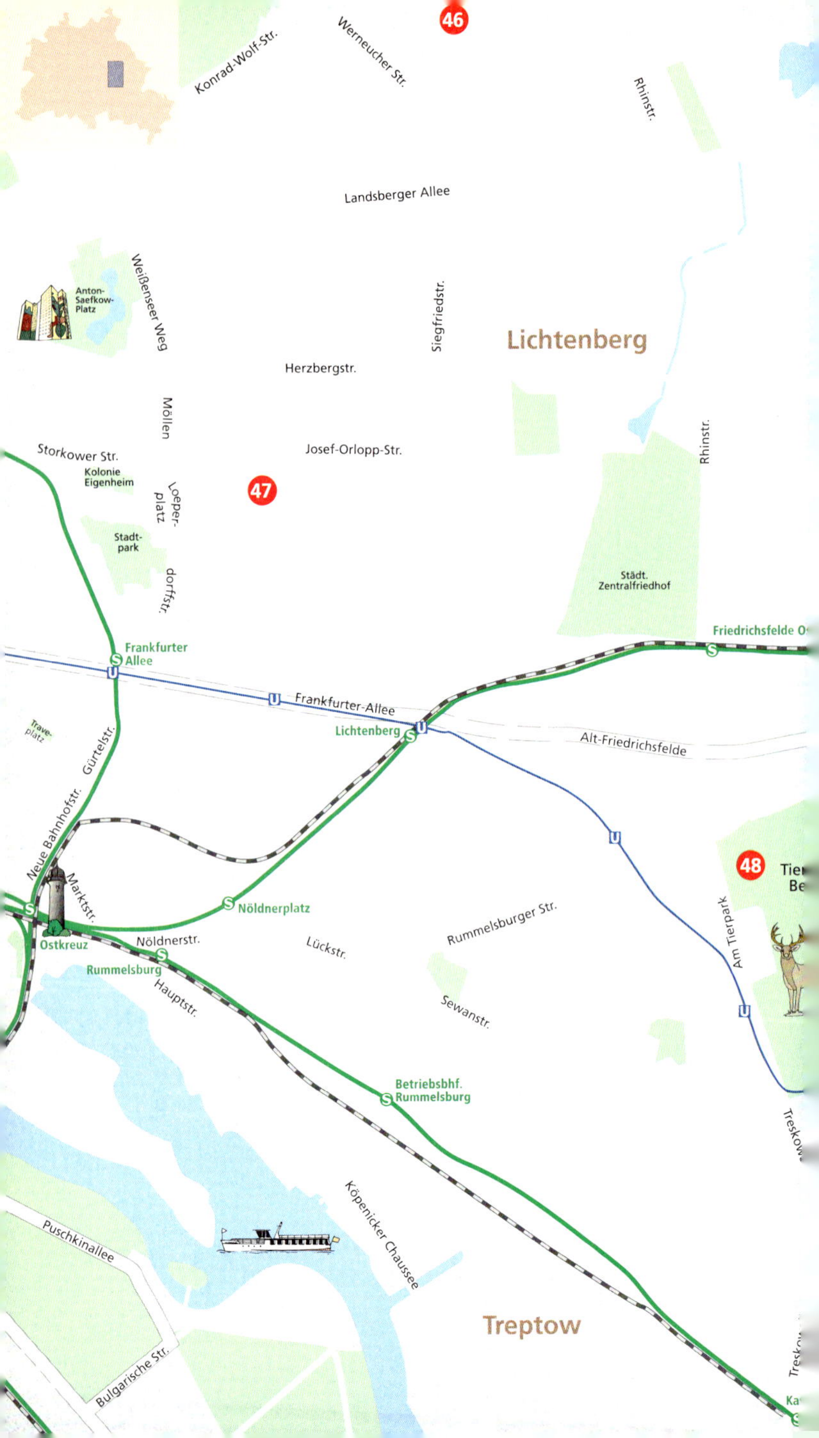

46
Konrad-Wolf-Str.
Werneucher Str.
Rhinstr.
Landsberger Allee
Anton-Saefkow-Platz
Weißenseer Weg
Siegfriedstr.
Lichtenberg
Herzbergstr.
Möllen
Storkower Str.
Josef-Orlopp-Str.
Rhinstr.
Kolonie Eigenheim
Loeper-platz
47
Stadt-park
dorffstr.
Städt. Zentralfriedhof
Friedrichsfelde
Frankfurter Allee
Frankfurter-Allee
Lichtenberg
Alt-Friedrichsfelde
Trave-platz
Gürtelstr.
Neue Bahnhofstr.
48
Marktstr.
Nöldnerplatz
Rummelsburger Str.
Am Tierpark
Ostkreuz
Nöldnerstr.
Lückstr.
Rummelsburg
Hauptstr.
Sewanstr.
Betriebsbhf. Rummelsburg
Köpenicker Chaussee
Puschkinallee
Treptow
Bulgarische Str.

LICHTENBERG-HOHENSCHÖNHAUSEN

46 GEDENKSTÄTTE BERLIN-HOHENSCHÖNHAUSEN

Auf dem Gelände der Gedenkstätte befanden sich ein sowjetisches Internierungslager, ein russisches Kellergefängnis und das zentrale Untersuchungsgefängnis des Ministeriums für Staatssicherheit. Ehemalige politische Häftlinge und Historiker führen durch die bedrückende Haftanlage.

Genslerstr. 66, 13055 Berlin
Fon 98 60 82-401
Fax 98 60 82-464
www.stiftung-hsh.de
info@stiftung-hsh.de

Nur mit Führung zu besichtigen. Geführte Rundgänge tägl. 11 und 13 Uhr sowie nach Vereinbarung
Auskünfte und Anmeldung unter Fon 98 60 82-30 (Besucherdienst)

Tram 6, 7, 17 bis Genslerstraße; Tram 5, 15 bis Freienwalder Straße; Bus 256

Die Gedenkstätte Berlin-Hohenschönhausen erinnert an die Opfer kommunistischer Verfolgung in Ostdeutschland. Sie informiert über das sowjetische „Speziallager Nr. 3" (Mai 1945 bis Oktober 1946), in dem etwa 20.000 Menschen inhaftiert waren und mindestens 900 ums Leben kamen. Zu den Internierten zählte unter anderem der Schauspieler Heinrich George. Zu besichtigen sind die Kellerzellen des sog. „U-Bootes", einst zentrales Untersuchungsgefängnis des sowjetischen Geheimdienstes, das um 1950 vom DDR-Staatssicherheitsdienst der DDR übernommen wurde. In den 50er Jahren waren hier unter anderem der Verlagsleiter Walter Janka, der SED-Kritiker Wolfgang Harich und der Journalist Karl-Wilhelm Fricke inhaftiert. Gezeigt wird zudem der 1960 von Häftlingen errichtete „Neubau" mit Schleuse, Haftrichterraum und Dutzenden von Gefängniszellen, die bis 1990 in Betrieb waren.

Zu den hier Inhaftierten zählten der Schriftsteller Jürgen Fuchs, der Dissident Rudolf Bahro sowie zahlreiche Menschen, die die DDR illegal verlassen wollten.

Der Rundgang durch die Gedenkstätte führt die zermürbenden Bedingungen politischer Haft in der DDR vor Augen. Neben den Kellerzellen und den Zellen des „Neubaus" sind auch die originalgetreu eingerichteten Vernehmerzimmer, eine Gummizelle sowie die eng gemauerten Hofganghöfe („Tigerkäfige") zu sehen. Zeitzeugen berichten von ihren persönlichen Erfahrungen im Stasi-Gefängnis. Das Angebot der Gedenkstätte richtet sich an Schulklassen, Gruppen und andere Interessierte, die einen Eindruck von den Formen und Folgen politischer Verfolgung in der SED-Diktatur gewinnen möchten.

In der Gedenkstätte werden Seminare und Workshops angeboten; Auskunft unter Fon 98 60 82-402.

Das Zeitzeugen-Büro sammelt und dokumentiert Erinnerungsberichte zur Geschichte der ehemaligen Lager- und Haftanstalt: Auskunft unter Fon 98 60 82-33.

Tipp

Über die Machenschaften des Staatssicherheitsdienstes informiert auch die Forschungs- und Gedenkstätte Normannenstraße in der ehemaligen Stasi-Zentrale Berlin-Lichtenberg.

47 FORSCHUNGS- UND GEDENKSTÄTTE NORMANNENSTRASSE

Die Forschungs- und Gedenkstätte in der ehemaligen Stasi-Zentrale Berlin-Lichtenberg widmet sich „der bewussten Auseinandersetzung mit der Geschichte und dem Unterdrückungsapparat der DDR".

Ruschestr. 103, Haus 1 (siehe Orientierungsplan
auf dem Gelände), 10365 Berlin
Fon 553 68 54
Fax 553 68 53
www.stasi-museum.de
MfSmuseum@aol.com und MfSmuseum@t-online.de
Leitung Jörg Drieselmann

Mo–Fr 11–18 Uhr, Sa und So 14–18 Uhr
Führungen nach Anmeldung unter Fon 553 68 54

U-5 bis Magdalenenstraße Berlin-Lichtenberg,
Ruschestraße 103, Toreinfahrt
Kostenloser Parkplatz vor dem Gebäude

Bestände der Bibliothek sind in die gemeinsame Mediathek beim Bürgerkomitee „15. Januar" e.V. , die sich im gleichen Haus befindet, eingearbeitet worden.

Eingeschränkt behindertengerecht

Am Abend des 15. Januar 1990 besetzten Demonstranten die Zentrale des Ministeriums für Staatssicherheit (MfS) in Berlin-Lichtenberg. Das Berliner Bürgerkomitee begann hier seine Arbeit zur Auflösung des MfS. Im Sommer 1990 begann der Verein „Antistalinistische Aktion Berlin-Normannenstraße (ASTAK)" mit dem Aufbau der Forschungs- und Gedenkstätte, die am 7. November 1990 eröffnet wurde.

Mittelpunkt der Ausstellung im 1. Obergeschoss sind die im Originalzustand erhaltenen Amts- und Arbeitsräume Erich Mielkes, des letzten Ministers für Staatssicherheit.

Dazu kommen Ausstellungsbereiche zu unterschiedlichen Aspekten des politischen Systems der DDR, der Tätigkeit des Ministeriums für Staatssicherheit sowie zu Widerstand und Opposition in der DDR.

Vortragsveranstaltungen und Seminare zu Aspekten des politischen Systems der DDR und der Tätigkeit der Stasi werden nach Vereinbarung angeboten.

FORSCHUNGS- UND GEDENKSTÄTTE NORMANNENSTRASSE
In der ehemaligen Stasi-Zentrale Berlin-Lichtenberg

48 SCHLOSS FRIEDRICHSFELDE

Das barocke Schloss – im Berliner Tierpark gelegen – zeigt bildende und angewandte Kunst des 18. und frühen 19. Jahrhunderts.

Am Tierpark Berlin 125, 10319 Berlin
Stiftung Stadtmuseum Berlin
Fon 66 63 50 35

Di–So 10–18 Uhr
Führungen nach Vereinbarung, Anmeldung bei der Stiftung Stadtmuseum unter Fon 240 02-212 oder 240 02-0

U5 bis Friedrichsfelde oder Tierpark; S-Bahn bis Friedrichsfelde-Ost, weiter mit Tram 26, 27, 28 bis Am Tierpark. Von Stadtmitte über Frankfurter Allee (Bundesstraße 1) Richtung Frankfurt/Oder bis Am Tierpark, dort rechts abbiegen
Gebührenpflichtiger Parkplatz

Förderverein: Freunde und Förderer des Schlosses Friedrichsfelde e.V., Anschrift wie oben

Schloß Friedrichsfelde ist Ende des 17. Jahrhunderts – wahrscheinlich von dem berühmten Berliner Baumeister Johann Arnold Nering – als Lustschlösschen für den Holländer Benjamin Raulé erbaut worden. Der Markgraf Albrecht Friedrich von Brandenburg-Schwedt ließ 1719 nach Plänen Martin Heinrich Böhmes den barocken Bau zum jetzigen Rechteckbau von elf Achsen erweitern. Von 1970 bis 1981 wurde das nach dem Zweiten Weltkrieg in Verfall geratene Schloss umfassend rekonstruiert.

1987 wurde auf Grundlage der alten Planungen der Park nördlich des Schlosses im niederländischen Stil – mit Brücken und Kanälen – angelegt.

Seit 1990 dient das Schloss als Museum und präsentiert bildende und angewandte Kunst des 18. und frühen 19. Jahrhunderts aus Berlin und der Mark Brandenburg, insbesondere Gemälde (von Jakob Philipp Hackert, Bernhard Rode, Anton Graff u. a.), Tapisserien, Möbel, Fayencen, Porzellan, Silber und Glas.

Besonders sehenswert ist im 1. Obergeschoss der frühklassizistische Festsaal mit Stuckdekorationen und Deckenmalereien, möglicherweise nach einem Entwurf Gontards, in dem regelmäßig Konzerte stattfinden.

Tipp

Da sich das Schloss auf dem Tierparkgelände befindet (und dieser ebenfalls sehr sehenswert ist!), sollten Sie nicht nur eine Schlossbesichtigung, sondern auch einen Tierparkbesuch einplanen.

49 DEUTSCH-RUSSISCHES MUSEUM BERLIN-KARLSHORST

An dem Ort, an dem am 8. Mai 1945 mit der bedingungslosen Kapitulation des Dritten Reiches der Zweite Weltkrieg in Europa beendet wurde, erinnert das Museum an den Krieg im Osten 1941–45.

Zwieseler Str. 4 (Ecke Rheinsteinstraße), 10318 Berlin
Fon 50 15 08 10
Fax 50 15 08 40
www.museum-Karlshorst.de
Leitung Dr. Peter Jahn

Di–So 10–18 Uhr. Gruppenführungen nach Anmeldung (zwei Wochen vor dem gewünschten Termin) unter Fon 50 15 08 41 bei Frau Mühlisch

S3 bis Karlshorst; dann Bus 396 Frankfurter Allee, Am Tierpark, Treskowallee, Rheinsteinstraße
Kostenloser Parkplatz vor dem Museum

Förderverein: Freunde des Museums Berlin-Karlshorst e.V.

Behindertengerecht: Aufzug, Rampe, WC

Das Museum befindet sich in einem ehemaligen Offizierskasino der Wehrmacht, in dessen großem Saal am 8. Mai 1945 mit der bedingungslosen Kapitulation der Wehrmacht der Zweite Weltkrieg in Europa sein Ende fand.

Bis 1949 war das Gebäude Amtssitz des Chefs der sowjetischen Militärverwaltung in Deutschland, ab 1967 befand sich hier das sowjetische „Museum der bedingungslosen Kapitulation des faschistischen Deutschland im Großen Vaterländischen Krieg". 1991 beschlossen die Bundesrepublik Deutschland und die Russische Föderation, im Zeichen der neuen Zusammenarbeit ein gemeinsames Museum zur

Erinnerung an die deutsch-sowjetischen Beziehungen, vor allem aber an den Krieg 1941–1945, zu gründen.

Das im Mai 1995 eröffnete Museum, dessen neue Ausstellung durch zahlreiche Beiträge russischer und deutscher Museen ermöglicht wurde, informiert mit zahlreichen Originalstücken, einer Text- und Bilddokumentation sowie filmischen und akustischen Dokumenten. Die Ausstellung zeigt u. a. Feind- und Propagandabilder, die Kriegsplanung 1940/41, Kriegsverlauf und Soldatenalltag, nationalsozialistische Vernichtungspolitik, das Leben der sowjetischen Zivilbevölkerung, sowjetische und deutsche Kriegsgefangene sowie die letzte Phase des Krieges in Deutschland. Zentrum des Museums ist weiterhin der im alten Zustand erhaltene Saal, in dem mit der Kapitulation der Zweite Weltkrieg beendet wurde.

MARZAHN-HELLERSDORF

(Das Museum ist in der Karte auf Seite *176* eingezeichnet)

50 FRISEURMUSEUM UND HANDWERKSMUSEM MARZAHN

Das Dorfmuseum präsentiert die Sammlungen des Handwerks- und des Friseurmuseums.

Alt-Marzahn 31, 12685 Berlin
Stiftung Stadtmuseum Berlin
Fon 541 02 31
Fax 543 69 00
Di–So 10–18 Uhr

Führungen nach Vereinbarung, Anmeldung im Museum

S-Bahn bis Springpfuhl, dann Tram 8 bis Alt Marzahn oder Bus 154, 191, 192, 195, 291, 292, 295;
S-Bahn bis Marzahn, dann Tram 6, 7, 17 bis Alt-Marzahn

A 25 Abfahrt Marzahn, Alt Landsberger Chaussee, Landsberger Chaussee Ecke Allee der Kosmonauten

Kostenlose Parkmöglichkeiten am Straßenrand

Bibliothek geöffnet nach Absprache

Das vormals im Nikolaiviertel angesiedelte Handwerksmuseum sowie das einst am Prenzlauer Berg beheimatete Friseurmuseum sind seit 1995 in Marzahn untergebracht. Die in Wechselausstellungen präsentierte Sammlung des Handwerksmuseums umfasst sämtliche Gewerke vom Mittelalter bis zur Industrialisierung im 19. Jahrhundert. Handwerksgeräte und Arbeitsprodukte belegen den technischen Stand und die Kunstfertigkeit der Handwerker. Eine Vielzahl von Zunftgewerkschaften zeugen von einem stark ausgeprägten Innungsleben. Einen Schwerpunkt bildet die Schloss- und Schlüsselsammlung im Schaudepot mit über 700 Einzelstücken sowie Holzbearbeitungsgeräte.

Die sehr ansprechend präsentierte Sammlung des

Friseurmuseums dokumentiert anhand zahlreicher Exponate die historische Entwicklung der Arbeitswelt der Friseure. Neben dem Waschen, Tönen, Schneiden, Färben und Locken von Haaren gehörten früher auch Zähneziehen, Aderlass, Schröpfen und sogar Amputationen zu den Aufgaben der Bader und Barbiere. Außerdem bietet das Museum einen kleinen Einblick in die Werkstatt eines Perückenmachers vom Ende des 17. Jahrhunderts und entführt die Besucher in den Frisiersalon des Berliner Friseurs Husschmidt. Glanzstück der Sammlung ist die von Henry van de Velde für den berühmten Berliner Friseur François Haby entworfene Jugendstileinrichtung.

Info

Das Bezirksmuseum Marzahn-Hellersdorf befindet sich in der ehemaligen Dorfschule auf dem Anger neben der Kirche; Alt-Marzahn 51.

Tipp

Wer nach dem weiten Weg in den Nordosten Berlins der Stärkung bedarf, der kehrt in den Landgasthof Marzahn schräg gegenüber der Kirche ein; geöffnet täglich von 12–24 Uhr.

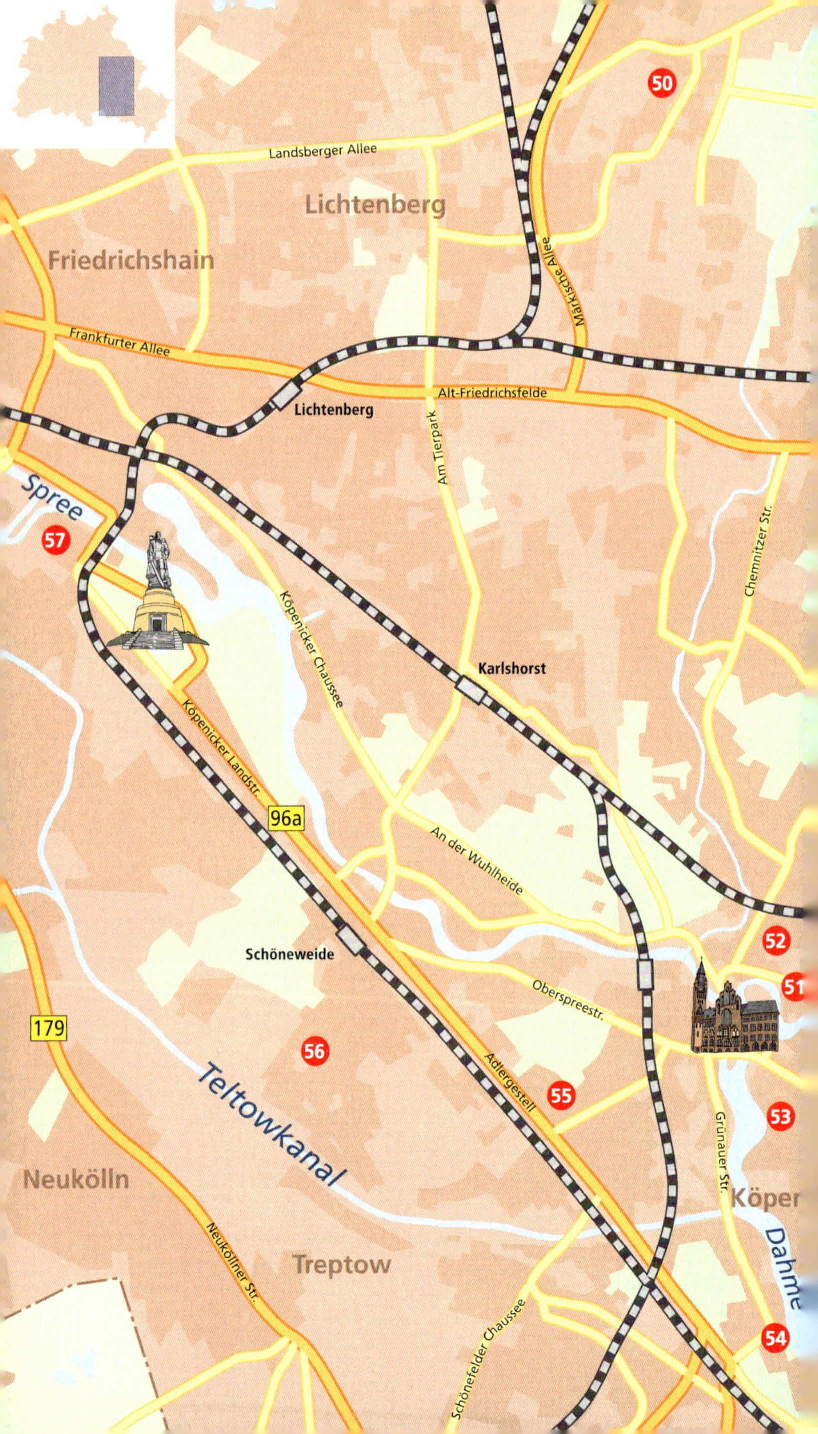

50
Landsberger Allee
Lichtenberg
Friedrichshain
Märkische Allee
Frankfurter Allee
Alt-Friedrichsfelde
Lichtenberg
Am Tierpark
Spree
57
Chemnitzer Str.
Köpenicker Chaussee
Karlshorst
Köpenicker Landstr.
96a
An der Wuhlheide
52
Schöneweide
51
Oberspreestr.
179
56
Adlergestell
55
53
Teltowkanal
Grünauer Str.
Neukölln
Köper
Dahme
Neuköllner Str.
Treptow
Schönefelder Chaussee
54

TREPTOW-KÖPENICK

51 MUSEUM IM WASSERWERK

Das Museum dokumentiert die historische und technische Entwicklung der Berliner Wasserversorgung und der Stadtentwässerung.

Müggelseedamm 307, 12587 Berlin
Fon 86 44 76 95 oder 86 44 76 12
Fax 86 44 77 46
Leitung Jelena Butter

März–Okt.: Mi–Fr 10–15 , Sa, So- u. feiertags 10–17 Uhr,
Nov.–Febr.: Mi–Fr 10–15 , Sa, So 10–16 Uhr
Gruppenführungen bis 25 Personen nur nach Anmeldung Mi–Fr

S3 bis Friedrichshagen, weiter mit Tram 60
A 10 Abfahrt Erkner-Köpenick
Kostenloser Parkplatz in 150 m Entfernung:
Kalkseestraße/Ecke Müggelseedamm

Das Museum im Wasserwerk wurde 1987 im ehemaligen Schöpfmaschinenhaus B des Wasserwerkes Müggelsee (heute Friedrichshagen), das 1893 seinen Betrieb aufnahm, eröffnet. Die direkt am Müggelsee gelegenen Schöpfmaschinenanlagen im märkischen Backsteinbau sind 1979 nach Inbetriebnahme neuer Wasseraufbereitungs- und Maschinenanlagen stillgelegt und im gleichen Jahr in die damalige Zentrale Denkmalliste (DDR) aufgenommen worden.

In einer ständigen Ausstellung zeigt das Museum in fünf Abschnitten einen Querschnitt durch die Geschichte der Wasserversorgung und Stadtentwässerung Berlins. Der Besucher wird mit den Anfängen der öffentlichen Wasserversorgung und dem Bau von Entwässerungsanlagen und Rieselfeldern sowie mit der diesbezüglichen Entwicklung vertraut gemacht.

Zu sehen sind außerdem die silberne Grundsteinplatte des

MUSEUM IM WASSERWERK
Die spannende Geschichte der Wasserversorgung und Stadtentwässerung

ersten Berliner Wasserwerkes von 1856, alte Arbeitsgeräte der Wasserwerker und Kanalarbeiter, Fotos und Zeichnungen von Pumpwerken und Kläranlagen, Wasser- und Druckmesser u. a. Im Maschinenraum, dem Kernstück des Museums, können drei stehende Verbundkolbendampfmaschinen mit Einspritzkondensation von 1893 besichtigt werden; eine Maschine kann vorgeführt werden.

Besuchen Sie auch das parkähnliche Freigelände mit einem Sammelbrunnen von 1904 und zahlreichen Großexponaten wie Pumpen, Dükern, Schiebern und Kreiselpumpen. Außerdem haben Sie einen schönen Blick auf den gesamten Müggelsee.

Das Museum zeigt wechselnde Sonderausstellungen. Außerdem werden Konzerte veranstaltet. Tag der offenen Tür im Frühjahr, Termininfos unter Fon 86 44 76 95.

52 GEDENKSTÄTTE KÖPENICKER BLUTWOCHE

Die Gedenkstätte dokumentiert die Geschichte der „Köpenicker Blutwoche" vom Juni 1933 sowie des Bezirks Köpenick nach der Machtübernahme durch Hitler und während der NS-Zeit bis 1945.

Puchanstr. 12, 12555 Berlin
Fon 657 14 67
Fax 61 72 33 52
Leitung Claus-Dieter Sprink

Di und Mi 10–16.30 Uhr, Do 10–18 Uhr
Geschlossen an allen Feiertagen
Führungen nach Vereinbarung,
Anmeldung bei Claus-Dieter Sprink unter
Fon 61 72 33 51

S3 bis Köpenick; Tram 60, 61, 62, 68; Bus 169

Bibliothek und Archiv zu den Öffnungszeiten der Gedenkstätte zugänglich

Eingeschränkt behindertengerecht

Die Gedenkstätte Köpenicker Blutwoche Juni 1933 befindet sich am historischen Ort im ehemaligen Amtsgerichtsgefängnis, einem der Haupttatorte der Köpenicker Blutwoche. Hier richtete die Köpenicker SA 1933 ihr Stabsquartier ein.

Unter dem Standartenführer Herbert Gehrke veranstaltete sie im Frühjahr und Sommer 1933 regelrechte Hetzjagden auf Regimegegner und Andersdenkende. In der letzten Juniwoche trieb die SA Hunderte von Menschen in ihre „Sturmlokale" und in das Amtsgerichtsgefängnis, das als zentrale Haft- und Folteranstalt in Köpenick diente. In dieser Woche, die als Köpenicker Blutwoche in schrecklicher Erinnerung blieb, wurden mindestens

24 Köpenicker Bürger ermordet. Einige der Verantwortlichen wurden 1946–50 verhaftet und vor Gericht gestellt.

Das ehemalige Amtsgerichtsgefängnis, das noch bis 1959 Militärgefängnis war, dient heute der Justiz als Aktenlager. Im Gefängniskeller wurde 1980 das „Traditionskabinett antifaschistischer Widerstandskampf in Berlin-Köpenick" eröffnet, das heute – mehrfach überarbeitet – als Gedenkstätte Köpenicker Blutwoche Juni 1933 an die schrecklichen Ereignisse erinnert.

Die didaktisch hervorragend ausgearbeitete Dauerausstellung informiert über die Köpenicker Blutwoche, den Widerstand im Bezirk gegen die Nationalsozialisten sowie die Strafverfolgung nach 1945. Neben zahlreichen Tafeln mit Namen und Schicksalen der Ermordeten sowie Zeitzeugenberichten liegen auch Tondokumente aus den Prozessen gegen die SA-Angehörigen vor.

Im Obergeschoss links stellt eine rekonstruierte Gefängniszelle die Haftbedingungen 1933 dar. Die nachfolgenden, kleinen Zellen dienen der Präsentation weiterer Themenbereiche: Widerstand und jüdische Selbstbehauptung, die Prozesse zur Köpenicker Blutwoche, Geschichte und Struktur der Köpenicker SA, Auseinanderstetzung und Aufarbeitung nach 1945. Im 1. Obergeschoss rechts befindet sich die ehemalige Gefängniskapelle des Zuchthauses.

Die Gedenkstätte veranstaltet Lesungen, Diskussionen und Diavorträge. Die Mitarbeiter bieten Beratung an.

Info

Weitere Gedenkstätten für die Opfer des Nationalsozialismus in Berlin sind die Gedenkstätte Deutscher Widerstand, die Gedenkstätte Plötzensee, die Gedenk- und Bildungsstätte Haus der Wannseekonferenz, die Gedenkstätte „Topographie des Terrors" sowie das Centrum Judaicum in der Neuen Synagoge Berlin.

53 WÄSCHEREI-MUSEUM

Unter dem Motto „Oma's Waschküche" zeigt das Museum Waschmaschinen und Geräte vom 19. Jahrhundert bis heute.

Luisenstr. 23, 12557 Berlin
Fon 651 64 24
Fax 65 49 42 98
Leitung Waltraud und Lothar Amlow

Jeden 1. Freitag im Monat 15–18 Uhr; Gruppenbesuche nach telefonischer Vereinbarung. Der Besuch ist immer mit einer Führung verbunden.

S3 bis Köpenick, weiter mit Tram 26, 62 und Bus 169 bis Müggelheimer Damm/Wendenschloßstraße

Köpenick wurde im 19. Jahrhundert aufgrund der hier ansässigen Wäschereien auch Berlins Waschküche genannt. Unter dem Motto „Oma's Waschküche" erinnert seit 1990 ein kleines Wäschereimuseum an die Vergangenheit des Bezirkes.

Bei einem interessanten Museumsbesuch mit humorvoller Führung bezeugen historische Exponate wie „John's Volldampfwaschmaschine", die „Turmperle" und der „Rubbelblitz" die schwere Arbeit der Waschfrauen. Außerdem sind verschiedene alte Wäschemangeln zwischen alten Wäschekiepen, Waschkörben und Spitzenhöschen und -hemden ausgestellt. In der Plättstube sind historische Bügeleisen zu sehen: solche, in die glühende Bolzen eingelegt wurden, andere, die mit Gas und Spiritus betrieben wurden.

Literaturtipp
In seinem Roman „Gervaise" beschreibt der berühmte französische Romancier Emile Zola schonungslos und offen das harte Leben der Pariser Waschfrauen im 19. Jahrhundert.

54 GRÜNAUER WASSERSPORTMUSEUM

Das Museum dokumentiert die Geschichte des Wassersports in Berlin-Brandenburg von 1876 bis 1945.

Regattastr. 141 und 191, 12527 Berlin
Stiftung Stadtmuseum Berlin
Fon 674 40 02 oder 674 46 87 (Werner Philipp privat)

Di, Mi 9–12 und 14–16.30 Uhr, Sa 14–16.30 Uhr und nach Vereinbarung; im Winterhalbjahr nur Sa 14–16.30 Uhr. Führungen (für Kinder ab 5 Jahren möglich) nach Vereinbarung, Anmeldung im Grünauer Wassersportmuseum

S-Bahn bis Grünau, weiter 7 Min. zu Fuß; Tram 68 bis Wassersportallee; Fähre Wendenschloß – Grünau; Übersetzer Müggelberge – Grünau (nur im Sommer stündlich)

Behindertenparkplatz vor dem Museum

Förderkreis Grünauer Wassersportmuseum, c/o Stefan Hacker, Münsinger Str. 6, 13597 Berlin

Das Grünauer Wassersportmuseum wurde 1990 im Gartenhaus einer um die Jahrhundertwende erbauten Jugendstilvilla auf der Grundlage der privaten Sammlung des ehemaligen Lehrers und Wassersportlers Werner Philipp eröffnet.

Im jüngst hinzu gekommenen Raum unterhalb der Tribüne an der Regattastrecke der Olympischen Spiele von 1936 werden Sonderausstellungen gezeigt.

Seit 1994 ist das kleine Spezialmuseum eine Dependance der Stiftung Stadtmuseum. Die von Werner Philipp und seinen Schülern liebevoll gestaltete Ausstellung dokumentiert die Geschichte des Wassersports in Berlin-Brandenburg.

Die Sammlung umfasst Zeitschriftenartikel, Fotos und Objekte wie Boote und Bootszubehör, Abzeichen, Campingartikel, Fahnen, Postkarten, Kleidung u. a. und stellt die Vielfalt der Sportarten Rudern, Segeln und Kanu dar. An heimat-, sport- und sozialgeschichtlichen Beispielen wird das Vereinsleben von 1876 bis 1945 nacherlebbar gemacht.

Während der Öffnungszeiten des Museums sind Werner Philipp oder seine Frau anwesend und wissen viel Interessantes über die Geschichte des Wassersports zu erzählen: insbesondere über den ersten Frauen-, Schul- und Arbeitersport, frühen Betriebssport, jüdischen Sport sowie den bürgerlichen Sport in seiner Vielfalt. Ein Forschungsvorhaben betrifft das 1973 aus politischen Gründen abgerissene Sportdenkmal.

Der Museumsbesuch kann durch einen Besuch der Olympischen Regattastrecke von 1936 – ein schöner Spaziergang am Wasser entlang – ergänzt werden.

Tipp

Im Bürgerhaus Grünau gibt es von Di–So von 14–20 Uhr leckeren selbstgebackenen Kuchen. Im Sommer können Sie im Garten sitzen.

55 ANNA-SEGHERS-GEDENKSTÄTTE

In der ehemaligen Wohnung von Anna Seghers (1900–1983) wird eine kleine Ausstellung zu Leben und Werk der Schriftstellerin gezeigt.

Anna-Seghers-Straße 81, 12489 Berlin
Fon 677 47 25
Monika Melchert

Di und Mi 10–16 Uhr, Do 10–18 Uhr. Gruppenführungen (bis maximal 15 Personen) jederzeit, Anmeldung wird erbeten (ist aber nicht unbedingt erforderlich) bei Monika Melchert unter Fon 677 47 25

S-Bahn bis Adlershof; Tram 60, 63; Bus 260, 360
Autobahnzubringer Adlergestell im Süden Berlins, Abfahrt Silberbergerstraße. Kostenlose Parkmöglichkeiten am Straßenrand

Bibliothek zugänglich zu den Öffnungszeiten der Gedenkstätte

Die Anna-Seghers-Gedenkstätte befindet sich in der ehemaligen Wohnung der Schriftstellerin, in der diese zusammen mit ihrem Mann László Radványi das letzte Drittel ihres Lebens verbrachte. Zwei Räume – Wohn- und Arbeitszimmer – sind im Original erhalten. Die kleine, aber interessante Dauerausstellung zu Leben und Werk Anna Seghers' zeigt Briefe, Manuskripte, Fotos und besondere Buchausgaben.

Einmal pro Monat finden Lesungen, Vorträge oder Gespräche statt.

56 HEIMATMUSEUM TREPTOW

Das Museum zeigt seit 1991 wechselnde Ausstellungen zu Themen aus der Geschichte des Stadtbezirkes.

Sterndamm 102, 12487 Berlin
Fon 61 72 56 29
Fax 61 72 56 30
www.heimatmuseum-treptow.de
Barbara Zibler

Di und Do 10–18 Uhr, So 14–18 Uhr. Führungen nach Vereinbarung, Anmeldung unter Fon 53 31 56 29

S-Bahn bis Schöneweide; Tram 27, 67; Bus 160, 165, Parkmöglichkeiten vor dem Haus

Bibliothek und Archiv geöffnet donnerstags von 10–18 Uhr

Förderverein für das Heimatmuseum Treptow, Anschrift wie oben

Forschungsschwerpunkte in der Museumsarbeit und in der Sammeltätigkeit des Heimatmuseums Treptow sind: Entwicklung Treptows zum Ausflugsziel, Geschichte des Treptower Parks, die Technikgeschichte – besonders das Motorflugwesen, Flugplatz Johannisthal –, Industrialisierung im Berliner Südosten, die Berliner Gewerbeausstellung von 1896, Besiedelung durch Friedrich II., Seidenbau in Preußen.

57 MUSEUM DER VERBOTENEN KUNST

Geschlossen

Das Museum der Verbotenen Kunst war zwischen 1990 und 2000 in einem ehemaligen Wachturm im Schlesischen Busch zwischen der Treptower Puschkinallee und der Kreuzberger Schlesischen Straße, im früheren „Todesstreifen", untergebracht. Es mußte schließen, nachdem kein neuer Träger für das Projekt gefunden werden konnte.

Für den Wachturm ist eine neue, dem Ort angemessene Nutzung geplant, eventuell wird er auch wieder als Museumsort dienen.

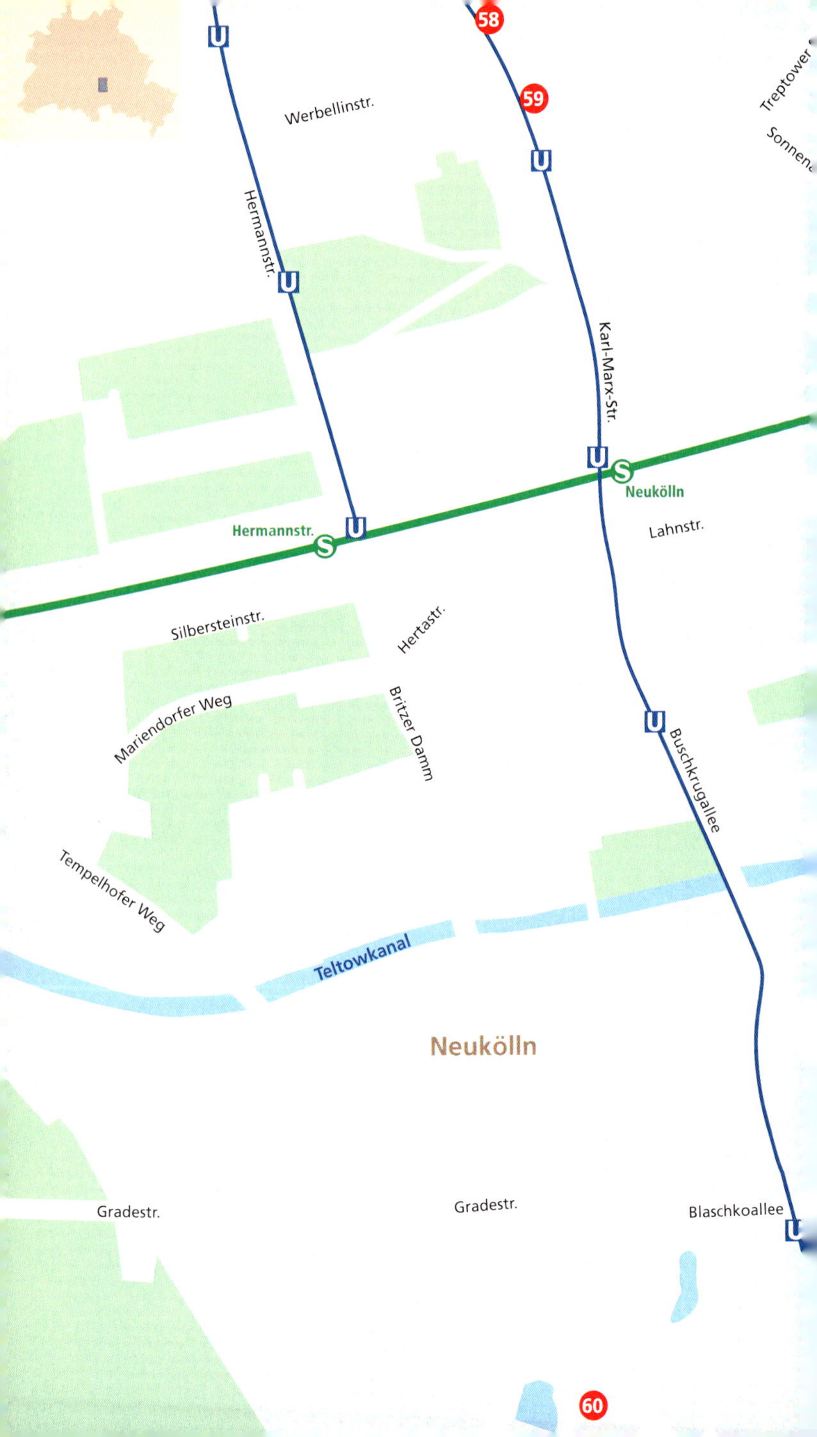

58
59
Werbellinstr.
Treptower
Sonnen
Hermannstr.
Karl-Marx-Str.
Neukölln
Hermannstr.
Lahnstr.
Silbersteinstr.
Hertastr.
Mariendorfer Weg
Britzer Damm
Buschkrugallee
Tempelhofer Weg
Teltowkanal
Neukölln
Gradestr.
Gradestr.
Blaschkoallee
60

NEUKÖLLN

58 HEIMATMUSEUM NEUKÖLLN

Das Museum für Stadtkultur und Regionalgeschichte zeigt wechselnde Ausstellungen zur Sozial- und Kulturgeschichte des Bezirks Neukölln vom 18. bis ins 20. Jahrhundert.

Ganghoferstr. 3–5, 12043 Berlin
Fon 68 09 25 35
Fax 68 09 38 11
www.museum-neuköln.de
Leitung Udo Gößwald

Mi–Fr 13–18 Uhr, Sa–So 12–18 Uhr
Gruppenführungen nach Anmeldung Mi 13–16 Uhr unter
Fon 68 09 -28 79 oder -25 35

U-Bahn bis Rathaus Neukölln oder Karl-Marx-Straße;
S-Bahn Neukölln; Bus 104 und 194

Das Museum wurde 1897 als das „Naturhistorische Schulmuseum" von dem Rixdorfer Lehrer Emil Fischer gegründet und ist nach dem Märkischen Museum das älteste regionalgeschichtliche Museum Berlins. Seit 1960 befindet es sich in der Ganghoferstraße.

Nachdem 1986 die Dauerausstellung abgebaut wurde, finden jährlich wechselnde Ausstellungen zur Regionalgeschichte, Stadt- und Alltagskultur mit umfangreichem Begleitprogramm statt. 1987 erhielt das Neuköllner Heimatmuseum für seine Konzeption und seine lebendige Präsentation stadthistorischer Themen den „Museumspreis des Europarates".

Das Archiv hat nach Voranmeldung geöffnet.
Karl-Marx-Str. 135 (im Hinterhaus), 12043 Berlin

59 PUPPENTHEATER-MUSEUM BERLIN

Das Haus zeigt in wechselnden Sonderausstellungen Theaterpuppen in ihren unterschiedlichen Spieltechniken und veranschaulicht die Märchenkultur verschiedener Nationen.

Karl-Marx-Str. 135 (im Hinterhaus), 12043 Berlin
Fon 687 81 32
Fax 687 81 32
Leitung Nikolaus Hein

Mo–Fr 9–16 Uhr, So 11–17 Uhr
Für Gruppen ab 8 Personen ist eine Führung gratis; Anmeldung unter Fon 687 81 32 erforderlich

U7 bis Karl-Marx-Straße, Bus 104, 194 bis Kienitzerstraße/Platz der Stadt Hof

Bibliothek und Archiv geöffnet nach Vereinbarung

Die traditionsreiche Geschichte des Puppentheaters wird seit 1995 im Puppentheater-Museum in jährlich wechselnden Ausstellungen dargestellt. Handpuppen, Stabfiguren, Marionetten, Schattentheaterfiguren, Metamorphosen und Flachfiguren veranschaulichen in verschiedenen, sehr ansprechenden Inszenierungen den Erlebnisraum Theater sowie die Puppenspielkultur Europas, Afrikas und Asiens. Sowohl Erwachsene als auch Kinder sind begeistert von diesem kleinen, lebendigen Museum.

Puppentheateraufführungen, Märchenerzählungen, Lesungen und Workshops für Kinder und Erwachsene ergänzen die Ausstellung; Info und Anmeldung unter Fon 687 81 32.

60 SCHLOSS BRITZ

Das ursprünglich im 15. Jahrhundert errichtete Schloss präsentiert in seinen historischen Räumen Wohnkultur im Stil des Historismus.

Alt-Britz 73, 12359 Berlin
Fon 60 97 92 30
Fax 606 48 09
www.schloss-britz.de
schloss.britz@ba-nkn.verwalt-berlin.de
Leitung Regina Stephan

Di–Do 14–18 Uhr, Fr 14–20 Uhr, Sa–So 11–18 Uhr (für Wechselausstellungen); geschlossen während der Sommerferien in Berlin. Führungen unter kunsthistorischen Aspekten mittwochs ab 14 Uhr zu jeder vollen Stunde; letzte Führung 17 Uhr.

Sonderführungen und Kinderaktivitäten nach Vereinbarung unter Fon 60 97 92 30

U-Bahn bis Parchimer Allee; Bus 144 bis Tempelhofer Weg, Bus 174 und 181 bis Britzer Damm
Avus Abfahrt Gradestraße, Britzer Damm, Backberstraße, Alt Britz. Parken ist vor dem Hause möglich

Förderverein: Freunde und Förderer Schloß Britz e.V.

Eingeschränkt behindertengerecht:
tel. Anmeldung erbeten

Das einstige Gutshaus der Britzkes wurde im 15. Jahrhundert errichtet. Nach einem Brand erweiterte Georg v. Britzke 1547 das Sockelgeschoss nach zwei Seiten und baute in Lehmfachwerkbauweise wieder auf. 1706 ersetzte der Feldmarschall v. Erlach das alte Fachwerk durch Stein. Das Schloss, das zwischen 1753 und 1795 unter Staatsminister Graf Hertzberg seine größte Blüte erlebte, erhielt 1880 seine heutige Gestalt mit Ausstattung und Turm im Neorenaissancestil. Seit 1988 ist Schloß Britz für die Öffentlichkeit zugänglich und dient heute als Ort für kulturelle Veranstaltungen sowie als Museum, das in seinen historischen Räumen neben wechselnden Sonderausstellungen Wohnkultur der Gründerzeit präsentiert.

Der rekonstruierte Park ist täglich von 9 Uhr bis zum Einbruch der Dunkelheit geöffnet.

Info

Im Haus werden wechselnde Sonderausstellungen gezeigt. Im Schloss, im Park und auf dem benachbarten Gutshof finden kulturelle Veranstaltungen wie z. B. Lesungen und Konzerte statt. Zu den Themen der Ausstellungen werden Exkursionen veranstaltet; Informationen erhalten Sie unter Fon 60 97 92 30.

Tipp

In dem Kolonialwarenladen des ehemaligen Rittergutes befindet sich heute das empfehlenswerte Restaurant „Zum Gletscher" mit Cafégarten ; Alt Britz 61, Fon 606 31 87, geöffnet von 11.30–0.30 Uhr.

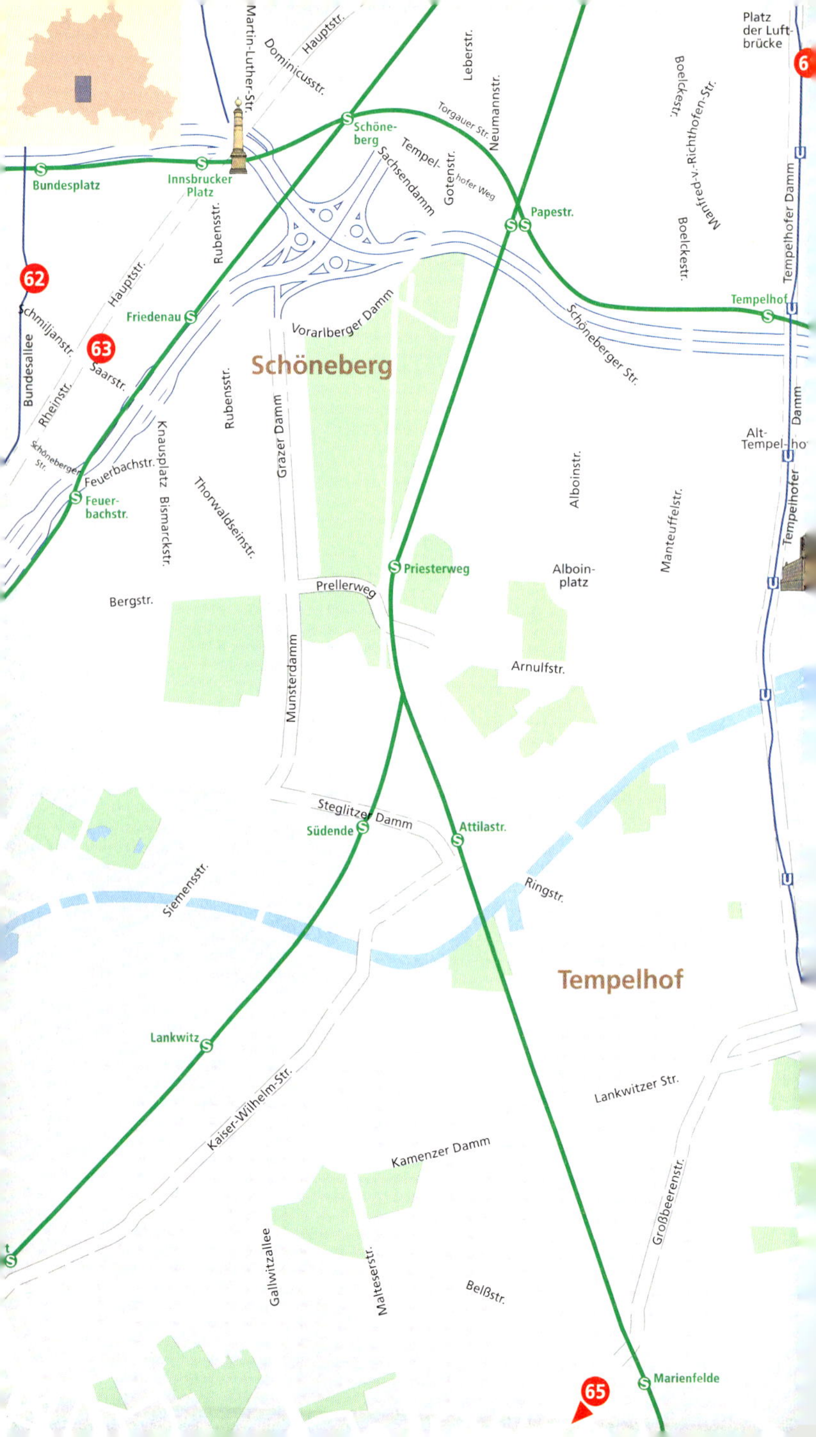

Platz der Luftbrücke
Martin-Luther-Str.
Hauptstr.
Dominicusstr.
Leberstr.
Neumannstr.
Torgauer Str.
Boelckestr.
Manfred-v.-Richthofen-Str.
Schöneberg
Tempelhofer Weg
Sachsendamm
Gotenstr.
Bundesplatz
Innsbrucker Platz
Papestr.
Rubensstr.
Tempelhofer Damm
62
Hauptstr.
Friedenau
Tempelhof
Schmiljanstr.
63
Saarstr.
Vorarlberger Damm
Schöneberger Str.
Schöneberg
Bundesallee
Rheinstr.
Rubensstr.
Grazer Damm
Alt-Tempelhof
Schöneberger Str.
Feuerbachstr.
Knausplatz
Feuerbachstr.
Bismarckstr.
Thorwaldseinstr.
Alboinstr.
Manteuffelstr.
Priesterweg
Alboinplatz
Prellerweg
Bergstr.
Munsterdamm
Arnulfstr.
Steglitzer Damm
Südende
Attilastr.
Siemensstr.
Ringstr.
Tempelhof
Lankwitz
Lankwitzer Str.
Kaiser-Wilhelm-Str.
Kamenzer Damm
Großbeerenstr.
Gallwitzallee
Maltesersstr.
Belßstr.
Marienfelde
65

TEMPELHOF-SCHÖNEBERG

61 POLIZEIHISTORISCHE SAMMLUNG

Das Haus zeigt polizeihistorische Exponate und Dokumente. Außerdem werden interessante oder typische Kriminalfälle dargestellt.

Platz der Luftbrücke 6, 12101 Berlin (Polizeipräsidium)
Fon 69 93 50 50
Fax 69 93 50 13
Dr. Bärbel Schönefeld

Mo–Mi 9–15 Uhr; Do und Fr nur für Gruppen nach telefonischer Anmeldung. Gruppenführungen nach Voranmeldung unter Fon 69 93 50 50

U-Bahn Platz der Luftbrücke; Bus 104, 119, 184, 341

Förderverein: Förderkreis Polizeihistorische Sammlung Berlin e. V., Anschrift wie Museum

Behindertengerecht

Die 1988 im Polizeipräsidium eröffnete Polizeihistorische Sammlung geht auf eine Museumsgründung von 1892 zurück. Die Ausstellung gibt in vier Räumen mit zahlreichen Schautafeln einen Einblick in die Berliner Polizeigeschichte von ihren Anfängen bis in die Gegenwart. Die Sammlung umfasst Dokumente, Fotos, Abbildungen und Bücher zur Polizeigeschichte des Landes Berlin. Außerdem sind historische Uniformen, Waffen und Arbeitsmittel der Polizei sowie Asservate aus Kriminalfällen zu sehen.

In unregelmäßigen Abständen werden thematische Sonderausstellungen durchgeführt.

62 ROTKREUZ-MUSEUM BERLIN

Das Museum informiert über die Geschichte des Roten Kreuzes von der Gründung im Jahre 1863, über die Kriegssanitäts- und Frauenvereine bis zum heutigen Spitzenverband der freien Wohlfahrtspflege.

Bundesallee 73, 12161 Berlin
Fon 85 00 52 55
Fax 85 00 52 66
Hans-Joachim Trümper

Mi 17–20 Uhr, So 10–13 Uhr und nach Vereinbarung

U9 bis Friedrich-Wilhelm-Platz; Bus 174, 181, 182, 186

Eingeschränkt behindertengerecht

Seit Januar 1995 befindet sich das vormals in der DRK-Sozialstation Neukölln untergebrachte Rotkreuz-Museum in den Räumen der Landesgeschäftsstelle des Landesverbandes in Friedenau.

In der Ausstellung informieren Schautafeln mit vielen historischen Fotos, Dokumenten und Texten den Besucher über die Geschichte des Roten Kreuzes von der Gründung im Jahre 1863 über die Kriegssanitäts- und Frauenvereine des 19. Jahrhunderts bis zum heutigen Spitzenverband der freien Wohlfahrtpflege. Alte Urkunden, Orden, Bekleidung, Ausrüstungsgegenstände und medizinisches Gerät veranschaulichen die Tätigkeiten des Roten Kreuzes in der Bundesrepublik und in der DDR. Eine Fotoschau und Tafeln mit Werbematerial zeigen Ausschnitte aus der humanitären Arbeit des heutigen Roten Kreuzes.

Die Mitarbeiter des DRK bieten Beratung an.

63 BERLINER UHRENMUSEUM

Das Museum vermittelt die Entwicklung der Zeitmesstechnik durch die Jahrhunderte: Elementar-Uhren, aufkommende Mechanisierung, Miniaturisierung, Ganggenauigkeit (Chronometrie), Technologie.

Rheinstr. 59, 12159 Berlin
Fon 8 51 20 20
Fax 8 51 24 10
Jens Lorenz

Mo–Fr 10–18 Uhr, Sa 10–14 Uhr. Führungen nach Anmeldung bei Juwelier Lorenz unter Fon 851 20 20

U-Bahn bis Friedrich-Wilhelm-Platz; S-Bahn bis Friedenau; Bus 148, 185 bis Kaisereiche. Eigener, kostenloser Parkplatz: Einfahrt Rheinstr. 57/58

Am 9. November 1992 wurde das kleine, liebevoll gestaltete Berliner Uhrenmuseum im Kellergewölbe des Feinuhrenmachers und Juweliers Lorenz eröffnet. Die chronologisch aufgebaute Ausstellung präsentiert u. a. Elementar-Uhren (Sonnen-, Sand- und Wasseruhren), großrädrige Exponate (wie z. B. Kirchturmuhren), Taschenuhren sowie moderne Quarz- und Funkuhren. Zu sehen ist auch die aus einer alten Kirchturmuhr gefertigte, 2,5 m hohe „Berliner Friedensuhr". An die Uhr mit der Aufschrift „Zeit sprengt alle Mauern" knüpft sich eine unglaubliche Geschichte: Als der Berliner Juwelier Jens Lorenz, im Rahmen einer Feierlichkeit zum Generationswechsel mit vielen geladenen Gästen am 9. November 1989 kurz vor 18 Uhr das Uhrpendel anstieß, erreichte die Gesellschaft wenige Minuten später die Nachricht vom Fall der Berliner Mauer. Nachbildungen der symbolträchtigen Uhr wurden seitdem u. a. an Helmut Kohl, Michail Gorbatschow, Ronald Reagan, die Deutsche Parlamentarische Gesellschaft, Papst Johannes Paul II., Mutter Teresa sowie an George Bush, jeweils im Rahmen einer offiziellen Feierstunde, überreicht.

64 MUSEEN TEMPELHOF-SCHÖNEBERG UND JUGENDMUSEUM

Die Häuser dokumentieren die Geschichte der Altbezirke Tempelhof und Schöneberg. Das Jugendmuseum macht darüber hinaus Angebote für Menschen zwischen 8 und 18 Jahren.

Hauptstraße 40/42, 10827 Berlin
Fon 75 60-61 63
Fax 75 60-63 29
Leitung Petra Zwaka

Haus 1: Schöneberg Museum und Jugendmuseum sowie Archiv für die Geschichte Tempelhof-Schönebergs
Hauptstraße 40/42, 10827 Berlin
Mo–Fr 9–13 Uhr (nur für Gruppen nach Voranmeldung). Mi und Do 15–18 Uhr, Sa–So 14–18 Uhr. Die Museen sind Neujahr und in den Sommerschulferien vier Wochen geschlossen (genauen Termin jeweils erfragen).
Archiv: Mi 14–18 Uhr (nach telefonischer Voranmeldung)

U7 Eisenacher Straße (mit Fußweg); S1, 4, 41, 42, 45, 46 (mit Fußweg); Bus 104, 146, 148, 187, 204, 348.
Keine Parkmöglichkeit

Haus 2: Tempelhof Museum
Alt-Mariendorf 43, 12107 Berlin
Mo–Fr 9–13 Uhr (nur für Gruppen nach Voranmeldung)
Mi 15–18 Uhr, So 11–15 Uhr. Geschlossen in den Schulferien, Weihnachten und Neujahr

U6 Alt-Mariendorf; Bus X76, 111, 176, 177, 179, 181, 277, 376. Kostenlose Parkmöglichkeiten vor dem Haus.

Förderverein: Schöneberger Kulturarbeitskreis e.V., c/o Bodo Förster, Kärtener Str. 26, 10827 Berlin

Seit 1994 ist im Altbezirk Schöneberg in der Gründerzeitvilla von 1873 das Schöneberg Museum, das Jugendmuseum und das regionalgeschichtliche Archiv untergebracht. Die Dauerausstellung „Wunderkammern – Wunderkisten" im Erdgeschoss des Hauses richtet sich mit einer ungewöhnlichen Präsentation zur Stadtgeschichte unmittelbar an Kinder ab 8 Jahren. Im Obergeschoss des Hauses werden jährlich neu historische Wechselausstellungen zur Geschichte des Gesamtbezirks gezeigt, die für Erwachsene und Jugendliche gleichermaßen gedacht sind.

Im Altbezirk Tempelhof befindet sich das 1960 im Obergeschoss des ehemaligen Dorfschulhauses von 1873 eröffnete Heimatmuseum. Die Ausstellung dokumentiert Stadtentwicklungs- und Alltagsgeschichte mit den Hauptschwerpunkten „Dörfliches Leben", „Bürgerkultur", „Zentralflughafen Berlin-Tempelhof", „Erinnern und nicht vergessen 1933–1945". Ein neues Ausstellungskonzept ist in Vorbereitung.

Im Erdgeschoss des Hauses befindet sich die „Kleine Galerie" des Kunstamtes für Wechselausstellungen

---

65 ERINNERUNGSSTÄTTE NOTAUFNAHMELAGER MARIENFELDE

Die Erinnerungsstätte dokumentiert die Geschichte des Bundesnotaufnahmelagers Marienfelde als „Tor zur Freiheit" für 1,35 Millionen Flüchtlinge bzw. Übersiedler, die hier aufgenommen wurden.

Marienfelder Allee 66–80, 12277 Berlin
Fon 90 173-325
Fax 90 173-190
Enm-berlin@gmx.de
www.enm-berlin.de
Harald Fiss

Mi–So 12–17 Uhr; Führungen Mi und So um 15 Uhr; Gruppenführungen nach Vereinbarung

S2 bis Marienfelde; U6 bis Alt-Mariendorf, dann Anschlußbusse 177, 277 bis Stegerwaldstraße
B 101 (hier identisch mit Marienfelder Allee)
Parkmöglichkeiten in den umliegenden Straßen

West-Berlin war für die meisten DDR-Flüchtlinge das Nadelöhr in den Westen – das Notaufnahmelager Marienfelde der erste Anlaufpunkt. Hier wurden bis 1990 1,3 Millionen Menschen aufgenommen, versorgt, der komplizierte Stationsdurchlauf über alliierte und deutsche Dienste sowie der Abflug in die Bundesrepublik organisiert. Mit der Einstellung des Aufnahmeverfahrens für DDR-Übersiedler und Flüchtlinge am 30. Juni 1990 büßte das Bundesnotaufnahmelager Marienfelde seine zentrale Rolle sowie die nationale und internationale Bedeutung ein.

Fluchtmotive, Stationen im Notaufnahmelager, Start in den Westen und weitere Aspekte von Flucht, Aus- und Übersiedlung stehen im Mittelpunkt der Ausstellung auf dem ehemaligen Lagergelände.

In einem ersten Raum werden die juristischen und baulichen Voraussetzungen sowie die wesentlichen Stadien bis zur Inbetriebnahme des Notaufnahmelagers Marienfelde dargestellt.

Der zweite Raum lässt den Besucher aus der Perspektive eines Flüchtlings/Übersiedlers die 12 Stationen des Aufnahmeverfahrens durchlaufen, der jeweilige Ablauf und seine Bedeutung werden erklärt. Anschließend wird ein Überblick über den statistischen Verlauf der deutsch-deutschen Flucht-/Übersiedlungsbewegung bis zum 13. August 1961, über die entscheidenden Wochen vor dem Mauerbau sowie die weitere Entwicklung gegeben. Raum 4 gibt das Jahr bis zur Maueröffnung 1989 und die Zeit bis zur Einstellung des Aufnahmeverfahrens am 30. Juni 1990 in mehreren Schautafeln und Zeitzeugenberichten aus der Sicht der Flüchtlinge/Übersiedler wieder. Der fünfte Bereich führt den Besucher in eine komplette, original möblierte Flüchtlingswohnung aus den 50er Jahren und veranschaulicht so die Unterbringung im Notaufnahmelager. In einem sechsten Bereich werden erste Ergebnisse zu dem Thema „Marienfelde im Visier der Stasi" präsentiert.

Info

Beratung wird nach Vereinbarung angeboten.

Am 14. April, 13. August sowie am 9. November finden Sonderführungstage mit Video-Vorführungen, Dia-Shows sowie Diskussionsveranstaltungen statt.

Tipp

Weitere Orte der Erinnerung an Nachkriegszeit, deutsch-deutsche Teilung sowie die DDR sind das Museum Haus am Checkpoint Charlie, die Gedenkstätte Berlin-Hohenschönhausen, die Forschungs- und Gedenkstätte Normannenstraße und das Deutsch-Russische Museum Berlin-Karlshorst.

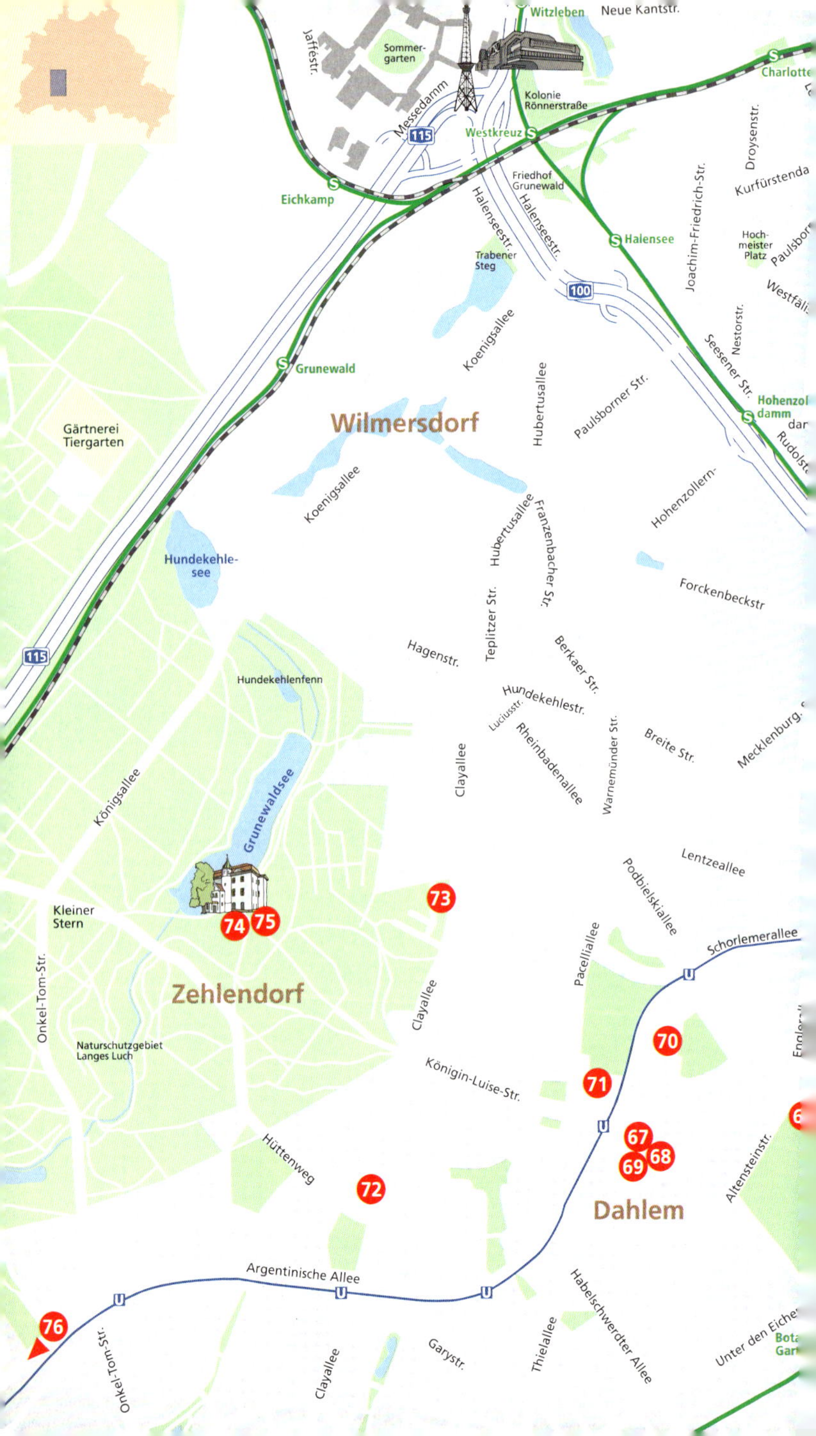

Witzleben
Neue Kantstr.
Jaffestr.
Sommer-garten
Messedamm
115
Kolonie Rönnerstraße
Charlotte
Westkreuz
Eichkamp
Droysenstr.
Friedhof Grunewald
Kurfürstenda
Halenseestr.
Halenseestr.
Halensee
Joachim-Friedrich-Str.
Hoch-meister Platz
Paulsbor
Trabener Steg
100
Westfäli
Koenigsallee
Nestorstr.
Seesener Str.
Grunewald
Hubertusallee
Paulsborner Str.
Hohenzol damm
Gärtnerei Tiergarten
Wilmersdorf
Rudolst
Koenigsallee
Hubertusallee
Franzenbacher Str.
Hohenzollern-
Hundekehle-see
Forckenbeckstr
115
Hagenstr.
Teplitzer Str.
Berkaer Str.
Hundekehlenfenn
Hundekehlestr.
Luciusstr.
Rheinbadenallee
Warnemünder Str.
Breite Str.
Mecklenburg.
Clayallee
Königsallee
Grunewaldsee
Lentzeallee
Podbielskiallee
73
Kleiner Stern
74
75
Pacelliallee
Schorlemerallee
Onkel-Tom-Str.
Zehlendorf
Clayallee
70
Naturschutzgebiet Langes Luch
Königin-Luise-Str.
71
67
68
69
Hüttenweg
72
Altensteinstr.
Dahlem
Argentinische Allee
76
Onkel-Tom-Str.
Clayallee
Garystr.
Thielallee
Habelschwerdter Allee
Unter den Eiche
Bota Gar

STEGLITZ-ZEHLENDORF

66 BOTANISCHER GARTEN UND BOTANISCHES MUSEUM

Das Museum zeigt: Systematische Botanik und Pflanzengeographie, Morphologie und Anatomie sowie Nutzpflanzen. Der Garten präsentiert mehr als 20.000 Pflanzenarten.

Königin-Luise-Str. 6–8, 14191 Berlin
Garteneingänge: Unter den Eichen und Königin-Luise-Platz
Fon 838 50-100, Info-Fon. 838 50-027
Fax 838 50-186, www.bgbm.org/bgbm
Prof. Dr. Werner Greuter

Botanischer Garten: Garten täglich ab 9 Uhr; Gewächshäuser Mo–Fr ab 9 Uhr, Sa und So ab 10 Uhr Schließzeiten: November bis Januar: 16 Uhr; Februar: 17 Uhr; März, Oktober: 18 Uhr; September: 19 Uhr; April, August: 20 Uhr; Mai–Juli bis: 21 Uhr. Die Gewächshäuser schließen 1/2 Stunde vor Torschluss. Botanisches Museum: täglich von 10–18 Uhr, geschlossen am 24. und 31.12.
Information unter Fon 838 50-100. Führungen (auch auf Englisch und Französisch) nach Anmeldung unter Fon 838 50-133 bei Frau Masur

Königin-Luise-Str. (Botanisches Museum): U-Bahn bis Rathaus Steglitz oder Dahlem-Dorf, weiter mit Bus 183 und X83. Unter den Eichen: S-Bahn bis Botanischer Garten, Bus 148

Bibliothek Mo–Fr 9–18 Uhr

Förderverein: Verein der Freunde des Botanischen Gartens und des Botanischen Museums Berlin-Dahlem e.V.

Behindertengerecht; kostenloser Rollstuhlverleih im Botanischen Garten; Voranmeldung unter 838 50-224.

Der Botanische Garten und das Botanische Museum sind eine Einheit, die der Forschung und Bildung dient. Die einzelnen Teile dieser größten deutschen Forschungseinrichtung für Systematische Botanik und Pflanzengeographie entstanden zu unterschiedlichen Zeiten: Der alte Botanische Garten entstand 1679 beim damaligen Dorf Schöneberg (heutiger Kleistpark), die Anfänge des Botanischen Museums gehen auf das Jahr 1815 zurück. Im Jahr 1879 erhielt das „Königliche Botanische Museum" ein eigenes Gebäude im alten Botanischen Garten. 1897–1909 erfolgte die Verlegung nach Steglitz, da der alte Botanische Garten und das Museumsgebäude für die rasch anwachsenden Pflanzensammlungen zu klein geworden waren.

Mit einer Fläche von über 43 ha gehört der Botanische Garten mit zu den größten und auch bedeutendsten der Welt. Mehr als 22 000 Pflanzenarten vermitteln hier einen Eindruck von der Mannigfaltigkeit der Pflanzenwelt. Sie werden in drei Freilandabteilungen, 16 Schaugewächshäusern sowie weiteren Anzuchthäusern kultiviert. An den Eingängen informieren Schautafeln über die zur jeweiligen Zeit besonders sehenswerten Pflanzen.

Im System sind die krautigen Pflanzen nach verwandtschaftlichen Beziehungen, nach Gattungen und Familien, angeordnet. Zum Freiland gehören außerdem ein Duft- und Tastgarten und verschiedene Schmuckanlagen. Ein besonderer Tip ist der im historischen Stil angelegte, sehr farbenprächtige Italienische Garten vor den Schaugewächshäusern. Im parkähnlich angelegten Arboretum werden Bäume und Sträucher, die im Berliner Klima winterhart sind, ebenfalls in verwandtschaftlicher Gruppierung nach Gattungen und Familien gezeigt. Zur Anlage gehört auch ein Sumpf- und Wassergarten sowie ein 1996 neuangelegter Arzneipflanzengarten.

Die pflanzengeographische Abteilung wurde von Adolf Engler um die Jahrhundertwende geschaffen. Sie nimmt ein Drittel der Gesamtfläche des Gartens ein – rund 13 ha – und ist damit eine der größten Anlagen dieser Art in Europa. In drei Hauptabschnitten – Europa, Asien und Nordamerika – werden hier die Vegetationsgebiete der gemäßigten Breiten dargestellt, soweit dies im hiesigen Klima möglich ist. Waldpartien, Wiesen, Moore, Heideflächen und Steppen wechseln ab mit Gruppen von Gebirgspflanzen.

In den Gewächshäusern werden Pflanzen aller Erdteile mit tropischem und subtropischem Klima gezeigt; besonders reich sind Orchideen, Kakteen und andere Sukkulenten, Bromelien, Begonien, Farne und tierfangende oder fleischfressende Pflanzen vertreten. Eine architektonische Sehenswürdigkeit ist das große Tropenhaus. Der aus dem Jahr 1907 stammende freitragende Hallenbau ist mit 60 m Breite, 30 m Länge und 25 m Höhe eines der größten Gewächshäuser der Welt.

Während man im Garten die Vielfalt der Wuchsformen und die Farbenpracht von Blüten und Früchten bewundern kann, werden im Botanischen Museum anhand von Hunderten meist stark vergrößerten Modellen, die Strukturen der Pflanzen und ihre Entwicklung gezeigt.

Die übersichtliche Ausstellung beginnt im unteren Geschoss mit der Abteilung Geschichte der Pflanzen und Pflanzengeographie. Hier wird die Vegetation verschiedener Erdepochen anhand von Schautafeln, Fossilien und Dioramen dargestellt. Breiter Raum ist den Nutzpflanzen gewidmet: Die Abteilung zeigt Herkunft und Anbaugebiete vieler Kulturpflanzen (Getreide, Faserpflanzen, Nutzhölzer, tropische und subtropische Nutzpflanzen).

Eine besondere Stellung nimmt die Ägyptische Abteilung ein. Unter den Ausstellungsstücken befinden sich über 3000 Jahre alte Blütengirlanden, mit denen die Mumien der Pharaonen Ahmose und Ramses II. geschmückt waren.

Das obere Geschoss zeigt die Geschichte der systematischen Botanik in Berlin, einen Stammbaum der höheren Pflanzen und eine biologische Abteilung, die die äußere und innere Anpassung der Pflanzengestalten an Standort und Klima darstellt.

Wie der Wasserschlauch seine Opfer (Insektenlarven und Wasserflöhe) fängt und verdaut, warum die Brennessel brennt und wie der Mangrovenbaum in den Treibsanden der Gezeitenzone überlebt, wird hier gezeigt.

Info

Das Museum zeigt wechselnde Sonderausstellungen. Ein Filmraum und eine Ton-Dia-Schau mit verschiedenen botanischen Themen stehen zur Verfügung.

Das Neue Glashaus und andere geeignete Räumlichkeiten können für Veranstaltungen gemietet werden. Im Botanischen Garten finden Konzerte und zahlreiche Veranstaltungen statt.

Von Mai bis Oktober gibt es eine Pilzberatung:
Mo, Di, Do von 14–16 Uhr, Mi von 10–12 Uhr.

Im Botanischen Garten gibt es am Eingang Unter den Eichen ein Café-Restaurant. Sehr schön sitzen Sie im Sommer bei Kaffee und Kuchen vor dem Großen Tropenhaus mit Blick auf den Italienischen Garten. Im Museum gibt es eine kleine Automaten-Cafeteria.

Tipp

Ein Tipp für alle, die noch mehr Museen besuchen möchten: Sie befinden sich unweit des Dahlemer Museumskomplexes mit Ethnologischem Museum, Museum für Indische Kunst, für Islamische Kunst und für Ostasiatische Kunst.

Näheres zu den Dienstleistungs- und
Serviceangeboten des MD Berlin und der
Besucher-Dienste der Staatlichen Museen zu Berlin
finden Sie ab Seite *314*

67 ETHNOLOGISCHES MUSEUM

Das Haus zeigt völkerkundliche Gegenstände und Dokumente aus Afrika, Alt-Amerika, Ostasien und der Südsee. Außerdem werden große Sonderausstellungen sowie pädagogische Wechselausstellungen im Junior- und im Blindenmuseum gezeigt.

Lansstraße 8, 14195 Berlin
Fon 20 90 55 55 (Info)
Fax 20 90 55 02
Leitung Prof. Dr. Viola König

Di - Fr 10 - 18 Uhr, Sa und So 11 - 18 Uhr
Führungen nach Voranmeldung unter Fon 20 90 55 66, Fax 20 90 55 02

U- Bahn bis Dahlem Dorf; Bus X11, X83, 110, 183
Kostenloser Parkplatz am Museum

Bibliothek, Eingang: Arnimallee 27, Öffnungszeiten: Mo, Di 8 - 12 Uhr, Mi, Do 12 - 16 Uhr

Förderverein: Freunde des Ethnologischen Museums Berlin e.V., Arnimallee 23, 14195 Berlin

Behindertengerecht

Die Anfänge des Ethnologischen Museums gehen auf das Kunst- und Raritätenkabinett der brandenburgischen Kurfürsten zurück, in dem neben Kunstwerken aus Europa schon im 17. Jahrhundert auch Raritäten aus fernen Erdteilen gesammelt wurden. Später entwickelte sich daraus die Königlich Preußische Kunstkammer. Aus deren Beständen wurde 1829 eine „Ethnographische Sammlung" gebildet, die 1850 Ausstellungsräume im Neuen Museum auf der Museumsinsel erhielt.

ETHNOLOGISCHES MUSEUM
Circa 500 000 Objekte aus aller Welt gehören zu dieser bedeutendsten Sammlung ihrer Art

RESTAURANT · CAFE

Im Jahre 1873 wurde das Ethnologische Museum gegründet und die Errichtung eines eigenen Hauses beschlossen. Der Neubau in der Königgrätzer Straße (heute Stresemannstraße, neben dem Martin-Gropius-Bau) wurde 1886 eröffnet. Unter dem ersten Direktor des Museums, Adolf Bastian (1826-1905), wurden die Sammlungsbestände beträchtlich erweitert, nicht zuletzt durch Erwerbungen aus den deutschen Kolonien. Seit dieser Zeit hat das Museum eine kulturgeschichtliche Orientierung: Es sammelt, bewahrt und erforscht die materiellen Kulturzeugnisse vorindustrieller Gesellschaften, vornehmlich aus den außereuropäischen Gebieten.

Während des Zweiten Weltkrieges wurde der Museumsbau in der Stresemannstraße zerstört. Deshalb führte man nach dem Krieg die ausgelagerten und erhalten gebliebenen Sammlungsbestände im ehemaligen Magazingebäude in Dahlem zusammen. Bis 1970 wurden hier Erweiterungsbauten errichtet, in denen auch die Museen für Islamische, Ostasiatische und Indische Kunst ihren Platz fanden.

Das Ethnologische Museum gehört mit etwa 500 000 Objekten aus allen Erdteilen, 130 000 musikethnologischen Tonaufnahmen, 300 000 Photodokumenten und 1400 ethnographischen Filmen zu den größten und bedeutendsten Sammlungen seiner Art.

Es umfasst derzeit die Sammlungen Afrika, Amerikanische Archäologie, Amerikanische Ethnologie, Nord- und Ostasien, Süd- und Südostasien, Südsee und Australien sowie Musikethnologie. Weitere Einrichtungen des Hauses sind das Junior- und das Blindenmuseum. Sie wenden sich mit wechselnden Ausstellungen an ihre speziellen Zielgruppen.

Gegenwärtig verfügen nur einige Sammlungen über ständige Ausstellungen. Nach dem Auszug der Gemäldegalerie und der Skulpturensammlung, die vorübergehend in Dahlem untergebracht waren, werden weitere Bestände gezeigt, wie etwa aus der Sammlung Amerikanische Ethnologie, die Ausstellung „Indianer Nordamerikas - Vom Mythos zur Moderne" und „Afrika. Kunst und Kultur".

Nach umfangreichen Umbauarbeiten werden Ausstellungsbereiche zu Themen wie Mensch und Umwelt, Menschheits- und Kulturgeschichte, Geschichte der Ethnologie und des

Museums informieren. Ein Kunstforum wird Werke aus Schwarzafrika, Australien, Ozeanien und aus dem indianischen Amerika zeigen, die heute zur Weltkunst gezählt werden. Derzeit wird die 3000 m umfassende Südsee-Ausstellung neu gestaltet.

Amerikanische Archäologie

Die Entdeckung und Eroberung Amerikas durch die Europäer unterbrach eine Kulturentwicklung von mehreren Jahrtausenden. Die Ausstellung verdeutlicht Reichtum und Vielfalt der vorspanischen Kulturen Meso-, Zentral- und Südamerikas. Zu den kostbarsten Stücken der Sammlung gehören Reliefstelen mit Darstellungen, die sich auf das rituelle Ballspiel beziehen. Bemalte Tongefäße, Kleinplastiken und Reliefplatten mit Hieroglypheninschriften bezeugen die Gestaltungskraft der Maya-Kultur. Einen Einblick in das Weltverständnis der Azteken geben unter anderem Götterfiguren aus Stein und eine seltene Opferblutschale. Die Goldkammer mit Objekten aus Mittelamerika, Peru und Kolumbien erinnert an den Mythos vom El Dorado, der den Völkern Altamerikas zum Verhängnis wurde.

Die Ausstellung „Indianer Nordamerikas. Vom Mythos zur Moderne" hat sich zum Ziel gesetzt, in fünf regionalen Abschnitten indianische Vielfalt zu präsentieren. Umfang und Qualität der Ausstellung sind nur möglich durch die Rückführung der Objekte aus der ehemaligen Sowjetunion. Dadurch erhielt die etwa 30 000 Objekte umfassende Nordamerika-Sammlung wieder die Bedeutung, die sie vor dem Zweiten Weltkrieg hatte.

Afrika. Kunst und Kultur

Alte, hochentwickelte Kulturen gehörten lange Zeit nicht zu dem Bild, das man sich in Europa von Afrika machte. Bronzereliefs und -figuren aus dem alten Königreich Benin und Terrakotta-Bildnisse aus Ife in Nigeria öffnen ein Fenster zu diesem unbekannten Afrika. Masken und Zeremonialfiguren, Musikinstrumente und Gegenstände des Alltags aus der Zeit um die Jahrhundertwende vermitteln einen Eindruck von der Kreativität der Völker Westafrikas. Aus Nordafrika, das zur arabisch-islamischen Welt gehört, sind kunstvoll gearbeitete Schmuck- und Alltagsgegenstände der Nomadenvölker zu sehen.

Ostasien

Im Zentrum der Ausstellung steht die traditionelle Alltagskultur Chinas zum Ende der Kaiserzeit. Thematische Schwerpunkte sind Handwerk, Ackerbau, Fischfang, Heilkunde und häusliches Leben, aber auch die Kunst der Kalligraphie und das durch die konfuzianische Ethik geprägte Beamtentum. Die reiche Tradition des chinesischen Theaters wird mit Schattenspielfiguren, Handpuppen und Requisiten veranschaulicht. Grabbeigaben von der frühesten Zeit bis in die Gegenwart und Götterfiguren des Buddhismus und Daoismus zeigen die enge Beziehung von Alltag und Religion. Wechselnde Ausstellungen zur Alltagskultur Ost- und Nordasiens ergänzen diese Ausstellung.

Südsee und Australien

Die Ausstellung vermittelt ein Bild von der Vergangenheit der Völker Ozeaniens sowie Australiens. Ein besonderer Anziehungspunkt sind originale Boote und Häuser, die zum Teil begehbar sind. Masken und Ahnenfiguren aus Neuguinea belegen die zentrale Bedeutung der Ahnenverehrung für die Völker der Südsee. Einen religiösen Hintergrund haben auch die Schnitzkunstwerke der Maori aus Neuseeland und die Rindenmalereien der australischen Aborigines. Aus der Inselwelt Polynesiens und Mikronesiens sind neben anderen auch typische Gegenstände des Alltags zu sehen. Älteste und besonders kostbare Stücke sind der Federmantel eines Königs von Hawaii und ein Trauergewand aus Tahiti. Sie gehören zu den Zeugnissen von Gesellschaften, die sich unter dem Einfluss der westlichen Kultur tiefgreifend verändert haben.

Musikethnologie

Die Sammlung umfasst ein großes Archiv, das Berliner Phonogramm-Archiv, mit über 130 000 Ton- und Videoaufzeichnungen aus fast allen Kulturen der Welt, von den ältesten Klangdokumenten bis zu den modernsten audiovisuellen Aufzeichnungen. Dieses wird ergänzt durch einen großen Bestand an Musikinstrumenten, die im Rahmen von Gruppenführungen besichtigt und kennengelernt werden können. Instrumentalensembles aus Südostasien und Afrika sowie Instrumente aus Ägypten und Indien sind besonders zu erwähnen.

ETHNOLOGISCHES MUSEUM
Uli-Figur

JUNIORMUSEUM IM ETHNOLOGISCHEN MUSEUM

Für Kinder und Jugendliche konzipierte Ausstellungen. Im Rahmen von Veranstaltungen mit praktischer Arbeit und Rollenspielen werden vor allem Schulklassen Lebensgrundlagen und Wertvorstellungen außereuropäischer Kulturen nahegebracht. Die derzeitige Ausstellung thematisiert in drei Räumen unter dem Titel „Ab durch die Wüste" Annäherungen an eine fremde und die eigene Welt – geeignet für Kinder im Alter von 8–12 Jahren.

Museen Dahlem – Kunst und Kulturen der Welt
Arnimallee 23, 14195 Berlin
Fon 830 14 38

Einzelbesucher Di–Fr 13–18 Uhr, Sa, So 11–18 Uhr
Gruppen mit Voranmeldung: Di–Fr 9–13 Uhr.
Anmeldung für Gruppenführungen, Workshops, Kindergeburtstage

Fon 20 90 55 66, Fax 20 90 55 02

Auf 200 qm Ausstellungsfläche entstanden in Zusammenarbeit mit Berliner Künstlern und der Hochschule der Künste begehbare und interaktiv konzipierte Erlebnislandschaften. Kinder und Jugendliche von 8 bis 12 Jahren begeben sich, ausgestattet mit einer gehörigen Portion Neugier, einem Forscherkoffer und einem Reisetagebuch, auf eine unterhaltsame und lehrreiche kleine Expedition durch drei Kontinente.

Diese Reise vermittelt Geschichte vom Unterwegssein und vom Ankommen auf der ganzen Welt. Die erste Station ist die nordafrikanische Sahara mit ihrem heißen Wüstensand, wo die Kinder den Tuareg begegnen und den Weg einer Salzkarawane bis zur einer Oase verfolgen. Dann geht es weiter zu den australischen Aborigines. Die jungen Forschungsreisenden

JUNIORMUSEUM
Karawane in Nordafrika

betreten die Pfade der Honigameisenmänner und treffen auf Bilder von australischen Kindern, mit denen sie per E-Mail Brieffreundschaften knüpfen können. Per Beamer geht es zurück nach Berlin und zu verschiedenen Kreativstationen, an denen die Kinder eigene Wege verstehen und nachzeichnen können. Sie erfahren von Berliner Zirkuskindern und Piloten, wie moderne „Großstadtnomaden" leben.

Vielfältige didaktische Materialien sollen ein spielerisches Lernen mit allen Sinnen ermöglichen. Daher erfolgte einerseits eine Ausstattung mit Objekten aus der Sammlung des Ethnologischen Museum zum Anschauen. Zusätzlich dazu gibt es Exponate zum Anfassen, Filme, Computerterminals, ein Riechlabor, Tast- und Hörstationen, Reize für die Geschmacksnerven sowie überraschende Inszenierungen wie etwa heißer Wüstensand.

Die Ausstellung richtet sich sowohl an Schulklassen wie auch an Einzelbesucher. Gemeinsam mit Kooperationspartnern wie Jugend im Museum e. V. oder der Klangschmiede wird ein umfangreiches Programm an Workshops zu Instrumentenbau, Dot Painting o. ä. angeboten. Auch Kindergeburtstage können hier gefeiert werden.

Das JuniorMuseum im Ethnologischen Museum blickt bereits auf eine 30-jährige Geschichte zurück. Gerade mit dem neuen Konzept in neuen Räumen wird es nicht nur in der Berliner Museumslandschaft einen ganz besonderen Platz einnehmen, sondern auch eine überregionale Ausstrahlung haben. Besonders heute kommt einem solchen Museum der wichtige Erziehungsauftrag zu, Kindern und Jugendlichen in Bezug auf andere Kulturen Wissen, Wertschätzung und Toleranz zu vermitteln und eigene Sichtweisen zu relativieren.

68 MUSEUM FÜR INDISCHE KUNST

Das Museum für Indische Kunst zeigt Kunst und Kunsthandwerk aus Pakistan, Afghanistan, Sri Lanka, Nepal, Tibet, Indien, Südostasien und Zentralasien vom 2. Jahrhundert v. Chr. bis zur Gegenwart.

Lansstr. 8, 14195 Berlin (Zehlendorf)
Fon 20 90 55 55
Prof. Dr. Marianne Yaldiz

Di-Fr 10-18 Uhr, Sa/So 11-18 Uhr

U1 Dahlem-Dorf, Bus: X 11, X 83, 110, 183

Führungen nach Voranmeldung unter Fon 20 90 55 66

Förderverein: Gesellschaft für Indo-Asiatische Kunst, Takustr. 40, 14195 Berlin

Bereits seit 1829 wurden – damals noch im Rahmen des Völkerkundemuseums – Objekte indo-asiatischer Kultur gesammelt. Hervorragende Werke gelangten jedoch erst in der Zeit zwischen 1900 und dem Beginn des Ersten Weltkrieges in Berliner Museumsbesitz. Ursachen hierfür waren das stetig wachsende Interesse an Indien und die Leistungen der deutschen Indologie in Bezug auf die Erforschung indischer Literatur und Religion. 1963 wurde das Museum für Indische Kunst gegründet. Die indische Kunstforschung erhielt damit erstmalig in Deutschland ein eigenes Institut. Im Oktober 1971 bezog das Museum für Indische Kunst innerhalb des Dahlemer Zentrums eigene Ausstellungsräume.

Es sind vor allem zwei Sammlungsbereiche, die Berlin zum Ort der bei weitem umfangreichsten und bedeutendsten Kunstsammlungen in Deutschland machen: die Terrakotten, Steinskulpturen und Bronzen der indischen und südostasiatischen Kunst sowie die zentralasiatischen Wandmalereien

und Skulpturen aus vorwiegend buddhistischen Höhlentempeln an der Seidenstraße.

Die indische Kultur ist durch eine Vielzahl von Objekten aus fast 3000 Jahren vertreten. Steinskulpturen und -reliefs, Bronzen und Lehmfiguren belegen die Verehrung unterschiedlichster Gottheiten. Sie legen zusammen mit den Schnitzereien aus Holz, Jade und Elfenbein Zeugnis ab von der großen Kunstfertigkeit der Handwerker.

Die indische Kunst ist fast ausschließlich religiös geprägt. Eine Ausnahme bildet der Bereich der Miniaturmalerei, der auch weltliche Themen wie Porträts, höfische Szenen, Naturstudien und musikinspirierte Inhalte behandelt. Weltberühmt ist das Museum durch seine Zentralasien („Turfan")-Sammlung. Aus den buddhistischen, an der Nördlichen Seidenstraße gelegenen Höhlenklöstern und Tempeln stammen Wand- und Textilmalereien, Stoffbilder, Lehm- und Holzfiguren, die dem 2. bis 12. Jahrhundert zugehören. Manuskripte aus Palmblatt, Papier und Birkenrinde in vielen Sprachen zeugen von der ausgeprägten Schriftkultur dieser Zeit. Eine der Attraktionen dieses Museums ist der nach Originalmaßen rekonstruierte Tempelraum mit Kuppel.

Die südostasiatische Sammlung enthält Bronzen hervorragender Qualität vom Festland und den Inseln, aus Thailand, Kambodscha und Burma sowie aus Java. Grünglasierte Ziegelreliefs mit buddhistischen Legenden schmückten in Burma Tempel aus dem 13. Jahrhundert.

Durch die Verwendung natürlicher Materialien wie Sandstein, Schiefer und Holz in der neuen Ausstellungsarchitektur werden die Exponate in einem annähernd ursprünglichen Zusammenhang präsentiert. Wandmalereien werden in Wände eingelassen, Skulpturen ihrem natürlichen Standort zufolge in Nischen eingestellt und auf Sockeln präsentiert. Außerdem steht seit dem Umbau mehr Raum für wechselnde Ausstellungen zur Verfügung.

69 MUSEUM FÜR OSTASIATISCHE KUNST

Das Museum für Ostasiatische Kunst präsentiert in umfassender Weise das Spektrum ostasiatischer Kunst von der Jungsteinzeit bis heute.

Lansstr. 8
14195 Berlin (Zehlendorf)
Fon 20 90 55 55
Prof. Dr. Willibald Veit

Di-Fr 10-18 Uhr, Sa/ So 11-18 Uhr
Führungen nach Voranmeldung unter Fon 20 90 55 66

U1 Dahlem-Dorf; Bus: X 11, X 83, 110, 183

Förderverein: Deutsche Gesellschaft für Ostasiatische Kunst e.V.; Adresse siehe Museum

1906 veranlasste Wilhelm von Bode, der Generaldirektor der Königlichen Museen zu Berlin, die Gründung der Ostasiatischen Kunstsammlung als erste Einrichtung dieser Art in Deutschland. Durch kluge Erwerbungspolitik und private Schenkungen errang die Sammlung in der Zeit bis zum Zweiten Weltkrieg internationale Bedeutung. Im Oktober 1924 konnten die ersten permanenten Ausstellungsräume im „Museum in der Prinz-Albrecht-Straße“ (heutiger Gropiusbau) eröffnet werden. Das Ende des Zweiten Weltkrieges stellt eine einschneidende Zäsur in der Geschichte der Sammlung dar. Neunzig Prozent der Bestände wurden als Beutekunst in die Sowjetunion abtransportiert. Sie sind bis heute in der Eremitage in St. Petersburg. Nur rund 300 Objekte der alten Sammlung kehrten von Auslagerungsorten nach dem Krieg zurück. In der Nachkriegszeit gab es in Berlin zwei Ausstellungsorte für die ostasiatische Kunst: das Pergamonmuseum auf der Museumsinsel (ab 1952) und das Museum in Dahlem (ab 1970). Beide Sammlungen wurden 1992 in Dahlem zusammengeführt.

Die Kunst Chinas, Japans und Koreas wird in jeweils eigenen Galerien dargeboten. In einem zentralen Raum wird die allen drei Kulturen gemeinsame Kunst des Buddhismus gezeigt. Die chinesische Archäologie repräsentiert sich durch bedeutende archaische Bronzen, frühe Keramiken und Kunstobjekte aus Jade. Porzellane und Werke der Lackkunst werden beispielhaft vorgestellt.

Von besonderer kulturhistorischer Bedeutung ist ein kleiner Porzellankelch aus dem frühen 17. Jahrhundert. Unter den chinesischen Lackarbeiten ist ein Kaiserthron mit zugehörigem Paravent aus dem 17. Jahrhundert besonders hervorzuheben, der sich bereits in der Kunstkammer der brandenburgisch-preußischen Kurfürsten befand. Dieses Meisterwerk aus Palisanderholz mit Perlmutteinlagen in Lack- und Goldgrund ist in einem eigenen Raum zu sehen.

Das althergebrachte zentrale Sammelgebiet der Kunst Ostasiens, die Bild- und Schreibkunst, wird in der China-Japan-Galerie durch ausgewählte Beispiele vorgestellt. In Wechselausstellungen vornehmlich japanischer Holzschnitte wird die bedeutende Grafiksammlung des Museums präsentiert.

Eine Neuerung stellt der in der Japan-Galerie von japanischen Zimmerleuten errichtete Teeraum dar. Ein eigener großer Raum steht für die Sammlung Klaus Naumann zur Verfügung, die wohl bedeutendste Stiftung an das Museum nach dem Krieg. Die Präsentation der Sammlung wird durch Ausstellungen zu wechselnden Themen ergänzt.

Näheres zu den Dienstleistungs- und
Serviceangeboten des MD Berlin und der
Besucher-Dienste der Staatlichen Museen zu Berlin
finden Sie ab Seite *314*

70 MUSEUM EUROPÄISCHER KULTUREN

Das Haus ist das erste kulturhistorisch-ethnologische Museum in Deutschland mit europäischer Ausrichtung. Es will ein Ort der Begegnung und Auseinandersetzung mit der Vergangenheit, Gegenwart und Zukunft Europas sein.

Im Winkel 6 - 8, 14195 Berlin
Fon 20 90 55 55 (Info)
Fax 20 90 55 02
Leitung Prof. Dr. Konrad Vanja

Di–Fr 10–18 Uhr, Sa und So 11–18 Uhr
Führungen nach Voranmeldung unter Fon 20 90 55 66
Fax 20 90 55 02

U- Bahn bis Dahlem Dorf, Bus X11, X83, 183
Kostenloser Parkplatz am Museum

Förderverein: Verein der Freunde des Museums Europäischer Kulturen

Bedingt behindertengerecht

Das Museum Europäischer Kulturen ist aus der Vereinigung des Museums für Volkskunde und den europäischen Sammlungen des ehemaligen Museums für Völkerkunde hervorgegangen und wurde 1999 gegründet.

Bereits 1889 wurde das Museum für Deutsche Volkstrachten und Erzeugnisse des Hausgewerbes vom Mediziner und Anthropologen Rudolf Virchow ins Leben gerufen. Nachdem im Zweiten Weltkrieg etwa 80% der Exponate zerstört worden sind, fanden erst 1957/58 die im Osten Deutschlands verbliebenen Teile der Sammlung im Museum für Volkskunde eine provisorische Unterkunft im Pergamonmuseum. Die übrigen nach Westdeutschland gelangten Bestände kehrten 1959 in den Westteil Berlins zurück, wurden magaziniert und nur in

Sonderausstellungen gezeigt. Erst 1976 wurde das Museum für Deutsche Volkskunde in einem renovierten Trakt des Geheimen Staatsarchivs in Dahlem eröffnet. 1992 wurden die beiden Sammlungen vereinigt, ein Jahr später erfolgte die Aufgabe des Standortes auf der Museumsinsel und die Zusammenlegung der Bestände in Dahlem. Die Gründung der Abteilung Europa des ehemaligen Museums für Völkerkunde erfolgte 1935. Die Objekte dieser Abteilung wurden nur in Sonderausstellungen gezeigt. In den 80er Jahren des 20. Jahrhunderts wurde die Zusammenarbeit mit dem ehemaligen Museum für Deutsche Volkskunde in Form von gemeinsamen kulturvergleichenden Ausstellungen und Tagungen intensiviert.

Das Museum Europäischer Kulturen beherbergt mit rund 270 000 Objekten zur Popularkultur eine der größten Sammlungen europäischer Ethnographica weltweit. Es wird in seinen künftigen Ausstellungen, bei Sammlungsaufbau und Forschungsvorhaben gemeinsamen europäischen Kulturphänomenen und ihren spezifischen ethnischen, regionalen und nationalen Ausprägungen nachspüren. Diese gleichzeitige kulturelle Einheit und Vielfalt Europas kann der Besucher in der ersten Ausstellung „Kulturkontakte in Europa. Faszination Bild" nachvollziehen. Auf 1700 qm vermittelt der erste Bereich einen Einblick in die Herstellung, Verbreitung und wachsende Bedeutung von Bildern im Lebensumfeld des Menschen vom 15. Jahrhundert bis in die Gegenwart. Der zweite Bereich zeigt in drei Abteilungen verschiedene Aspekte der Bildrezeption in Europa.

Info

Das Haus zeigt wechselnde Sonderausstellungen.

Im Museum werden ein Oster- und ein Weihnachtsmarkt veranstaltet.

Jährlich finden „Europäische Kulturtage" statt.

71 FREILICHTMUSEUM DOMÄNE DAHLEM

Ein als Museum eingerichtetes Landgut mit Tierhaltung, Ackerbau und ländlichem Handwerk veranschaulicht die Lebens- und Arbeitswelt auf einem märkischen Gutshof seit dem 19. Jahrhundert.

Königin-Luise-Str. 49, 14195 Berlin
Stiftung Stadtmuseum Berlin
Fon 666 30 00
Fax 831 63 82
www.domaene-dahlem.de
kontakt@domaene-dahlem.de

Mi–Mo 10–18 Uhr, Führungen nach Vereinbarung, Anmeldung auf der Domäne

U1 bis Dahlem-Dorf; Bus 110, 183, X11, X83
Über AVUS (A 115), Abfahrt Hüttenweg, dann links Clayallee, rechts Königin-Luise-Straße
Besucherparkplatz

Förderverein: Verein der Freunde der Domäne Dahlem e. V., Anschrift wie oben

Zu Großveranstaltungen wird eine Rollstuhltoilette aufgebaut

Mit der Auflösung der Berliner Stadtgüter 1976 drohte auch die lange Geschichte des märkischen Rittergutes, der späteren Domäne Dahlem, zu Ende zu gehen. Durch die Initiative eines spontan gegründeten Bürgervereins konnte der historische Kern des Gutshofes erhalten bleiben.

So entstand ein lebendiges, bürgernahes Freilichtmuseum mitten in der Stadt. Das Herzstück der Domäne Dahlem ist das Herrenhaus, in der jetzigen Form aus dem Jahr 1560, das zu den ältesten erhalten gebliebenen Profanbauten Berlins zählt.

Zum Ensemble gehören aber auch Stallgebäude, Landarbeiterhäuser, die Hufschmiede und die Gutstischlerei.

Das Herrenhaus mit seiner Sammlung kulturhistorisch bedeutsamer Objekte (Glas, Porzellan, Gemälde, Grafiken, Hausrat u. a.) und Archivalien unterschiedlichster Art ist der Darstellung der dörflichen und landwirtschaftlichen Geschichte Berlins in den letzten 300 Jahren gewidmet. Neu im Sammlungsbestand ist die Armbruster-Sammlung, eine der bedeutendsten bienenkundlichen Sammlungen Deutschlands. Im Schaudepot ist eine Gerätesammlung untergebracht, die landwirtschaftliche Geräte und Maschinen vorwiegend aus dem 19. und 20. Jahrhundert zeigt: Pflüge, Eggen und Kultivatoren, Kleingeräte für Feld- und Hofwirtschaft, Großgeräte wie eine Dreschmaschine und zum Teil 70 Jahre alte Traktoren. Sonderausstellungen im Gutshaus thematisieren u.a. die Ernährung Berlins.

Neben der aktiven Landwirtschaft – Tierhaltung, Feld- und Gartenarbeit – sorgen alte Handwerksbetriebe wie eine Kunstschmiede, eine Tischlerei, eine Imkerei, eine Töpferei und eine Blaudruckerei sowie verschiedene Freizeitarbeitsgruppen für Lebendigkeit in der Domäne Dahlem.

Info

Jeden Samstag von 8–13 und mittwochs von 12–18 Uhr findet ein Ökomarkt auf dem Gelände statt.

Besondere Attraktion der Domäne Dahlem sind die Marktfeste mit historischem Handwerk und Kunsthandwerk – zum Teil auch mit speziellen Handwerken (Töpfer- und Textilhandwerksmarkt).

Außerdem werden in der Domäne die Konzertreihe „Herren Haus Musik" sowie Lesungen, Vorträge, Märchenerzählen und Tagungen veranstaltet.

Ein Hofladen bietet Domänen-Produkte wie Gemüse, Eier und Fleisch sowie ein Naturkostsortiment an:
Mo–Fr 10–18, Sa 8–13 Uhr.

Beratung wird werktags von ca. 9–17 Uhr angeboten.

In der Sommersaison hat der Domänen-Ausschank im Gutshof geöffnet.

72 ALLIIERTENMUSEUM

Im Mittelpunkt der Ausstellung der internationalen Einrichtung steht das Engagement der Westmächte in der Zeit von 1945–1994 für Berlin und „Deutschland als Ganzes".

Outpost – Clayallee 135, 14195 Berlin
Fon 81 81 99-0
Fax 81 81 99-91
Leitung Dr. Helmut Trotnow

Geöffnet täglich außer Mi 10–18 Uhr. Führungen nur nach telefonischer Vereinbarung bei Frau Tschersich unter Fon 81 81 99-0

U-Bahn bis Oskar-Helene Heim, von dort nach links 200m die Clayallee entlang, Autobahnabfahrt Hüttenweg
Gebührenfreier Parkplatz in der Clayallee

Eine Bibliothek ist vorgesehen

Behindertengerecht: Rollstuhlrampen

Am 28. Juni 1948 landeten die ersten Flugzeuge der Westmächte mit Versorgungsgütern für die Berliner Bevölkerung. Die Luftbrücke hatte begonnen, die nur drei Jahre nach Ende des Zweiten Weltkriegs die siegreichen Westmächte und die von ihnen besetzten Deutschen zusammenführte. Der Abzug der Alliierten war zunächst Anlass für die Ausstellung „Mehr als ein Koffer bleibt. Die Westmächte und Berlin 1944–1994", die im Deutschen Historischen Museum gezeigt wurde und der erste Schritt auf dem Weg zum Alliierten-Museum war.

Dieses wurde schließlich anlässlich des 50. Jahrestages der Luftbrücke am 27. Juni 1998 eröffnet. Es ist eine internationale Einrichtung, die von der Bundesrepublik Deutschland finanziell getragen und von Frankreich, Großbritannien und den USA aktiv unterstützt wird.

Der Standort des Museums liegt in Berlin-Zehlendorf, wo sich mit dem Hauptquartier der US-Army Berlin und dem Truman-Plaza-Komplex die zentralen Einrichtungen des amerikanischen Sektors befanden. Das Museum besteht aus zwei Gebäuden, dem ehemaligen „Outpost"-Kino sowie der ehemaligen amerikanischen Bibliothek und einem dazwischenliegenden Freigelände.

Im Mittelpunkt der Ausstellung steht das Engagement der Westmächte für Berlin und „Deutschland als Ganzes" in der Zeit von 1945 bis 1994. Bei der Darstellung wird die Perspektive der Westmächte ebenso berücksichtigt wie die Sichtweise der Deutschen.

Die Sammlung umfasst Objekte – dabei dürfen natürlich die Care-Pakete nicht fehlen –, Dokumente, Fotos und Filmmaterial. Auf dem Freigelände sind die Großobjekte ausgestellt: ein Flugzeug, der Checkpoint Charlie, ein Wachturm, ein Eisenbahnwaggon und anderes.

Der Grundstock der Sammlung entstand im Sommer 1994, als die westlichen Truppen bei ihrem Abschied umfangreiche Bestände für die Errichtung des Museums übergaben. Seitdem haben vor allem Veteranen und Museen aus den Ländern der Westmächte sowie die Berliner Bevölkerung zur Erweiterung der Sammlung beigetragen.

Beratung durch die Museumsmitarbeiter wird nach Anmeldung angeboten.

Das Museum verfügt über eine Cafeteria.

Tipp

Historisch interessierte Berliner und Berlinbesucher sollten auch die Dauerausstellung zur Deutschen Geschichte im Deutschen Historischen Museum nicht verpassen.

73 BRÜCKE-MUSEUM

Das Haus zeigt Gemälde, Plastiken, Aquarelle, Zeichnungen, Druckgrafik und andere Werke der Künstlergruppe „Die Brücke", zu der u.a. Schmidt-Rottluff, Pechstein, Nolde, Heckel und Kirchner gehörten.

Bussardsteig 9, 14195 Berlin
Fon 831 20 29
www.bruecke-museum.de
Leitung Prof. Dr. Magdalena M. Möller

Mi–Mo 11–17 Uhr. Führungen nach Vereinbarung unter Fon 831 20 29

Bus 115
Kostenloser Parkplatz vor dem Museum

Behindertengerecht

Das Gebäude des Brücke-Museums, 1967 nach Plänen Werner Düttmanns ausgeführt, ist in der Tradition des Bauhauses errichtet. Die Ausstellungsfläche des kleinen aber sehr sehenswerten Museums beschränkt sich auf vier Oberlichträume, die um einen offenen Innenhof gelagert sind.

Das Brücke-Museum ist ausschließlich den Werken der expressionistischen Künstlergruppe „Die Brücke" gewidmet, die1905 in Dresden gegründet, 1910 nach Berlin übersiedelte, wo sie sich 1913 auflöste. Karl Schmidt-Rottluff und Erich Heckel sind von Anfang an mit einer repräsentativen Auswahl ihrer Werke im Museum vertreten. Weitere Erwerbungen stellen Emil Nolde, Max Pechstein und Otto Müller mit entscheidenden Werken vor. Außerdem besitzt das Museum 14 Bilder von Ernst-Ludwig Kirchner mit Schwerpunkt auf dessen Berliner Jahre von 1911–14.

Das Museum präsentiert wechselnde Ausstellungen aus seinem reichen Bestand an Gemälden, Aquarellen, Zeichnungen und Druckgrafiken, die in der gemeinsamen Zeit der „Brücke" entstanden. Der Bogen spannt sich von den neoimpressionistischen Anfängen über Beispiele des reifen Brücke-Expressionismus bis zu den Großstadtbildern der Berliner Jahre. Die einzelnen Mitglieder der Gruppe werden darüber hinaus in ihrer weiteren künstlerischen Entwicklung präsentiert und einzelne Aspekte ihres Schaffens vertieft. Sonderausstellungen vervollständigen thematisch das Bild der expressionistischen Epoche.

Im Brücke-Museum wird jährlich mindestens eine Sonderausstellung veranstaltet; dazu erscheinen Kataloge.

Deichdurchbruch, Karl Schmidt-Rottluff, 1910 © VG Bild

74 JAGDSCHLOSS GRUNEWALD

Das Renaissanceschloss am Grunewaldsee berherbergt eine Gemäldegalerie mit Werken deutscher und niederländischer Künstler des 14.–19. Jahrhunderts.

Am Grunewaldsee, 14193 Berlin
Fon 813 35 97

Stiftung Preußische Schlösser und Gärten:
Fon 03 31-969 41 01
Direktor: Burkhardt Göres, Kastellan: Hans-Jürgen Frahm

Mitte Mai bis Mitte Oktober: Di–So 10–13 und 13.30–17 Uhr. Gruppenführungen nach Anfrage im Besucherzentrum Potsdam unter Fon 03 31-969 42 00 und 969 42 01

Bus 115, 183, X10, X83, weiter ca. 10 Min. über einen Waldweg

Förderverein: Freunde der Preußischen Schlösser und Gärten e. V.

Eingeschränkt behindertengerecht

Das Jagdschloss wurde 1542 im Auftrag des Kurfürsten Joachim II. von Brandenburg erbaut. Das „Haus zum gruenen Walde", wie es der Kurfürst nannte, gab dem umliegenden Waldgebiet seinen Namen. Der Grundriss des ursprünglich von einem Wassergraben umzogenen Renaissance-Baus ist bis heute unverändert geblieben. Auch ein Teil der Dekoration des Außenbaus ist erhalten – ein Relief mit zwei forkelnden Hirschen über dem Eingang.

Der Große Saal im Jagdschloß Grunewald mit seiner bemalten Holzdecke ist das einzige Beispiel eines Renaissanceraumes in Berlin. Unter Friedrich I. wurde das Schloss ab 1705 im barocken Stil umgebaut: ein zweites Obergeschoss kam hinzu, und die Gräben wurden mit Bauschutt aufgefüllt. Das Jagdzeugmagazin ist eine Zutat aus dem Jahr 1770. Seit 1932 ist das Jagdschloss Grunewald Museum.

Das Museum präsentiert in drei Geschossen eine bedeutende Gemäldegalerie, die mehr als 200 Werke deutscher und niederländischer Künstler des 14.–19. Jahrhunderts umfasst. Eine Reihe von Bildnissen und Passionsszenen von Lucas Cranach d. Ä. (1472–1533) sowie Werke seiner Schüler sind im Erdgeschoss zu sehen. In weiteren Ausstellungsräumen wird durch Jagddarstellungen und Jägerbildnisse aus dem 17.–19. Jahrhundert die ursprüngliche Funktion des Schlosses veranschaulicht.

Das älteste Stück der Sammlung, ein Flügelaltar aus der Stadtkirche von Cadolzburg bei Nürnberg aus der ersten Hälfte des 15. Jahrhunderts, befindet sich im ersten Obergeschoss. Zu den hier präsentierten holländischen und flämischen Gemälden aus dem 17. Jahrhundert gehören Arbeiten von Bloemaert und Jordaens.

Beispiele niederländischer Hofmalerei sind im zweiten Obergeschoss ausgestellt. Die Darstellung von „Venus und Amor" ist ein Bild des bedeutendsten holländischen Malers im Dienst des Großen Kurfürsten, Jan Lievens (1630–73). Das 19. Jahrhundert wird u. a. durch Franz Krüger und Wilhelm von Kügelen vertreten.

Das Jagdzeugmagazin, ein dem Schloss gegenüberliegender Bau, umfaßt eine Sammlung jagdkundlicher Gegenstände, Jagdgemälde und -stiche, Kunstgewerbe und Geweihe.

Im Sommer werden Serenadenkonzerte im Schlosshof veranstaltet.

Tipp

Der Schlossbesuch lässt sich mit einer Wanderung rund um den Grunewaldsee verbinden. Ein gepflegtes Ausflugsrestaurant ist das Forsthaus Paulshorn; Fon 81 81 91-0.

75 WALDMUSEUM

Das Waldmuseum mit Waldschule der Schutzgemeinschaft Deutscher Wald e.V. vermittelt anschaulich Informationen zum Thema Wald.

Waldmuseum mit Waldschule der SDW im Jagdschloß Grunewald, 14193 Berlin
Fon 813 34 42
Fax 813 34 42
www.waldmuseum-waldschule.de
waldmuseum-waldschule@web.de
Leitung Gudrun Rademacher

Di–Fr 10–14 Uhr, Sa, So und Feiertage 11–16 Uhr, ganzjährig. Führungen zum Thema „Lebensgemeinschaft Wald" täglich nach Anmeldung unter Fon 813 34 42

Bus 115 bis Pücklerstraße ca. 15 Min. zu Fuß über einen Waldweg, Bus X83 u. X10 bis Clayallee/Ecke Königin Luise Str., 15 Min. Fußweg. Über den Hüttenweg bis Forsthaus Paulsborn, 5 Min. Fußweg. Kostenloser Parkplatz am Forsthaus Paulsborn, Hüttenweg

Handbibliothek vorhanden

Behindertengerechter Zugang

Das Waldmuseum ist im Jagdschloß Grunewald untergebracht. Die Ausstellung informiert anschaulich in zwei Dioramen mit Tieren unserer Heimat über die Lebensgemeinschaft Wald. Vogelstimmen-, Baum-, Schüttelquiz, Baumscheibenpuzzle u. a. dienen der spielerischen Vermittlung von Wissen. Außerdem findet man Dinge aus der Natur in verschiedenen Grabbelkisten. Kleine Funde aus Wald und Flur sieht man unter Mikroskopen. In dem für Kinder und Familien unbedingt empfehlenswerten Museum mitten im Grunewald finden Großstadtmenschen Zugang zur Natur.

WALDMUSEUM
Im Jagdschloß Grunewald

Info

Das Haus bietet Waldschulstunden im Waldmuseum und im Grunewald für Schulklassen und andere Kindergruppen und Erwachsene unter waldpädagogischer Anleitung.

Vom Waldmuseum werden Kindergeburtstage gestaltet und Nachtwanderungen durchgeführt. Anmeldung erforderlich.

76 MUSEUMSDORF DÜPPEL

In diesem Freilichtmuseum, einem rekonstruierten märkischen Dorf des 12./13. Jh., werden bäuerliche und handwerkliche Techniken des Mittelalters gezeigt.

Clauertstr. 11, 14163 Berlin
Stiftung Stadtmuseum Berlin
Fon 802 66 71
Fax 802 66 99
www.dueppel.de
info@dueppel.de

Ostern bis Oktober: Do 15–19 Uhr, So und feiertags 10–17 Uhr. Führungen nach Vereinbarung, Anmeldung im Museumsdorf

S-Bahn bis Mexiko-Platz, dann Bus 211 oder 629, oder S-Bahn bis Zehlendorf-Mitte, dann Bus 115; U-Bahn bis Krumme Lanke, dann Bus 211 oder 629
Stadtautobahn Abfahrt Steglitz, B 1 bis Lindenthaler Allee rechts
Kostenloser Parkplatz am Museumsdorf

Förderverein: Fördererverein des Museumsdorfes Düppel e. V., Anschrift wie oben

Eingeschränkt behindertengerecht

Der zufällige Fund von Tonscherben um 1940 auf einem Acker nahe des Machnower Krummen Fenns im Bezirk Zehlendorf führte zur Auffindung von Siedlungsspuren eines deutsch/wendischen Dorfes aus der Zeit von 1170–1220. Nach dieser Zeit wurde die Siedlung wieder aufgegeben. Schriftliche Zeugnisse über die Siedlung gibt es nicht. Während der Ausgrabungen 1967 entstand die Idee, hier ein archäologisches Experimentierfeld zu schaffen und den Besuchern in Form eines neuartigen Museums das Leben im Mittelalter vorzuführen. Für die Finanzierung dieses Projekts wurde 1975 der Förderkreis des Museumsdorfes Düppel e. V. gegründet.

Heute steht wieder ein Teil des Dorfes – zwölf Häuser und zwei Speicher – exakt auf den ausgegrabenen alten Grundrissen. Verschiedene Arbeitsgruppen haben sich auf die Tätigkeiten der Menschen im Mittelalter – z.B. Hausbau, Wollverarbeitung, Küchenzettel und Teerschwele – spezialisiert. Viele der Forschungsergebnisse sind veröffentlicht worden, so dass das Museumsdorf Düppel zu einem Zentrum der experimentellen Archäologie geworden ist.

Das Gelände des Freilichtmuseums umfasst einen mittelalterlichen Siedlungskern, der von Wiesen, Feldern und Wald umgeben ist. Die Häuser sind mit Reet oder Roggenstroh gedeckt. Zur Innenausstattung gehören eine offene Feuerstelle, einige Gebrauchsgegenstände aus Holz und Ton sowie Bänke entlang der Wände, die zugleich als Betten dienen.

Die Felder und Gärten werden mit alten Kulturpflanzen bestellt. In der Tierhaltung sind Skudden – eine alte Schafrasse – und rückgezüchtete Schweine zu sehen. Vorwiegend an Sonn- und Feiertagen wird das Dorf zum Leben erweckt, wenn verschiedene mittelalterliche Handwerkstechniken wie Schmieden, Töpfern, Woll- und Holzverarbeitung demonstriert werden. Für den Besuch sollte man zwei bis drei Stunden einplanen.

Info

An einigen Sonntagen finden Sonderveranstaltungen statt, z.B. „Ostereier-Ausstellung", „Einkehr der Kreuzfahrer vom 3. Kreuzzug", „Museumsfest für Kinder", „Honigschleudern", „Vom Schaf zum Gewand (Wolltag)", „Das Teerschwelen".

Tipp

Ebenfalls empfehlenswert ist ein Besuch der Domäne Dahlem, einem als Museum eingerichteten Landgut mit Tierhaltung, Ackerbau und ländlichem Handwerk.

77 HAUS DER WANNSEE-KONFERENZ GEDENK- UND BILDUNGSSTÄTTE

Die Gedenkstätte am historischen Ort dokumentiert den gesamten Prozess der Ausgrenzung, Verfolgung und Ermordung der Juden Europas, mit Schwerpunkt auf der Wannsee-Konferenz.

Am Großen Wannsee 56–58, 14109 Berlin
Fon 80 50 01-26
Fax 80 50 01-27
www.ghwk.de
info@ghwk.de
Leitung Dr. Norbert Kampe

Täglich 10–18 Uhr, Geschl. an staatlichen Feiertagen, eingeschränkte Öffnungszeiten an anderen Feiertagen tel. erfragen

Seminare und Führungen für Gruppen (auch fremdsprachig möglich) nur nach Voranmeldung, Fon 805 00 10 Ferner wird pädagogisch betreute Kleingruppenarbeit in der ständigen Ausstellung „Die Wannsee-Konferenz und der Völkermord an den europäischen Juden" angeboten; Anmeldung unter Fon 805 00 10

S-Bahn bis Wannsee, mit Bus 114 bis „H. d. Wannsee-Konf."
Autobahnabfahrt Wannsee. Kostenloser Parkplatz i. d. N.

Bibliothek geöffnet Mo–Fr 10–18 Uhr

Trägerverein: Erinnern für die Zukunft e. V.,
Anschrift wie oben

Behindertengerecht: Aufzug, Rollstuhlrampen,
Betreuung, WC

Am 20. Januar 1942 verhandelten im Haus am Großen Wannsee Nr. 56–58 Spitzenfunktionäre der SS und Vertreter der wichtigsten Reichsministerien über die organisatorische Durchführung der Entscheidung, die Juden Europas in den Osten zu deportieren und zu ermorden. Nach dem Ort, an dem sie stattfand, wird diese Besprechung als „Wannsee-Konferenz" bezeichnet. Das von Adolf Eichmann angefertigte Protokoll wurde 1947 im Archiv des Auswärtigen Amtes gefunden.

50 Jahre nach der Konferenz wurde die Villa als Gedenk- und Lernort der Öffentlichkeit übergeben. Das Haus hat drei Abteilungen: eine ständige Ausstellung, die pädagogische Abteilung und die Mediothek.

Die ständige Ausstellung dokumentiert in 14 Räumen die Wannsee-Konferenz sowie den gesamten Prozess der Ausgrenzung, Verfolgung, Verschleppung und Ermordung der Juden Europas. Ferner wird der Besucher über die Geschichte des Hauses am Großen Wannsee informiert.

Im Zentrum der Arbeit der Gedenkstätte steht die pädagogische Arbeit. Für Jugend- und Erwachsenengruppen werden interessen- und berufsspezifische Studientage und mehrtägige Seminare zur schulischen und außerschulischen politischen Bildung angeboten. Ein breites Themenangebot steht zur Auswahl. Termine nach Vereinbarung, Anmeldung unter Fon 805 00 10. Information: www.ghwk.de

Außerdem führt das Haus wissenschaftliche Symposien durch und organisiert öffentliche Veranstaltungen.

Die Mediothek enthält wissenschaftliche Standardliteratur, Belletristik und Augenzeugenberichte zur NS-Geschichte, Fachliteratur über jüdische Geschichte, Antisemitismus, Rassismus und Neonazismus, Nachschlagewerke sowie eine Dokumentensammlung auf Microfilm/Microfiche, geöffnet Mo–Fr 10–18 Uhr.

Die Mitarbeiter der Gedenkstätte bieten Beratung an.

Info

Weitere Gedenkstätten für die Opfer des Nationalsozialismus in Berlin sind die Gedenkstätte Deutscher Widerstand, die Gedenkstätte Plötzensee, die Gedenkstätte Köpenicker Blutwoche, die Gedenkstätte Topographie des Terrors sowie das Centrum Judaicum in der Neuen Synagoge Berlin.

78 SCHLOSS UND LANDSCHAFTSGARTEN PFAUENINSEL

Das 1794–96 in Gestalt einer römischen Ruine für Friedrich Wilhelm II. erbaute Schlösschen auf der Pfaueninsel zeigt im Innern frühklassizistische Raumgestaltungen. Es liegt in einem romantischen Landschaftspark.

Schloß und Landschaftsgarten Pfaueninsel, Berlin
Fon 8 68-32
Fax 8 68-38
Stiftung Preußische Schlösser und Gärten
Fax 03 31-969 41 01
Direktor: Burkhardt Göres, Kastellan: Hans-Jürgen Frahm

Schloß Pfaueninsel: bis Oktober: Di–So 10–13 und 13.30–17 Uhr. Landschaftsgarten: November bis Februar: 10–16 Uhr; März, Oktober: 9–17 Uhr; April, September: 8–18 Uhr; Mai bis August: 8–20 Uhr .
Schloss mit Führung, Preise bitte erfragen. Gruppenführungen nach Anfrage im Besucherzentrum Potsdam unter Fon 03 31-969 42 00 und -969 42 01
Meierei auf der Pfaueninsel: 1.November bis 31.März So mit Führung zu besichtigen

S-Bahn bis Wannsee; Bus 216, 316. Eine Fähre verbindet in Minutenfrist die Insel mit dem Festland (Fon 03 31-80 58 68 31).

Förderverein: Freunde der Preußischen Schlösser und Gärten e. V.

Eingeschränkt behindertengerecht

Die in der Havel nordwestlich von Potsdam gelegene Pfaueninsel hieß zur Zeit des Großen Kurfürsten Kaninchenwerder und war eine mit Eichen bewachsene Wildnis. Der Alchimist Johann Kunkel hat hier von 1685–88 vergeblich

PFAUENINSEL
In Gestallt einer römischen Ruine erbautes Schlösschen inmitten eines botanischen und zoologischen Gartens

„Pfaueninsel! Wie ein Märchen steigt ein Bild aus meinen Kindertagen vor mir auf: Ein Schloß, Palmen und Känguruhs; Papageien kreischen; Pfauen sitzen auf hoher Stange oder schlagen ein Rad, Volieren, Springbrunnen, überschattete Wiesen; Schlängelpfade, die überall hin führen und nirgends; ein rätselhaftes Eiland, eine Oase, ein Blumenteppich inmitten der Mark."

Theodor Fontane, 1880

versucht, Gold herzustellen. Statt dessen entwickelte er die Herstellung von Rubinglas. 1793 nahm Friedrich Wilhelm II. die Insel in Besitz und errichtete hier 1794–97 ein Schlösschen im Stil eines verfallenen römischen Kastells. Am Westende entstand ein Kastellanhaus, im Norden eine Meierei – ebenfalls als gotische Ruine. Unter Friedrich Wilhelm III. änderte sich der Charakter der Insel. Die exotische Idylle wurde nun auch landwirtschaftlich genutzt: Bei der Meierei wurde ein Rinderstall, in der Mitte der Insel ein Gutshof (1824 von Schinkel umgebaut, Vorblendung der Fassade eines Danziger Patrizierhauses aus dem 15. Jh.) errichtet.

In einer neuen Phase der Ausgestaltung entwickelte sich die Insel zu einem botanischen und zoologischen Garten. Der Gartenarchitekt Lenné formte die Pfaueninsel zu einem romantischen Landschaftspark, in dem bis 1834 ein Palmenhaus (1880 abgebrannt), ein Fregattenschuppen, eine Vogelvoliere und vielerlei andere Tierhäuser entstanden. 1832 lebten rund 850 Tiere auf der Insel. Da Friedrich Wilhelm IV. die Insel nicht so sehr wie sein Vater schätzte, schenkte er fast alle Tiere und einen Teil der Tierhäuser dem 1842 gegründeten Zoologischen Garten in Berlin. Heute leben noch Papageien, Fasane, Gänse, Enten und unzählige frei herumlaufende Pfauen auf der Insel. Vom ehemaligen Botanischen Garten zeugt heute eine Fülle exotischer Bäume.

Die frühklassizistische Einrichtung des Schlosses Pfaueninsel wurde von Friedrich Wilhelm II. geplant und ist nahezu vollständig erhalten. Die meisten Möbel stehen noch an dem Platz, für den sie 1794–95 geschaffen worden sind. Die Innenräume sind mit Wandmalereien, Gemälden, Stuckreliefs, Kaminen und Spiegeln ausgeschmückt. Von hoher Qualität sind auch die Tischlerarbeiten wie z.B. Wandverkleidungen und gemusterte Fußböden.

79 SCHLOSS UND LANDSCHAFTSGARTEN GLIENICKE

Im Schloss mit historischen Räumen aus der Schinkel-Zeit befinden sich eine Ausstellung zur Geschichte der preußischen Hofgärtner sowie eine Ausstellung zur Potsdamer Gartenlandschaft.

Königstr. 36, 14109 Berlin
Fon 805 30 41
Stiftung Preußische Schlösser und Gärten
Fax 03 31-969 41 01
Direktor: Burkhardt Göres, Kastellanin: Susanne Fontaine

Mitte Mai bis Mitte Oktober: Sa und So 10–17 Uhr
Gruppenführungen nach Anfrage im Besucherzentrum Potsdam unter Fon 03 31-969 42 00 und -969 42 01

S-Bahn bis Wannsee, Bus 116

Förderverein: Freunde der Preußischen Schlösser und Gärten e. V.

Nur der Park ist behindertengerecht

Der Park von Kleinglienicke mit Schloss und Nebengebäuden liegt am Ufer des Jungfernsees nördlich der von Berlin nach Potsdam führenden Straße. Während das südliche Areal mit dem 1683 vom Großen Kurfürsten erbauten Jagdschloss (1859 im neubarocken Stil umgebaut) schon im 17. Jahrhundert ein interessanter Ort war, gelangte das nördlich gelegene Gebiet erst im 19. Jahrhundert zu historischer und kunsthistorischer Bedeutung: 1824 erwarb Prinz Karl von Preußen das Grundstück zusammen mit einem 1747 errichteten Landhaus. Damit begann die Gestaltung Glienickes zu einem architektonischen und gartenkünstlerischen Werk ersten Ranges. Zahlreiche Architekturfragmente und Plastiken aus Italien wurden bei der Neugestaltung von Park und Gebäuden

miteinbezogen. 1824/25 baute Schinkel das Billardhaus zu einem Kasino im Stil einer italienischen Villa um. 1825–27 erfolgte die Umwandlung des Landhauses in ein Schloss, ebenfalls nach Schinkels Plänen. Heute ist im Schloss ein Museum untergebracht.

Im Gartensaal im Erdgeschoss des Schlosses befindet sich eine Ausstellung zur Potsdamer Gartenlandschaft. Die Lebensumstände der preußischen Hofgärtner, die in den Anlagen lebten, werden im ersten Obergeschoss im Westflügel des Schlosses anhand von historischen Gartengeräten, Urkunden, Gemälden u. a. anschaulich dokumentiert. Außerdem können im Obergeschoss die rekonstruierten und wiedereingerichteten historischen Schlossräume aus der Schinkelzeit besichtigt werden.

Der zwischen 1816 und 1860 enstandene Landschaftspark wurde von P. J. Lenné gestaltet, der sehr eng mit Schinkel zusammenarbeitete. Der Architekt entwarf für die Gartenlandschaft zahlreiche Gebäude, so z. B. die beiden Aussichtspavillons „Große Neugierde" und „Kleine Neugierde", den Jägerhof mit Anklängen an die englische Gotik und die Löwenfontäne vor dem Schloss, die Vorbildern der Villa Medici in Rom folgt.

Von Persius stammt u. a. das Stibadium, eine überdachte römische Rundbank. Sein Nachfolger Ferdinand von Arnim erbaute den Klosterhof mit vielen originalen mittelalterlichen Baufragmenten und Skulpturen.

Das Schlossrestaurant Remise hat Mi–So von 12–18 Uhr geöffnet; Fon 805 40 00.

Tipp

Schloß Kleinglienicke gehört zu den schönsten und begehrtesten Ausflugszielen Berlins – besonders gut geeignet für einen Spaziergang im Grünen. Zwei beliebte Ausflugslokale in der Nähe sind die Moorlake (unterhalb des Glienicker Parks Fon 805 58 09) und das Blockhaus Nikolskoe (Nikolskoer Weg, Fon 805 29 14, Fr–Mi 10–22 Uhr, im Winter bis 20 Uhr), mit wunderschönem Ausblick auf die Havel.

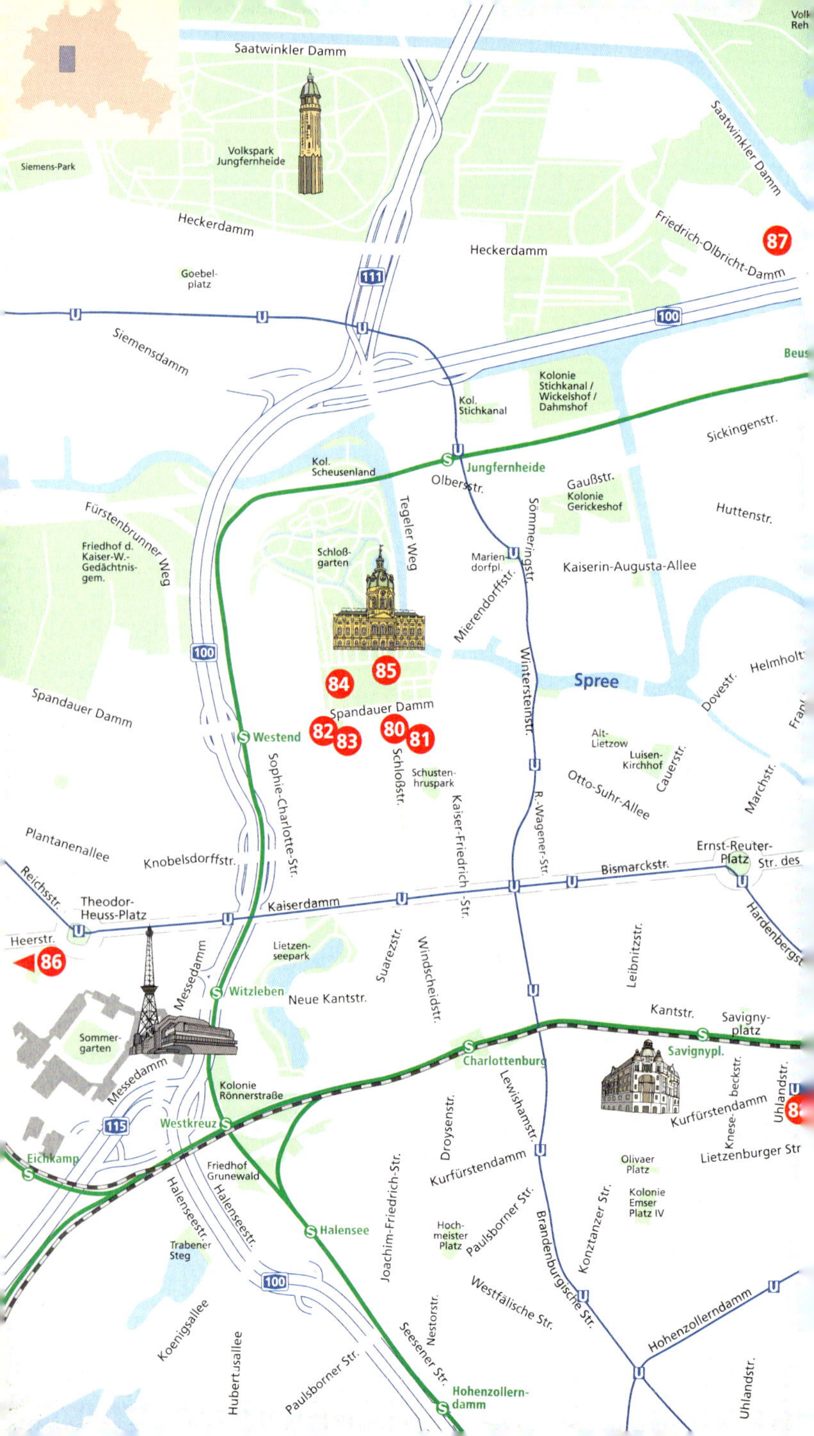
Saatwinkler Damm
Volkspark Jungfernheide
Siemens-Park
Heckerdamm
Heckerdamm
Saatwinkler Damm
Friedrich-Olbricht-Damm
87
Goebel-platz
111
100
Siemensdamm
Kolonie Stichkanal / Wickelshof / Dahmshof
Kol. Stichkanal
Sickingenstr.
Kol. Scheusenland
Jungfernheide
Olbersstr.
Gaußstr.
Kolonie Gerickeshof
Huttenstr.
Fürstenbrunner Weg
Friedhof d. Kaiser-W.-Gedächtnis-gem.
Tegeler Weg
Schloß-garten
Sömmeringstr.
Marien-dorfpl.
Kaiserin-Augusta-Allee
Mierendorffstr.
100
Wintersteinstr.
Spree
Helmholtz
Dovestr.
84
85
Spandauer Damm
Spandauer Damm
Westend
82
83
80
81
Alt-Lietzow
Luisen-Kirchhof
Cauerstr.
Sophie-Charlotte-Str.
Schloßstr.
Schusten-hruspark
Kaiser-Friedrich-Str.
R.-Wagener-Str.
Otto-Suhr-Allee
Marchstr.
Plantanenallee
Knobelsdorffstr.
Ernst-Reuter-Platz
Str. des
Bismarckstr.
Reichsstr.
Theodor-Heuss-Platz
Kaiserdamm
Hardenbergstr.
Heerstr.
86
Lietzen-seepark
Suarezstr.
Windscheidstr.
Leibnitzstr.
Messedamm
Witzleben
Neue Kantstr.
Kantstr.
Savigny-platz
Sommer-garten
Charlottenburg
Savignypl.
Messedamm
Kolonie Rönnerstraße
Knese-beckstr.
Uhlandstr.
Kurfürstendamm
115
Westkreuz
Droysenstr.
Lewishamstr.
Eichkamp
Friedhof Grunewald
Kurfürstendamm
Olivaer Platz
Lietzenburger Str.
Halenseestr.
Halenseestr.
Joachim-Friedrich-Str.
Kolonie Emser Platz IV
Halensee
Hoch-meister Platz
Paulsborner Str.
Brandenburgische Str.
Konstanzer Str.
Trabener Steg
100
Westfälische Str.
Koenigsallee
Nestorstr.
Hohenzollerndamm
Hubertusallee
Seesener Str.
Paulsborner Str.
Hohenzollern-damm
Uhlandstr.

CHARLOTTENBURG-WILMERSDORF

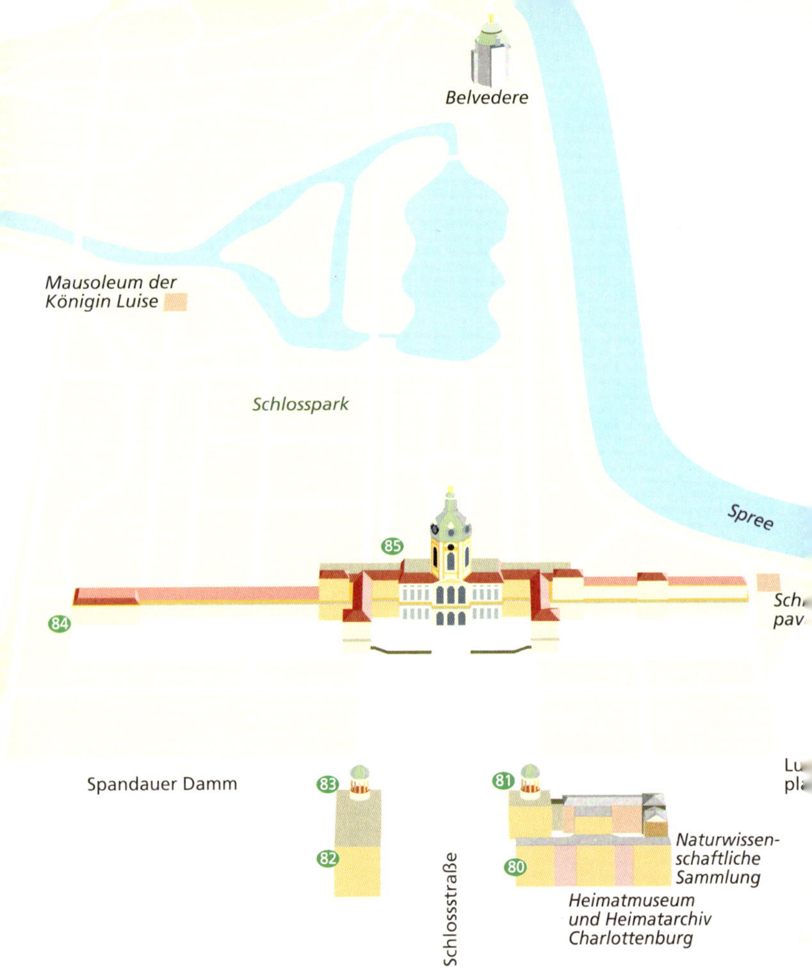

Museumsquartier Charlottenburg 80 - 85

- 80 Abgußsammlung antiker Plastik
- 81 Ägyptisches Museum
- 82 Bröhan-Museum
- 83 Sammlung Berggruen
- 84 Museum für Vor- und Frühgeschichte
- 85 Schloss Charlottenburg

80 ABGUSSSAMMLUNG ANTIKER PLASTIK

Das Haus zeigt Reproduktionen von Skulpturen aller Epochen und Kulturen – hauptsächlich aus der griechisch-römischen Zeit (ca. 600 v. Chr.–400 n. Chr.).

Schlossstr. 69b, 14059 Berlin
Fon 342 40 54
Fax 838 65 78
Kustos Dr. Klaus Stemmer

Do–So 14–17 Uhr. Führungen nur nach Vereinbarung unter Fon 342 40 54

U-Bahn bis Richard-Wagner-Platz oder Sophie-Charlotte-Platz; Bus X21, 109, 145, 210
Stadtautobahn Ausfahrt Spandauer Damm
Kostenloser Parkplatz vor dem Charlottenburger Schloss

Förderverein: Freunde und Förderer der Abgußsammlung antiker Plastik e. V., Anschrift wie oben

Eingeschränkt behindertengerecht

Die Abgusssammlung der Freien Universität Berlin enthält ca. 1400 Gipsabgüsse griechischer und römischer Skulpturen. Sie dient in erster Linie der Lehre und Forschung am Seminar für klassische Archäologie. Die Konzeption der Ausstellung – ein Überblick über die Geschichte und die verschiedenen Erscheinungsformen der griechischen und römischen Plastik – berücksichtigt aber auch einen breiteren Interessentenkreis.

Das Haus zeigt Wechselausstellungen moderner Kunst.
Wissenschaftliche Beratung während der Öffnungszeiten und nach Vereinbarung

ÄGYPTISCHES MUSEUM
Die weltberühmte Kalksteinbüste
der Königin Nofretete

81 ÄGYPTISCHES MUSEUM UND PAPYRUSSAMMLUNG

Das Haus zeigt Kunst des alten Ägypten mit Schwerpunkt auf der Armana-Zeit. Hier sehen Sie die weltberühmte Büste der Nofretete.

Schlossstr. 70, 14059 Berlin
Fon 20 90 55 55, 20 90 55 66 (Info)
Fax 20 90 55 02
Antikensammlung: Prof. Dr. Dietrich Wildung

Di–So 10–18 Uh.
Führungen mit thematischer Absprache nach Anmeldung unter Fon 20 90 55 66, Fax 20 90 55 02

U-Bahn bis Richard-Wagner-Platz oder Sophie-Charlotte-Platz; Bus X21, 109, 210, 145
Stadtautobahn, Ausfahrt Spandauer Damm. Kostenloser Parkplatz vor Schloss Charlottenburg

Förderverein: Verein zur Förderung des Ägyptischen Museums Berlin e. V., Schlossstr. 70, 14059 Berlin

Eingeschränkt behindertengerecht (Hilfe von Begleitpersonen notwendig).

Das Ägyptische Museum Berlin ist eine der ältesten Abteilungen der ehemals königlichen Kunstsammlungen. Unter dem Eindruck der napoleonischen Expedition nach Ägypten (1798/99) und ihrer großartigen Beschreibung des Landes und seiner historischen Denkmäler wuchs auch in Preußen das Interesse an dieser Kultur. Verschiedenste Privatsammlungen wurden angekauft, deren umfangreichste 1828 zur Gründung einer selbstständigen Museumsabteilung führte. 1850 bezog die ägyptische Abteilung das von Friedrich August Stüler errichtete eigene Haus – das Neue Museum auf der Museumsinsel – in dessen großen Sälen die ägyptischen Funde aufgestellt wurden.

Bedingt durch die Kriegs- und Nachkriegsereignisse wurden die Berliner Bestände geteilt. Seit 1967 sind die Stücke, die im Westen ausgelagert waren, wieder der Öffentlichkeit zugänglich. Neues Domizil der Aegyptica ist eines der von Stüler zwischen 1851 und 1859 errichteten Zwillingsgebäude gegenüber dem Charlottenburger Schloss, die ursprünglich als Kasernen für die königliche Leibwache bestimmt waren. 1981 wurde der angrenzende Marstall als Ergänzung des Ausstellungsraumes hinzugewonnen. Seit dem 1. Januar 1991 sind die beiden Teile des Ägyptischen Museums verwaltungsmäßig wiedervereinigt. Die räumliche Wiedervereinigung im Neuen Museum auf der Museumsinsel ist für das erste Jahrzehnt des neuen Jahrhunderts, voraussichtlich 2005, geplant.

Schwergewicht der Ausstellung ist das Zeitalter der Nofretete mit dem vor dem Ersten Weltkrieg ausgegrabenen Material aus Tell el-Armana (1353–1336 v. Chr.). Die größte Anzahl der mehr als 1000 Objekte wird hier zum ersten Mal der Öffentlichkeit präsentiert. Die weltberühmte Kalksteinbüste der Königin Nofretete bildet das Kernstück der Abteilung mit den weltberühmten Porträtköpfen der Königin Teje und des Königs Echnaton, dem Gemahl der Nofretete. Ebenfalls zu den Spitzenstücken der Armana-Sammlung gehören das bemalte Relief mit dem „Gartenspaziergang" eines jungen königlichen Paares und das Altarbild mit königlicher Familie.

Ein weiteres Meisterwerk der Porträtkunst ist der „Berliner Grüne Kopf" (um 300 v. Chr.) – so benannt nach der Farbe des Steins – aus der Endphase der pharaonischen Geschichte. Die Monumentalität altägyptischer Architektur erlebt man beim Durchschreiten des Tempeltores von Kalabscha. Meisterwerke altägyptischer Skulptur sind in der ersten Etage zu sehen.

In der Säulenhalle aus dem Pyramidentempel des Königs Sahure werden wechselnde Sonderausstellungen – gelegentlich auch zeitgenössische Kunst – gezeigt.

Der Museumsshop im Eingangsbereich bietet neben verschiedenen Publikationen und Ausstellungskatalogen auch Postkarten, Poster, Schmuck, Repliken und Textilien an.

Info

Ägyptisches Museum und Abgusssammlung antiker Plastik bilden zusammen mit den Naturwissenschaftlichen Sammlungen und dem Heimatmuseum Charlottenburg ein Ensemble von vier Museen, das sich um einen Innenhof gruppiert.

ÄGYPTISCHES MUSEUM
Eines der von Stüler errichteten Zwillingsgebäude direkt vor dem Charlottenburger Schloss

82 BRÖHAN-MUSEUM

Das Haus zeigt Porzellan, Keramik, Metall, Glas aus der Zeit zwischen 1890 und 1939 (Jugendstil, Art Déco und Funktionalismus) als Ensemble mit Möbeln, Teppichen, Lampen und Gemälden der jeweiligen Epoche.

Schlossstr. 1a, 14059 Berlin
Fon 321 40 29
Fax 325 51 67
Dr. Margrit Bröhan

Di–So 10–18 Uhr. Führungen ab 10 Personen, Anmeldung unter Fon 32 69 06 00 spätestens drei Tage im voraus

U2 bis Sophie-Charlotte-Platz; U7 bis Richard-Wagner-Platz; Bus 109, 210, 145,
X21 bis Luisenplatz/Schloss Charlottenburg
Stadtautobahn Abfahrt Spandauer Damm,
am Schloss Charlottenburg rechts in die Schlossstraße
Kostenloser Parkplatz am Schloss Charlottenburg

Eingeschränkt behindertengerecht: nach vorheriger Anmeldung ist Betreuung möglich

Das Bröhan-Museum ist seit 1983 in einem spätklassizistischen, zum Charlottenburger Schlossensemble gehörenden ehemaligen Kasernengebäude untergebracht. Das Museum trägt den Namen des Sammlers Karl H. Bröhan, der 1981 seine Privatsammlung – Objekte der bildenden und angewandten Kunst vom Jugendstil bis zum Funktionalismus – der Stadt Berlin zum Geschenk machte.

Ungewöhnlich ist die Präsentation der Exponate als Raumkunstensemble: In angenehmer, fast intimer Wohnatmosphäre sind Kunstobjekte und Gebrauchsgegenstände aus

Porzellan, Metall, Glas und Keramik in ihrem ursächlichen Zusammenhang in Kombination mit Möbeln, Teppichen, Lampen und Gemälden ausgestellt.

Im Erdgeschoss sind französische Möbel des Art Nouveau und Art Déco, Einzelstücke von deutschen Designern wie Richard Riemerschmid und Bruno Paul, Porzellan aus deutschen, französischen und skandinavischen Manufakturen, Glas der Jugendstilepoche und der 20er und 30er Jahre sowie eine umfangreiche Keramiksammlung zu sehen. Die Gemäldesammlung umfasst Maler der Berliner Secession:
K. Hagemeister, H. Baluschek, W. Jaeckel, W. Leistikow.

Im Obergeschoss (3. Stock) in einem lichten Sonderausstellungsraum mit umlaufender Galerie werden die Neuerwerbungen der letzten Jahre gezeigt. Auf der Galerie sind hauptsächlich Luxus- und Gebrauchsobjekte vom Jugendstil bis zum Funktionalismus zu sehen. Zwei kleinere Kabinette sind dem belgischen Jugendstilkünstler Henry van de Velde und dem Wiener Secessionskünstler Josef Hoffmann gewidmet.

Im Museum werden Sonderausstellungen gezeigt sowie Vorträge und Lesungen veranstaltet und museumspädagogische Kurse angeboten, Information unter Fon 32 69 06 00.

Beratung durch die Wissenschaftler des Museums wird nach Anmeldung angeboten.

Näheres zu den Dienstleistungs- und Serviceangeboten des MD Berlin und der Besucher-Dienste der Staatlichen Museen zu Berlin finden Sie ab Seite *314*

83 SAMMLUNG BERGGRUEN

Das Haus – eine Abteilung der Nationalgalerie – zeigt die Sammlung von Heinz Berggruen: Werke von Picasso, Klee, Matisse, Giacometti, Braque, Laurens sowie eine kleine Auswahl afrikanischer Kunst.

Schlossstr. 1, 14059 Berlin
Fon 20 90 55 55 (Info)
Fax 20 90 55 02
Prof. Dr. Peter-Klaus Schuster

Di–Fr 10–18 Uhr, Sa und So 11–18 Uhr. Tonführungen durch die Sammlung in Deutsch, Englisch und Französisch

U-Bahn bis Richard-Wagner-Platz oder Sophie-Charlotte-Platz; Bus X21, 109, 210, 145
Stadtautobahn, Ausfahrt Spandauer Damm
Kostenloser Parkplatz vor Schloss Charlottenburg

Stadtautobahn, Ausfahrt Spandauer Damm

Behindertengerecht

Die Sammlung Berggruen – einer der Höhepunkte der Berliner Museumslandschaft – befindet sich seit September 1996 im westlichen Stülerbau gegenüber dem Schloss Charlottenburg.

Der Kunsthändler Heinz Berggruen, der 1936 unter den Nationalsozialisten Berlin verlassen musste, hat in über 40 Jahren eine beachtliche Sammlung von 170 Werken der klassischen Moderne zusammengetragen. Pablo Picasso, der ein Freund Berggruens war, steht im Zentrum der Sammlung, die Berggruen im Dezember 2000 der Stiftung Preußischer Kulturbesitz übereignet hat. Neben 85 Gemälden, Skulpturen, Gouachen und Zeichnungen, die einen Überblick über das vielfältige Oevre Picassos verschaffen, bilden 55 Werke von

Paul Klee den zweiten Schwerpunkt der Sammlung. Einen dritten Schwerpunkt ergeben 15 Gemälde, Zeichnungen, Papierschnitte und Plastiken von Henri Matisse. Dieser wird ergänzt durch Gemälde von Braque sowie Plastiken von Laurens und Giacometti.

Im Erdgeschoss sind die Arbeiten von Matisse und Frühwerke von Picasso sowie einige Objekte afrikanischer Stammeskunst zu sehen. Das erste Obergeschoss des Museums ist ebenfalls Picasso sowie Braque und Laurens gewidmet. Im zweiten Obergeschoss beeindrucken Werke von Klee und Giacometti.

Werfen Sie auch einen Blick ins Untergeschoss. Hier hängen Fotos von André Villers, die Picasso 1962 in seiner Villa in La Californie bei Cannes zeigen.

Der Museumsshop im Eingangsbereich bietet neben verschiedenen Publikationen und Ausstellungskatalogen auch Postkarten und Poster.

84 MUSEUM FÜR VOR- UND FRÜHGESCHICHTE

Das Museum befindet sich im Umbau, ist aber trotzdem geöffnet. So wird es sich ab 2004 präsentieren.

Schloss Charlottenburg, Langhansbau, 14059 Berlin
Fon 32 67 48 41
Fax 32 67 48 43
Prof. Dr. Wilfried Menghin

Di–Fr 10–18 Uhr, Sa und So 11–18 Uhr. Führungen mit thematischer Absprache nach Anmeldung unter Fon 32 67 48 41, Fax 32 67 48 43

U-Bahn bis Richard-Wagner-Platz oder Sophie-Charlotte-Platz; Bus X21, 109, 210, 145
Stadtautobahn, Ausfahrt Spandauer Damm
Kostenloser Parkplatz vor Schloss Charlottenburg
Stadtautobahn, Ausfahrt Spandauer Damm

Präsenzbibliothek nur nach vorheringer Anmeldung geöffnet, Fon 32 67 48 22

Förderverein: Freunde der Antike auf der Museumsinsel Berlin, Bodestr. 1–3, 10178 Berlin

Behindertengerecht

Das Museum für Vor- und Frühgeschichte ist im Langhansbau des Charlottenburger Schlosses untergebracht. Grundstock der Sammlung sind die prähistorischen Altertümer aus dem Kunstkabinett der Hohenzollern. Die vielfältigen Aktivitäten von Rudolf Virchow (1821–1902) führten zur Erweiterung der Bestände weit über den Rahmen der deutschen Vorgeschichte hinaus: Ein großer Teil der umfassenden Kaukasussammlung und auch die Schenkung der Sammlung Trojanischer Altertümer Heinrich Schliemanns (1881) ist ihm zu verdanken. Im Zweiten

Weltkrieg erlitt die Sammlung schwere Verluste. Dennoch gehört das Museum noch heute zu den größten überregionalen Sammlungen zur Vor- und Frühgeschichte.

Das Museum bietet in seinen 5 Ausstellungsräumen Ausschnitte aus der Kulturgeschichte der Menschheit, von der Altsteinzeit bis zum Mittelalter. Die Ausstellung verteilt sich über zwei Stockwerke. Der Rundgang beginnt im Erdgeschoss im sogenannten Virchow-Saal, dem Saal 1. Hier stehen neben einer knappen, hypothetischen Darstellung der Entwicklung zum Menschen die vor- und frühgeschichtlichen Techniken der Geräteherstellung im Mittelpunkt der Präsentation.

Bereits im 19. Jahrhundert begann das Museum seine bis dahin auf Alteuropa ausgerichtete Sammlungstätigkeit überregional zu erweitern. Der sog. Schliemann-Saal oder Saal 2 biete einen Querschnitt dieses Betätigungs- und Sammelfeldes des Museums: ausgestellt wird die „Sammlung trojanischer Altertümer", die Heinrich Schliemann 1881 „dem deutschen Volk zum ewigen Besitz und ungetrennter Aufbewahrung in der Reichshauptstadt" schenkte. Die dreitausendjährige Geschichte Trojas, von der Frühbronzezeit bis in die römische Zeit, wird durch Tongefäße Metallgegenstände und Steingeräte erläutert. Gezeigt werden auch Nachbildungen der Goldfunde aus dem „Schatz des Priamos". Zu sehen sind in diesem Saal auch Objekte aus einer umfangreichen, sehr qualitätvollen Sammlung von Funden aus Zypern, Metall- und Keramikobjekte aus der – außerhalb Rußlands – umfangreichsten Kaukasussammlung, sowie aus den bergigen Randzonen Mesopotamiens, Metallobjekte der Steppenkulturen, wie der Skyten und der südsibirischen Tagar-Kultur und eine kleine Sammlung chinesischer Bronzen.

Die Ausstelung im 1. Obergeschoss des Museums präsentiert einen Rundgang durch die Kulturen Alteuropas. Im Saal 3 wird das Leben des Menschen von der letzten Eiszeit bis zur Bronzezeit gezeigt, Saal 4 hält besonders eindrucksvolle Goldfunde der Bronzezeit bereit und Saal 5 schließlich gibt einen Überblick über die verschiedenen Kulturen der europäischen Eisenzeit.

SCHLOSS CHARLOTTENBURG
Im Zentrum die Dreiflügelanlage mit Ehrenhof

85 SCHLOSS CHARLOTTENBURG

Das von Arnold Nering, Johann Friedrich Eosander von Göthe, Georg Wenzeslaus von Knobelsdorff und Karl Schinkel für die preußischen Könige errichtete Ensemble repräsentiert drei Jahrhunderte höfischer Kunst und Kultur.

Luisenplatz, 14059 Berlin
Stiftung Preußische Schlösser und Gärten Berlin-Brandenburg: Fon 32 09 11
Direktor: Dr. Burkhardt Göres,
Kastellan: Rudolf Scharmann

Altes Schloss (Nering-Eosander-Bau): Di–Fr 9–17 Uhr, Sa und So 10–17 Uhr (letzte Führung 16 Uhr)
Neuer Flügel (Knobelsdorff-Flügel): Di–Fr 10–18, Sa und So 11–18 Uhr. Belvedere: 1. April–31. Oktober Di–So 10–17 Uhr; 1. November–31. März Di–Fr 12–16 Uhr, Sa und So 12–17 Uhr. Mausoleum: 1. April–31. Oktober Di–So 10–12 und 13–17 Uhr. Neuer Pavillon (Schinkel-Pavillon): Di–So 10–17 Uhr.
Führungen finden nur durch die Barockräume des Alten Schlosses ca. alle 15 Min statt. Alle anderen Gebäudeteile sind ohne Führrung zu besichtigen. Führungsanmeldung für Gruppen unter Fon 32 09 12 75

U2, U7 bis Richard-Wagner-Platz; S41, S42, S45, S46 Westend; Bus X21, 109, 145, 210
Stadtautobahn Ausfahrt Spandauer Damm
Kostenloser Parkplatz vor dem Schloss

Bibliothek geöffnet nach telefonischer Anfrage unter Fon 32 09 12 49

Förderverein: Freunde der Preußischen Schlösser und Gärten e. V., Schloss Glienicke, Fon 80 60 29 20

Eingeschränkt behindertengerecht

Kurfürst Friedrich III. von Brandenburg ließ für seine Gemahlin Sophie-Charlotte von dem Architekten Johann Arnold Nering von 1695–1699 ein Sommerschlösschen mit dem Namen Lietzenburg errichten. Dieses Gebäude, das den Kern der Schlossanlage bildete, wurde schon ab 1701 – nachdem sich der Kurfürst 1701 zum König Friedrich I. gekrönt hatte – von dem Architekten Johann Friedrich Eosander von Göthe beträchtlich erweitert.

Der Stadt zugewandt entstand eine Dreiflügelanlage mit Ehrenhof, die ab 1705 den Namen Charlottenburg trug. 1709 kam die Große Orangerie im Westen dazu. Der hohe Schlossturm mit der kuppelbekrönenden Statue der Fortuna entstand 1712.

Unter Friedrich dem Großen (reg. 1740–86) kam es zu einer erneuten Bautätigkeit in Charlottenburg: Der von Georg Wenzeslaus von Knobelsdorff errichtete Neue Flügel komplettierte in östlicher Richtung die barocke Anlage.

Friedrich Wilhelm II. (reg. 1786–97) veranlasste die Umgestaltung mehrerer Räume im Erdgeschoss des Neuen Flügels, im Obergeschoss ließ er 1796 die sogenannten „Winterkammern" einrichten. Aus seiner Regierungszeit stammen auch der Theaterbau im Anschluss an die Orangerie und das Belvedere im Garten, beide von Carl Gotthard Langhans.

1810–12 entstand das Mausoleum für Königin Luise nach Plänen von Karl Friedrich Schinkel und Heinrich Gentz. 1824/25 wurde östlich des Schlosses ein zweigeschossiger Wohnpavillon für König Friedrich-Wilhelm III. (reg. 1797–1840) erbaut, der Neue Pavillon (Schinkel-Pavillon), den Schinkel entwarf.

Im Zweiten Weltkrieg wurde Schloss Charlottenburg stark zerstört. Wiederaufbau und Restaurierung zogen sich über mehrere Jahrzehnte hin und sind weitgehend abgeschlossen. Nur noch ein Teil der im Schloss ausgestellten Kunstwerke gehört zum Originalinventar. Vieles stammt aus anderen

zerstörten preußischen Schlössern oder wurde in den letzten Jahren neu erworben.

Ein Rundgang durch das Schloss ist ein Spaziergang durch drei Jahrhunderte höfischer Kultur in Brandenburg-Preußen: Im Alten Schloss (Nering-Eosander-Bau) können die barocken Räume König Friedrichs I. in Preußen und seiner Gemahlin Sophie Charlotte besichtigt werden, darunter im Erdgeschoss das Porzellankabinett und die Schloss-Kapelle, die auch für Konzerte genutzt wird.

Genießen Sie im 1. Obergeschoss in der Wohnung Friedrich-Wilhelm IV. zunächst den herrlichen Blick aus dem oberen ovalen Saal über das rekonstruierte Barockparterre und den weitläufigen Landschaftspark. In der Hoftafel- und Silberkammer sind Teile von Porzellanservices Friedrichs des Großen (KPM/Meißen) sowie das Kronprinzensilber des letzten preußischen Kronprinzen Wilhelm ausgestellt. Das Kronkabinett zeigt die preußischen Kroninsignien, Zeremonialschwerter und den Totenhelm des Großen Kurfürsten.

Im Neuen Flügel sind die Wohnräume Friedrichs des Großen, Friedrich Wilhelms II., Friedrich Wilhelms III. und der Königin Luise zugänglich. Friedrich der Große besaß hier zwei Wohnungen, eine erste im Westen, in der u.a. die kostbare Schnupftabtierensammlung des Königs präsentiert wird. Eine zweite befindet sich im Ostteil hinter der Goldenen Galerie, die das Glanzstück der Innenausstattung ist und das friederizianische Rokoko auf dem Höhepunkt seiner Entwicklung zeigt. Der 42 m lange Saal mit seinen vergoldeten Ornamenten auf grünem Stuckmarmor wurde 1747 vollendet. Die bildhauerischen Dekorationen stammen von Johann August Nahl und den Brüdern Hoppenhaupt.

Ebenfalls sehenswert sind der Weiße Saal (Speisesaal) und das Konzertzimmer. Die Räume Friedrichs des Großen sind mit Gemälden französischer Meister des 18. Jahrhunderts und kostbaren Möbeln ausgestattet. Zu den Hauptwerken der französischen Rokokomalerei zählen das „Firmenschild für den Kunsthändler Gersaint" und die „Einschiffung nach Cythera" von Watteau (1720) sowie die „Köchin" (1738) von Chardin.

Weniger prunkvoll sind die „Winterkammern", die wiederhergestellte Wohnung Friedrich Wilhelms II. im Obergeschoss

SCHLOSS CHARLOTTENBURG
Erbaut von Schinkel, von Knobelsdorff u.a.
für die preußischen Könige

des Neuen Flügels. Herausragende Stücke aus der Inneneinrichtung sind vier Wandteppiche der Pariser „Manufacture des Gobelins" in der Ersten und Zweiten Hautelisse-Kammer (Raum 352 und 351). In dieser Raumflucht befindet sich auch das Schlafzimmer der Königin Luise, entworfen von Karl Friedrich Schinkel.

Am Ende der Zimmerflucht führt eine Treppe ins Erdgeschoss zu einem Modell und einer Dokumentation über das Berliner Schloss sowie zu weiteren Räumen aus der Zeit Friedrich Wilhelms II. und Friedrich Wilhelms III. Der rekonstruierte Neue Pavillon (Schinkel-Pavillon) östlich des Schlosses ist seit 1970 wieder der Öffentlichkeit zugänglich. In dem ehemaligen Sommerhaus Friedrich Wilhelms III. sind heute Gemälde, Skulpturen sowie Kunstgewerbe aus dem frühen 19. Jahrhundert zu sehen, darunter Meisterwerke von Caspar David Friedrich, Carl Blechen, Karl Friedrich Schinkel und Eduard Gaertner.

Das Belvedere, das Friedrich Wilhelm II. als Teehaus diente, ist nur im Außenbau wieder originalgetreu hergestellt. Heute ist hier eine Porzellansammlung der Königlichen Porzellanmanufaktur Berlin (KPM) ausgestellt, deren Werke die Zeit vom Rokoko bis zum Biedermeier umfassen.

Im Mausoleum findet sich ein Hauptwerk der deutschen Bildhauerkunst: das 1815 aufgestellte Grabdenkmal für Königin Luise von Christian Daniel Rauch. 1841 wurde die ebenfalls von Rauch geschaffene Grabstatue Friedrich Wilhelms III. hinzugefügt. 1894 nahm das Mausoleum die Sarkophage Wilhelms I. und seiner Gemahlin Augusta auf.

SCHLOSS CHARLOTTENBURG
Neuer Pavillon (Schinkel-Pavillon)

Sehenswert ist auch der Schlossgarten, der gegen Ende des 17. Jahrhunderts nach Plänen von Simeon Godeau als französischer Garten angelegt und um die Wende vom 18. zum 19. Jahrhundert in einen englischen Landschaftsgarten umgestaltet wurde. Im Zuge der nach der Zerstörung im Zweiten Weltkrieg erfolgten Rekonstruktion sind heute beide Formen zu sehen: Direkt hinter dem Schloss erstreckt sich der französische Garten, die übrige Anlage hat ihren englischen Charakter beibehalten.

Im östlichen Ehrenhofflügel gibt es einen Museumsshop.

In der großen Orangerie des Schlosses finden häufig Ausstellungen statt.

Zwei Höhepunkte der Berliner Museumslandschaft befinden sich direkt gegenüber des Charlottenburger Schlosses in den beiden Stüler-Bauten: Das Ägyptische Museum und die Sammlung Berggruen. Weitere interessante Museen in unmittelbarer Nähe sind das Bröhan-Museum an der Schlossstraße sowie das Museum für Vor- und Frühgeschichte im ehemaligen Theater (Langhansbau) des Schlosses.

Das seit 1951 im Hof des Charlottenburger Schlosses aufgestellte Reiterdenkmal des Großen Kurfürsten stand ursprünglich auf der Langen Brücke am Berliner Stadtschloss. Es ist das bedeutendste Reiterdenkmal deutscher Barockkunst und wurde 1697–1703 von dem Bildhauer und Baumeister Andreas Schlüter geschaffen. Der Sockel ist eine Kopie – der Originalsockel mit Kopie des Standbildes befindet sich im Bodemuseum.

Tipp

Ein Gastronomietipp nach Ihrer Besichtigungstour ist die „Kleine Orangerie" westlich vom Schloss – im Sommer mit Bier- und Kaffeegarten; im Winter mit Wintergarten und Schlosszimmer; Spandauer Damm 20, Fon 322 20 21.

Info

Die Galerie der Romantik, die im Erdgeschoss des neuen Flügels untergebracht war, ist kein eigenständiger Sammlungsteil mehr. Siehe Alte Nationalgalerie/Museumsinsel.

86 GEORG-KOLBE-MUSEUM

Das Haus zeigt Plastiken Georg Kolbes und seiner Zeitgenossen vom späten 19. bis zur Mitte des 20. Jahrhunderts, Bildhauerzeichnungen, Gemälde und Zeichnungen aus dem Kolbe-Nachlass.

Sensburger Allee 25, 14055 Berlin
Fon 304 21 44
Fax 304 70 41
kolbe.museum@t-online.de
www.georg-kolbe-museum.de
Dr. Ursel Berger

Di–So 10–17 Uhr. Führungen nach Vereinbarung, Anmeldung unter Fon 304 21 44

S9, S75 bis Bahnhof Heerstraße; Bus X34, X49, 149 bis Bahnhof Heerstraße. AVUS bis Kaiserdamm, Heerstraße, rechts in die Sensburger Allee
Kostenlose Parkmöglichkeit vor dem Museum

Bibliothek und Archiv für Fachbesucher nach Vereinbarung geöffnet

Behindertengerecht: Aufzug, WC

Georg Kolbe (1877–1947) war einer der bekanntesten und erfolgreichsten deutschen Bildhauer in der ersten Hälfte des 20. Jahrhunderts. Als einer der ersten strebte er nach einer autonomen, auf den Menschen konzentrierten Bildhauerei. Kolbes Ausdrucksmittel war die ideale Aktfigur. Auf dem Höhepunkt seines Erfolges baute er sich 1928/29 ein großzügiges Atelierhaus im Bauhaus-Stil. In dem strengen, kubischen Backsteinbau sind heute die Ausstellungsräume des Georg-Kolbe-Museums eingerichtet; der 1935 angelegte Skulpturenhof und der Garten (sehr schön ist der Tänzerinnenbrunnen von 1922!) mit altem Kiefernbestand sind ebenfalls in die Ausstellung mit einbezogen. Von 1993–96 wurde ein Erweiterungsbau mit Ausstellungs- und Depoträumen errichtet.

Der Künstler hatte testamentarisch verfügt, dass sein Nachlass – 200 Skulpturen, 1.300 Zeichnungen und Werke von befreundeten Künstlern wie Schmidt-Rottluff – in eine Stiftung eingehen und sein Haus der Öffentlichkeit zugänglich gemacht werden solle. Bereits 1950 konnte das Georg-Kolbe-Haus eröffnet werden, das zunächst die Arbeitsstätte des Künstlers präsentierte. Seit 1970 bemüht sich das Museum, einen Überblick über das Schaffen Kolbes und seiner Zeitgenossen zu geben. Die Sammlung Berliner Bildhauerei aus der 1. Hälfte des 20. Jh. umfasst Arbeiten von August Gaul, Richard Scheibe, Renée Sintenis, Ernst Barlach u. a.

Das Museum mit seinem schönen Garten ist eine Oase der Ruhe in der touristisch erschlossenen Museumslandschaft Berlins. Ein Besuch ist unbedingt empfehlenswert.

Im Museum werden Sonderausstellungen zu Bildhauerthemen gezeigt.

87 GEDENKSTÄTTE PLÖTZENSEE

Die Gedenkstätte Plötzensee erinnert an die hier von 1933–45 ermordeten Opfer der NS-Justiz.

Hüttigpfad, 13627 Berlin
Fon 344 32 26 oder über
Gedenkstätte Deutscher Widerstand,
Fon 26 99 50 00

Täglich geöffnet März–Okt. 9–17 Uhr
Geschlossen: 23., 24., 25., 26., 31. 12. und 1. 1.

Bus TXL bis „Gedenkstätte Plötzensee" (3 Min. Fußweg)
Parkmöglichkeiten in den umliegenden Straßen

Behindertengerecht

Die Gedenkstätte Plötzensee für die Opfer des Nationalsozialismus aus dem In- und Ausland befindet sich an der ehemaligen Hinrichtungsstätte des Strafgefängnisses Plötzensee. Hier wurden 1933–1945 fast 3000 von der NS-Justiz zum Tode verurteilte Menschen ermordet. Sie starben durch die Guillotine oder durch den Strang.

Die Anlage wurde 1951/52 errichtet und am 14. Sept. 1952 „Den Opfern der Hitlerdiktatur der Jahre 1933–1945" geweiht. Hinter einer Mauer, die als Mahnmal diese Inschrift trägt, liegt ein in zwei Räume unterteilter roter Ziegelschuppen – die ehemalige Hinrichtungsbaracke. Im kahlen Inneren des einen Raumes zieht sich ein eiserner Träger mit fünf eisernen Ösen von Wand zu Wand. Der Ort dient dem stillen Gedenken.

Im Raum daneben wird die Praxis der nationalsozialistischen Justiz dokumentiert.

Info

Führungen finden nicht statt. Informationen über die in Plötzensee Ermordeten finden Sie in der Gedenkstätte Deutscher Widerstand.

88 TEDDY MUSEUM BERLIN

Geschlossen

Das Museum verfügt über eine Sammlung von rund 5.000 Teddybären und anderen Exponaten: Eine Mischung aus Highlights für Experten und Teddy-Liebhaber sowie Trivialem und Lustigem. Jetzt ist das Museum in Hof, Bayern beheimatet. Nur die Verwaltung hat ihren Sitz weiterhin in Berlin.

Internationale Verwaltung:
Fon 893 39 65
Fax 893 38 62
www.teddymuseum-berlin.de
Götz und Florentine C. Bredow

Das Teddy Museum Berlin wurde 1986 gegründet und ist aufgrund seiner Einzigartigkeit sogar in das Guinessbuch der Rekorde aufgenommen worden. Das Museum mit der legendären Kurfürstendamm-Adresse erfreute sich großer Beliebtheit bei Sammlern, Produzenten, Interessenten, Insidern und Liebhabern der Teddy-Welt.

Die Schatzkammer des Museums – darunter einschlägig bekannte Highlights der Teddy-Welt – war für Berlin geplant. Steiff-Bären von 1910 mit langem Mohairpelz und weiße Teddys begeistern große und kleine Besucher. Schwerpunkt des Museums sind Schuhknopf-Augen-Teddys von 1910–1920.

Neu: Teddy Museum Berlin in Hof, 95030 Hof. Info: Herr Reich, Fon 0 92 81–82 08 02, Fax 0 92 81–82 08 03. Geöffnet Di–So 14–18 Uhr

Hier wird die Sammlung jetzt präsentiert, dazu kommen jedes Jahr zwei Sonderausstellungen .

In der Ausstellung gibt es Gelegenheit zum Ausruhen, Gastronomie sowie einen Stammtisch mit Gästebuch und Fotoalben. Aber: Sorry – Berlin hätte sich weitehin sehr über das Teddymuseum gefreut.

TIPP: THE STORY OF BERLIN

Die Erlebnisausstellung der Hauptstadt THE STORY OF BERLIN zeigt Geschichten der Metropole Berlin.

Kurfürstendamm 207 im KU'DAMM KARREE
10719 Berlin (Charlottenburg)
Fon 88 72 01 00
Leitung Bernhard Schütte

Mo-So 10-20 Uhr (Einlass bis 18 Uhr)

U9 Kurfürstendamm, U15 Uhlandstraße
S3, S5, S7, S9, S75 Savignyplatz
Bus 109, 119, 129, 219, 249

In 24 Erlebnisräumen auf 7000qm wird der Besucher in andere Zeiten versetzt. Tief unter der Stadt macht ein original Atomschutzbunker die Zeit des Kalten Krieges erlebbar. Bei den stündlich stattfindenden Führungen geht es hinein durch eine der vier Schleusen. Die Besucher gehen an den Waschräumen, Luft- und Wasserfiltern vorbei und durch schmale Bettenreihen hindurch.

Zur Ausstellung führt der Weg durch einen für Berlin typischen Hinterhof in ein Treppenhaus. Eine Multivisions-Show zeigt die Entstehung Berlins, von der Stadtgründung 1237 bis in die Gegenwart. Die wichtigsten Epochen und Stationen auf der Stadt-Zeit-Reise lassen sich hier zu beiden Seiten des Zeittunnels entdecken: Vom Handelszentrum im Mittelalter, über die Reformationszeit, die prägende Epoche des Preußischen Reiches, Industrialisierung und den Niedergang des Kaiserreiches flanieren die Besucher vorbei an Info-Touch-Screens bis in die wilden 20er Jahre. Der Abstieg in das Jahr 1933 versinnbildlicht auch den historischen Niedergang in dieser Epoche des 20. Jahrhunderts. Bedrückend deutlich wird die Zeit des Nationalsozialismus, wenn die Schritte über Bücher hinweg

verkürzt
den Krieg

(Bücherverbrennung) zum Zweiten Weltkrieg führen. Auch die Blockade und der Mauerbau sind eindrücklich in Erlebnisräumen dargestellt. Die Wende vermittelt noch einmal das faszinierende Gefühl der leisen Revolution vor einem Jahrzehnt: Die Mauer fällt und gibt den Blick frei auf die spannende Zukunft der Metropole Berlin.

Die gesamte Ausstellung und auch der original Atomschutzbunker kann man für außergewöhnliche Veranstaltungen buchen.

THE STORY OF BERLIN
Zwischen den Zeiten (links oben)
Bücherverbrennung (links unten)
20er Jahre (rechts unten)

89 KÄTHE-KOLLWITZ-MUSEUM

Das Haus zeigt Zeichnungen, Druckgrafiken und Plakate von Käthe Kollwitz (1867–1945) sowie das gesamte plastische Werk der Künstlerin.

Fasanenstr. 24, 10719 Berlin
Fon 882 52 10
Fax 881 19 01
info@kaethe-kollwitz.de
www.kaethe-kollwitz.de
Martin Fritsch

Mi–Mo 11–18 Uhr. Kassettenführungen in Deutsch, Englisch, Französisch. Persönliche Führungen nach Vereinbarung etwa 14 Tage im voraus, Anmeldung bei Ingrid Flindell unter Fon 882 52 10

U-Bahn Kurfürstendamm oder Uhlandstraße; S-Bahn Zoologischer Garten; Busse 109, 119, 129, 219, 249

Wenige gebührenpflichtige Parkmöglichkeiten in der Fasanenstraße

Förderverein: Verein der Freunde des Käthe-Kollwitz-Museums e.V., Anschrift wie oben

Eingeschränkt behindertengerecht

In dem ältesten Wohnhaus der Fasanenstraße, einem kleinen neobarocken Palais aus dem Jahre 1871, eröffnete 1986 der 1993 verstorbene Kunsthändler Hans Pels-Leusden das private Käthe-Kollwitz-Museum. Das erste Museum Berlins, das ausschließlich dem Werk der Wahlberlinerin Käthe Kollwitz gewidmet ist, beherbergt ca. 150 Druckgrafiken, 70 Zeichnungen und Originalplakate sowie 15 Bronzeplastiken. Auf vier Stockwerken gibt das Museum einen Überblick über das Schaffen der Künstlerin, deren Werk von sozialem Engagement

geprägt ist – von ihrer ersten Zeichnung („Selbstbildnis auf dem Balkon", 1892) bis zu ihrere letzten Lithographie mit dem Titel „Saatfrüchte sollen nicht vermahlen werden".

Im Erdgeschoss sind Plakate, Fotos, Dokumente und Originalbriefe ausgestellt. Im ersten Obergeschoss werden neben Selbstbildnissen der Künstlerin u. a. die Zyklen „Bauernkrieg" und „Ein Weberaufstand" gezeigt. Letzterer ist dank der Neuerwerbung „Ende", dem 6. Blatt aus dem Jahre 1897, nun vollständig hier zu bewundern. Im zweiten Obergeschoss sind Blätter aus den Folgen „Krieg" und „Tod", Werke zum Thema „Mutter und Kind" sowie die Arbeiten zum „Gedenkblatt für Karl Liebknecht" aus den Jahren 1919–20 ausgestellt.

Der schönste Raum liegt direkt unter dem Museumsdach. Neben ausdrucksvollen Plastiken Käthe Kollwitz' wie „Mutter mit Zwillingen" (1924–1937) beeindruckt das von Gustav Seitz 1958 geschaffene Denkmal, eine 2,10 hohe, sitzende Käthe-Kollwitz-Skulptur in der Mitte des lichten Raumes.

Im Museum werden Sonderaustellungen gezeigt sowie Lesungen, Vorträge und Filmvorführungen veranstaltet.

Beratung durch die Wissenschaftler des Museums ist möglich.

Die Schülerkulturwerkstatt des Museums bietet Werkstatt-Tage für praktisches Arbeiten für Schulklassen an.

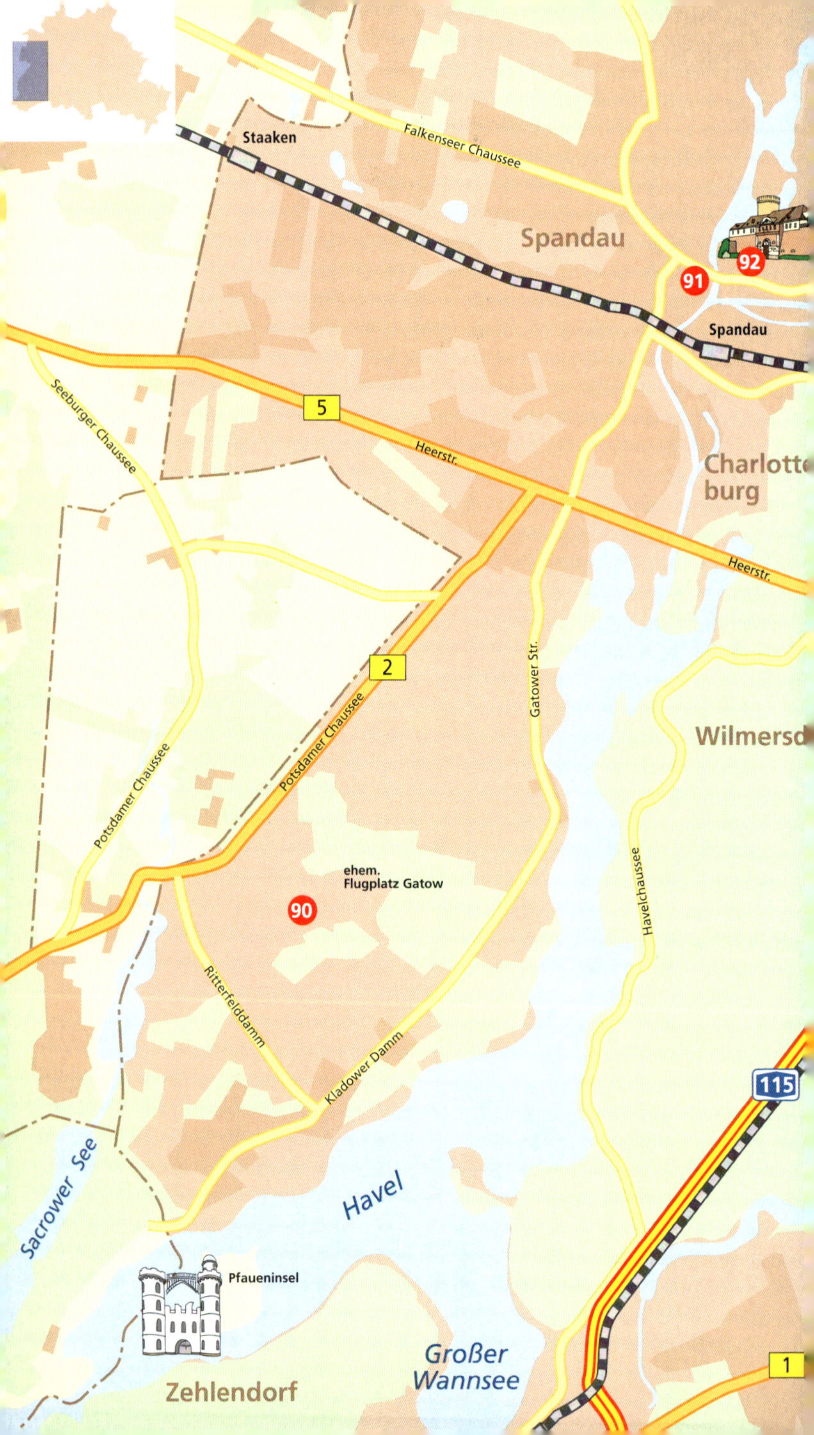
Staaken
Falkenseer Chaussee
Spandau
91
92
Spandau
5
Heerstr.
Seeburger Chaussee
Charlotte
burg
Heerstr.
2
Gatower Str.
Wilmersd
Potsdamer Chaussee
Potsdamer Chaussee
ehem.
Flugplatz Gatow
90
Havelchaussee
Ritterfelddamm
Kladower Damm
115
Sacrower See
Havel
Pfaueninsel
Großer
Wannsee
1
Zehlendorf

SPANDAU

90 LUFTWAFFENMUSEUM DER BUNDESWEHR

Das im Aufbau befindliche Luftwaffenmuseum dokumentiert die Geschichte der militärischen Luftfahrt in Deutschland seit 1884.

Flugplatz Gatow, Eingang Groß-Glienicker Weg
Postanschrift: Kladower Damm 182, 14089 Berlin
Fon 36 87-26 04, -26 01 (Verwaltung)
Fax 36 87-26 10
LwMuseumBw@snafu.de
Leitung Dr. Harald Potempa

Di–So 9–17 Uhr (Achtung, die Ausstellungshalle wird um 16 Uhr geschlossen)

Von Bahnhof Spandau (U7, S9, S75) mit dem Bus 134 bis Haltestelle Alt Gatow/ Groß-Glienicker Weg, umsteigen in Bus 334 bis Endhaltestelle Luftwaffenmuseum, Bus 135 bis Haltestelle Außenweg, weiter zu Fuß. Von Bahnhof Zoo mit dem Bus X34 bis Haltestelle Alt Gatow/ Groß-Glienicker Weg, weiter mit Bus 334. Von Bahnhof Potsdam mit Bus 638 bis Haltestelle Außenweg, weiter zu Fuß.

Mit dem PKW: von Spandau über Gatower Str., Groß Glienicker Weg. Von Potsdam über Bundesstraße 2, Ritterfelddamm, Kladower Damm, Groß Glienicker Weg. Parkplätze am Museum

Förderverein des Luftwaffenmuseums der Bundeswehr e.V., Bundesgeschäftsstelle Berlin, Postfach 450222, 12172 Berlin, Fon 811 07 69, Fax 812 25 53, Info@Luftwaffenmuseum.de

Behindertengerecht

Das Luftwaffenmuseum der Bundeswehr befindet sich seit 1995 auf dem ehemaligen Flugplatz in Gatow. Das Museum verfügt damit über das Ambiente eines Originalstandortes deutscher bzw. alliierter Luftwaffengeschichte. 1957 in Appen bei Hamburg gegründet, bietet es einen Überblick zu der mehr als hundertjährigen Geschichte der Militätluftfahrt in Deutschland. Schwerpunkt der Sammlung ist die Entwicklung nach 1945. Der Museumsbestand von ca. 200 000 Exponaten setzt sich aus 155 Luftfahrzeugen, ca. 100 Triebwerken und anderen Großgeräten, 5000 Uniformen sowie Handwaffen, Orden, Fotos etc. zusammen.

Da das Museum weiter ausgebaut wird, kann zur Zeit nur ein kleiner Teil dieser umfangreichen Sammlung gezeigt werden. 60 Luftfahrzeuge, Raketen u.a. befinden sich im Freigelände. Die Ausstellung in Halle 3 bietet mit 17 Flugzeugen von der Rumpler Taube bis zum modernen Strahlflugzeug einen ersten Einblick in die Geschichte der militärischen Luftfahrt seit 1884. Dieser wird durch die Ausstellungen „Geschichte des Flugplatzes Gatow", „Illusion der Wunderwaffe (Me 163, Ar 234)" und zur Starfighterausbildung ergänzt. Die Präsentation im Tower „Uniformierung und persönliche Ausrüstung deutscher Luftstreitkräfte" reicht vom bunten Rock der Kaiserzeit bis zu den an Astronauten erinnernden Pilotenanzügen der Gegenwart.

91 MUSEUM DER EV. ST. NIKOLAI-GEMEINDE „SPANDOVIA SACRA"

Die Sammlung des Museums gehört zur ev. Kirche St. Nikolai, einer gotischen Hallenkirche aus dem 14. Jahrhundert. Das Museum widmet sich der Reformationsgeschichte.

Reformationsplatz 12, 13597 Berlin
Fon 333 80 54
Fax 333 80 39
Gabriele Bluhm

Do–So 15–18 Uhr und nach Vereinbarung

Führungen durch das Museum, durch die Kirche und auf den Kirchturm müssen telefonisch vereinbart werden. Turmführungen regelmäßig von April–Oktober Sa 13 und 14 Uhr und So 15 und 16 Uhr statt

U7 bis Altstadt Spandau; Bus 133, 134, 145

Gebührenpflichtiger Parkplatz in der Nähe

Die historische Bibliothek der Kirchengemeinde steht Wissenschaftlern nach vorheriger Anmeldung zur Verfügung.

Das Museum „Spandovia sacra" befindet sich seit 1993 in einem denkmalgeschützten Fachwerkhaus neben der Kirche. Das Haus Reformationsplatz 12 ist zwei Jahre nach Einführung der Reformation, 1541, von dem Benediktinerinnen-Kloster St. Marien der St. Nikolai-Kirche abgetreten worden und befand sich viele Jahrhunderte im Besitz der Gemeinde, kam zwischenzeitlich in Privathände und konnte 1989 zurückerworben werden.

Die Sammlung des kleinen Museums ist in zwei Räumen untergebracht. Sie besteht aus wertvollen Büchern, Abendmahlsgeräten und anderem Kirchengut. Die damals bahnbrechenden Neuerungen der Reformation, wie die Darreichung des Abendmahls mit dem Kelch für jeden, nicht nur für den Priester, und die Übersetzung der Bibel in die deutsche Sprache, werden anschaulich dargestellt. Auch andere Veränderungen zwischen vorreformatorischer, also katholischer Zeit, und der Zeit der Reformation werden erläutert. Wussten Sie z.B., dass Heiratsmärkte im Reformationsjahrhundert entstanden sind, um nach einer Klosterauflösung Nonnen verheiraten und somit versorgen zu können?

Das Museum verfügt darüber hinaus über das Kirchenarchiv mit Akten, Zeichnungen und Unterlagen, die bis ins 16. Jahrhundert zurückreichen. Zum Bestand gehört auch eine zweibändige, handgeschriebene Stadtchronik aus dem 18. Jahrhundert, die noch heute wichtige Grundlage für die Erforschung der Spandauer Stadtgeschichte ist.

Beratung wird nach Vereinbarung angeboten.

Das Museumscafé im Wintergarten lädt zur Erfrischung bei Kaffee und Kuchen ein.

Im Museum und Café finden regelmäßig Wechselausstellungen sowie begleitende Veranstaltungen statt. Unabhängig davon gibt es Konzerte „unter dem Dach".

Info

St. Nikolai ist die älteste Stadtkirche Berlins und die Reformationskirche der Mark Brandenburg. Am 1. November 1539 trat der Kurfürst Joachim II. hier zum evangelischen Bekenntnis über. Besteigen Sie auch den 77 m hohen Kirchturm. Samstags und sonntags finden von April–Oktober Turmführungen statt. Von der Aussichtsplattform in 53,8 m Höhe hat man einen herrlichen, weiten Blick über Spandau hinaus.

Interessantes zur Stadtgeschichte Spandaus erfahren Sie natürlich im Stadtgeschichtlichen Museum Spandau in der Zitadelle.

92 STADTGESCHICHTLICHES MUSEUM SPANDAU

Das Museum in der Spandauer Zitadelle aus dem 16. Jahrhundert zeigt Sammlungen zur Stadtgeschichte Spandaus.

Zitadelle, 13599 Berlin
Fon 35 49 44-264
Fax 35 43 44-296
Andrea Theissen

Di–Fr 9–17 Uhr, Sa und So 10–17 Uhr; am 1.5., 3.10, 24.12., 25.12., 31.12., 1.1. und Mo geschlossen
Führungen nach Anmeldung unter Fon 334 62 70

U7 bis Zitadelle

Das Archiv ist Di von 9–15, Mi von 10.30–17.30, Fr von 9–14 Uhr geöffnet

Förderverein: Kreis der Freunde und Förderer des Heimatmuseums Spandau, Heimatkundliche Vereinigung 1954 e. V., Anschrift wie Museum

Behindertengerecht

Das Museum befindet sich seit 1959 in der Spandauer Zitadelle, einem der bedeutendsten Baudenkmäler Berlins und zugleich einer der besterhaltenen Festungsanlagen des 16. Jahrhunderts, die von italienischen Baumeistern errichtet wurde. Der Palas stammt noch vom Ende des 15. Jahrhunderts, der Juliusturm aus dem 13. Jahrhundert. Die um die Jahrhundertwende begonnene Sammlung auf dem Gebiet „der Kunst, des Kunstgewerbes und der Althertumskunde" war zunächst im Palas untergebracht. 1992 fand das Museum im neu restaurierten Zeughaus seinen Platz.

Die ständige Ausstellung zur Stadtgeschichte umfasst neben Funden der Stadtarchäologie Objekte aus den Bereichen

Handwerk und Industrie, Militär- und Festungsgeschichte sowie Geschichte der Juden in Spandau.

Das Museum zeigt wechselnde Sonderausstellungen.

Die Zitadellen-Schänke hat täglich außer montags ab 18 Uhr, samstags, sonntags und an Feiertagen ab 11 Uhr sowie nach Vereinbarung geöffnet, Fon 334 21 06.

In der Dependance des Museums
Gotisches Haus, Breite Str. 32, 13597 Berlin, Fon 333 93 88 wird eine Ausstellung zum Thema Bauen und Wohnen in der Spandauer Altstadt gezeigt.

Öffnungszeiten Mo–Fr 10–17, Sa 9–13 Uhr

Tipp

Zur Geschichte von Burg und Zitadelle werden Sie im Kommandantenhaus informiert, im Foyer B werden Ausgrabungen von Resten der slawischen Burg des 11. Jahrhunderts und der Burganlage aus dem 15. Jahrhundert präsentiert. In der Bastion Königin sind jüdische Grabsteine zu sehen.

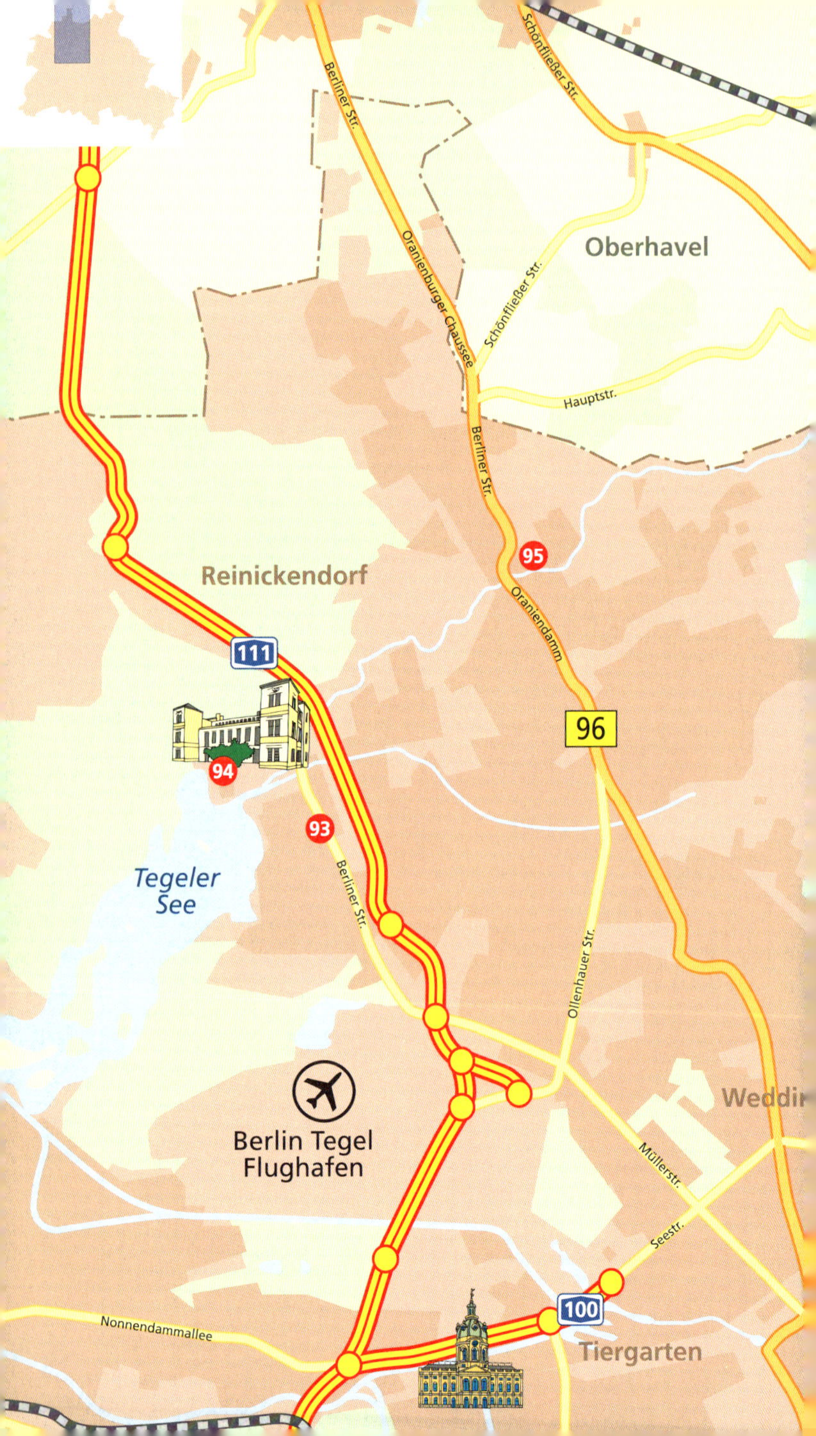

Berliner Str.
Schönfließer Str.
Oberhavel
Oranienburger Chaussee
Schönfließer Str.
Hauptstr.
Berliner Str.
95
Reinickendorf
Oraniendamm
111
96
94
93
Tegeler See
Berliner Str.
Ollenhauer Str.
Weddi
Berlin Tegel Flughafen
Müllerstr.
Seestr.
100
Nonnendammallee
Tiergarten

REINICKENDORF

93 FEUERWEHRMUSEUM BERLIN

150 Jahre Berliner Feuerwehr 1851–2001 von den Anfängen bis zur Gegenwart. Sonderausstellung Epochen der Entwicklungsgeschichte und Feuerwehrfahrzeug-Modellbau.

Berliner Str. 16, 13507 Berlin
Fon 43 90 61 80
Fax 43 90 61 82
Hauptbrandmeister Stefan Sträubig

So, Mo und Di von 9–12 Uhr, Mi 16–19 Uhr
Gruppenführungen bis 15 Personen nach Voranmeldung (ca. 6 Wochen vorher anmelden) unter Fon 43 90 61 80

U6 bis Alt-Tegel, S25 bis Tegel, Bus 133 bis Schlieperstraße

Förderverein Feuerwehrmuseum e. V., Anschrift wie Museum

Das Feuerwehrmuseum ist seit 1983 in der Feuerwache Tegel untergebracht. Die Ausstellung dokumentiert die Entwicklung der Berliner Feuerwehr in drei großen Zeitepochen. Bei angemeldeten Führungen wird die Funktion und Wirkungsweise von Feuermeldern und Feuermeldeempfangsanlagen demonstriert sowie eine Tonbildschau über die historische Entwicklung des Berliner Feuerlöschwesens vorgeführt. Besonders beliebt ist ein Raum mit historischen Geräten von der psychotechnischen Einstellungsprüfung für Feuerwehrmänner. Hier kann man herausfinden, ob man selbst damals auch für den Beruf des Feuerwehrmannes geeignet gewesen wäre.

Derzeit befinden sich 42 historische Fahrzeuge in der Sammlung, die auf unterschiedlichsten Veranstaltungen in Berlin zu besichtigen sind.

Die Mitarbeiter bieten Beratung an.

94 SCHLOSS TEGEL

Das Schloss beherbergt die Antikensammlung Wilhelm von Humboldts, der hier mit seiner Familie lebte.

Adelheidallee 19–21, 13507 Berlin
Fon 434 31 56
Leitung Ulrich von Heinz

Die Kasse befindet sich rechts hinter dem Gebäude
Das Schloss ist nur im Rahmen von Führungen zu besichtigen, die ca. um 10, 11, 15 und 16 Uhr beginnen

U6 bis Alt-Tegel, dann etwa 10 Min. zu Fuß, oder weiter mit Bus 120, 124, 125, 133, 222, bis An der Mühle/Gabrielenstraße. A 111 Abfahrt Tegel

Parkmöglichkeiten am Schloss vorhanden

Schloss Tegel wurde um 1550 von Joachim II. als Landhaus errichtet. 1765 ging es in den Besitz der Familie von Humboldt über und wurde 1821–24 von Karl Friedrich Schinkel für Wilhelm von Humboldt (1767–1835) und dessen Frau Caroline zu einem klassizistischen Herrensitz ausgebaut; daher auch der Beiname Humboldtschlösschen. Da das Gebäude heute noch von den Nachfahren Humboldts bewohnt wird, kann es nur teilweise besichtigt werden. Im Erdgeschoss sind das Artrium und die Bibliothek zugänglich. Das 1. Obergeschoss ist von Schinkel als Museum für die von Humboldt zusammengetragene Sammlung antiker und klassizistischer Bildwerke konzipiert worden. Die sehr sehenswerte Sammlung (u. a. von Rauch und Thorvaldsen) befindet sich heute noch zum großen Teil im Schloss. Nach der Wiedervereinigung sind einige kriegsbedingte Verluste über die Sowjetunion aus Ostberliner Museen dorthin zurückgekehrt. Sehr schön ist auch der Schlosspark mit einer Lindenallee, die zu der von Schinkel entworfenen Familiengrabstätte führt.

95 HEIMATMUSEUM REINICKENDORF

Das Haus dokumentiert die Bezirks- und Regionalgeschichte von Berlin-Reinickendorf.

Alt-Hermsdorf 35, 13467 Berlin
Fon 404 40 62
Dr. Cornelia Gerner

Mi–So 10–18 Uhr; geschlossen an allen Feiertagen

S-Bahn bis Hermsdorf; Bus 225 bis Almutstraße
Kostenlose Parkmöglichkeiten am Straßenrand

Archiv Mi und Do 9–15, Fr 9–12 Uhr.

Förderverein für Kultur und Bildung in Reinickendorf e.V.

Behindertengerecht

Das Heimatmuseum Reinickendorf ist seit 1980 im Gebäude einer ehemaligen Schule untergebracht. Es zeigt eine ständige Ausstellung zur Bezirks- und Regionalgeschichte des Berliner Nordens. Der geschichtliche Überblick reicht von der Vor- und Frühgeschichte bis ins 20. Jahrhundert. Im Hauptgebäude können u. a. eine Schmiede, eine Bauernstube, ein Schulzimmer, ein Biedermeierzimmer und ein Jägerstübchen besichtigt werden. Auf dem Freigelände befindet sich das germanische Gehöft – die Rekonstruktion einer eisenzeitlichen Hofanlage mit Langhaus, Speicher, Webhaus, Brunnen und Backofen.

Beratung Mo–Fr 9–15 Uhr nach telefonischer Voranmeldung.

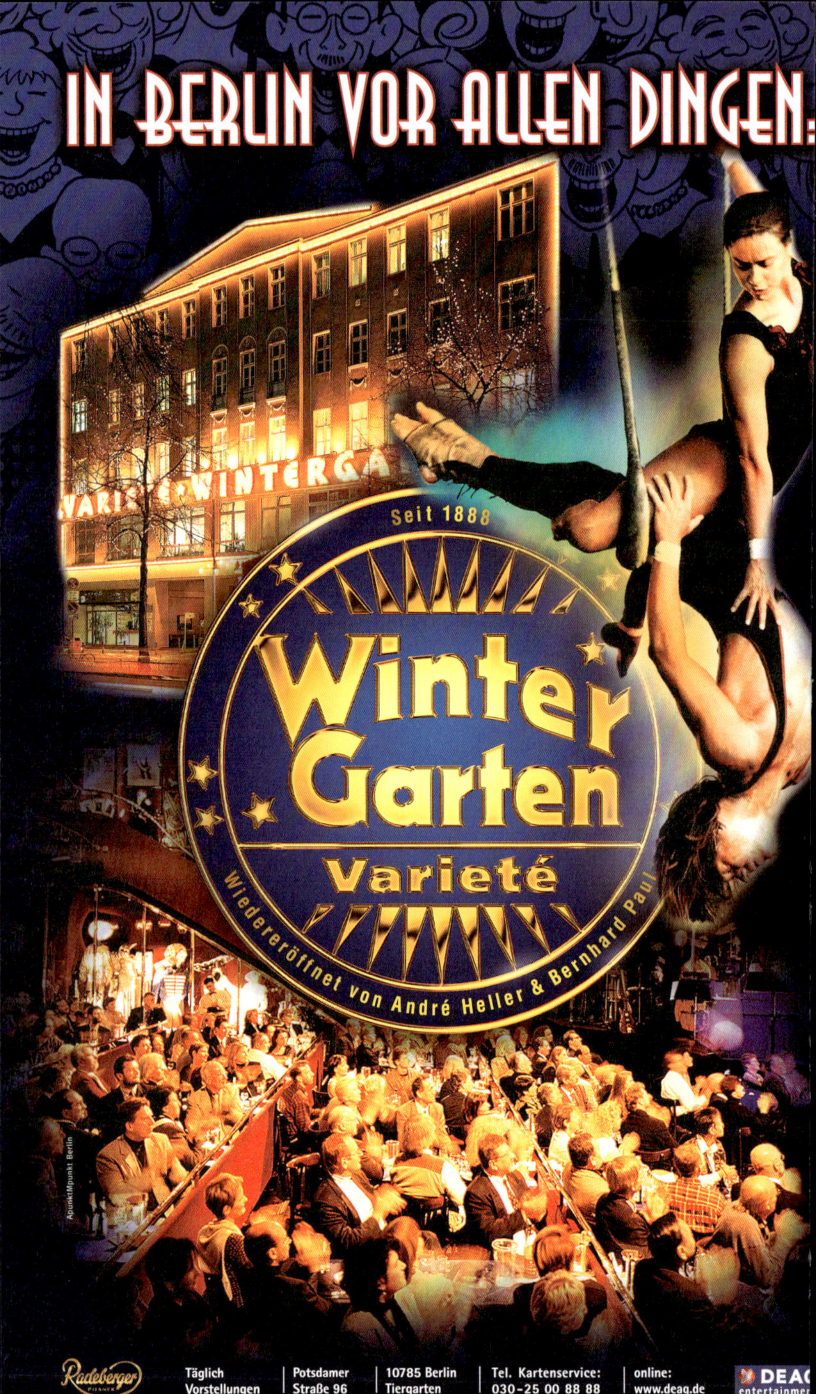
IN BERLIN VOR ALLEN DINGEN.
Seit 1888
Winter Garten
Varieté
Wiedereröffnet von André Heller & Bernhard Paul
ApunktMpunkt Berlin
Radeberger
Täglich Vorstellungen
Potsdamer Straße 96
10785 Berlin Tiergarten
Tel. Kartenservice: 030-25 00 88 88
online: www.deag.de

ALLE MUSEEN IM ÜBERBLICK

Berlin

Fon Vorwahl: 030

Abgußsammlung antiker Plastik
Schloßstraße 69 b, 14059 Berlin
Tel. 342 40 54
Do–So 14–17 Uhr ♿

Ägyptisches Museum und Papyrussammlung
Staatliche Museen zu Berlin
Schloßstraße 70, 14059 Berlin
Fon 34 35 73 11
Di–So 10–18 Uhr ♿

Akademie der Künste
Hanseatenweg 10, 10557 Berlin
Fon 390 76-0
Mo 14–20, Di–So 11–20 Uhr ♿

Stiftung Archiv, Kunstsammlung
Luisenstraße 60, 10117 Berlin
Fon 285 38 50
Besuch nach Vereinbarung ♿

AlliiertenMuseum
Clayallee 135, 14195 Berlin
Fon 81 81 99-0
Do–Di 10–18 Uhr ♿

Alte Nationalgalerie
Staatliche Museen zu Berlin
Bodestraße 1–3, 10178 Berlin
Fon 2090-50
Di–So 10–18 Uhr, Do 10–22 Uhr ♿

Altes Museum
Staatliche Museen zu Berlin
Bodestr. 1–3, 10178 Berlin
Fon 2090-50
Di–So 10–18 Uhr ♿
Im Hauptgeschoß → Antikensammlung

Anna-Seghers-Gedenkstätte
Stiftung Archiv der Akademie der Künste
Anna-Seghers-Straße 81, 12489 Berlin
Fon 677 47 25
Di/Mi 10–16 Uhr, Do 10–18 Uhr ♿

Antikensammlung
Staatliche Museen zu Berlin
im → Pergamonmuseum
Im → Alten Museum

Anti-Kriegs-Museum
Brüsseler Str. 21, 13353 Berlin
Fon 454 90 110
tägl. 16–20 Uhr ♿

Arboretum der Humboldt-Universität zu Berlin
Späthstr. 80/81, 12437 Berlin
Fon 636 69 41
30. März – 31. Oktober Mi/Do, Sa/So und feiertags 10–18 Uhr ♿

Bankmuseum der Commerzbank Berlin
Potsdamer Straße 125, 10783 Berlin
Fon 2653-2225
Do 15.30–17.30 Uhr und nach Vereinbarung

Bauhaus-Archiv Berlin
Museum für Gestaltung
Klingelhöferstraße 14, 10785 Berlin
Fon 25 40 02-0
Mi–Mo 10–17 Uhr, Bibliothek und Dokumentensammlung:
Mo–Fr 9–13 Uhr ♿

Berliner Medizinhistorisches Museum
Auf dem Gelände der Charité
Eingang Schumannstr./Ecke Luisenstr., letztes Gebäude auf der linken Seite
10117 Berlin
Fon 450-53 61 22
Di–So 10–17, Mi 10–19 Uhr ♿

Berliner U-Bahn-Museum
Rossitter Platz 1, 14053 Berlin
Fon 25 62 71 71
jeden 2. Sa des Monats 10.30–16 Uhr

Berlinische Galerie
Landesmuseum für Moderne Kunst, Photographie und Architektur
Methfesselstraße 28–48, 10965 Berlin
Fon 43 09 53-33
Nutzung von Archiv, Bibliothek und der Kunstsammlungen nach Anmeldung
→ Kunstforum
→ Lapidarium

Bezirksmuseum Marzahn-Hellersdorf
Alt-Marzahn 51, 12685 Berlin
Fon 54 79 09 21
Di–Do 9–17, Fr 9–14, So 14–18 Uhr ♿

Blinden-Museum
Johann-August-Zeune-Schule für Blinde
Rothenburgstraße 14, 12165 Berlin
Fon 63 21 23 90
Mi 15–18 Uhr ♿

Blindenwerkstatt Otto Weidt
Dependance des Jüdischen Museums Berlin
Rosenthaler Straße 39, 10178 Berlin
Fon 28 59 94 07
Mo–Fr 12–20, Sa/So 11–20 Uhr ♿

Bode-Museum
Staatliche Museen zu Berlin
Bodestraße 1-3, 10178 Berlin
Bis vorauss. 2005 wegen Sanierungsarbeiten geschlossen.

Botanischer Garten und Botanisches Museum
Königin-Luise-Straße 6–8, 14191 Berlin
Fon 838 50-100 ♿
Botanisches Museum
täglich 10–18 Uhr
Bibliothek: Mo–Fr 9–18 Uhr
und nach Vereinbarung unter
Fon 838 50-191 ♿
Botanischer Garten
Jan., Nov., Dez. 9–16; Feb. 9–17; März, Okt. 9–18; Sept. 9–19; April, Aug. 9–20; Mai, Juni, Juli 9–21
Schließung der Gewächshäuser und letzter Einlass in den Garten jeweils eine halbe Stunde vor Gartenschluss

Brecht-Weigel-Gedenkstätte
Stiftung Archiv der Akademie der Künste
Chausseestraße 125, 10115 Berlin
Fon 283 05 70 44
Besuch nur mit Führung (max. 8 Pers.)
Di–Fr 10–11.30 Uhr, Do 17–18.30, Sa 9.30–13.30 Uhr, So 11–18 Uhr, und nach Vereinbarung, Bibliothek und Archiv nach Anmeldung unter
Fon 283 05 70-0 ♿

Bröhan-Museum
Landesmuseum für Jugendstil, Art Deco und Funktionalismus (1889–1939)
Schloßstraße 1a, 14059 Berlin
Fon 326 906-00
Di–So und Feiertage 10–18 Uhr ♿

Brücke-Museum
Bussardsteig 9, 14195 Berlin
Fon 831 20 29
Mi–Mo 11–17 Uhr ♿

Centrum Judaicum
Oranienburger Straße 28/30
10117 Berlin
Fon 880 28 300
Di–Do 10–18 Uhr, Fr 10–17, So/Mo 10–20 Uhr ♿

DaimlerChrysler Contemporary
Potsdamer Platz Haus Huth
Alte Potsdamer Straße 5, 10785 Berlin
Fon 259 41-420
täglich 11–19 Uhr ♿

Deutsche Guggenheim Berlin
Unter den Linden 13–15, 10117 Berlin
Fon 20 20 93-0
Täglich 11–20, Do bis 22 Uhr ♿

Deutscher Dom
Gendarmenmarkt, 10117 Berlin
Fon 227 304-31
Di 10- 22, Mi–So 10–18,
im Juli und August und an den
Feiertagen 10–19 Uhr ♿

Deutsches Historisches Museum
Unter den Linden 2, 10117 Berlin
Fon 20 30 4-0
Wiedereröffnung vorauss. 2003
Im Kronprinzenpalais
Unter den Linden 3, 10117 Berlin
Fon 20 304-0
Do 10–22, Fr–Di 10–18 Uhr ♿

Deutsches Technikmuseum Berlin
Trebbiner Straße 9, 10963 Berlin
Fon 90 254-0
Di–Fr 9–17.30, Sa/So 10–18 Uhr,
Bibliothek Di 13–17.30, Do 9–12,
13–17.30 Uhr, Archiv nach Anmeldung
unter Fon 90 254-133 ♿

Dokumentationszentrum
Berliner Mauer
Bernauer Straße 111, 13355 Berlin
Fon 464 10 30
Mi–So 10–17 Uhr ♿

Domäne Dahlem
→ Stadtmuseum Berlin

Ephraim-Palais
→ Stadtmuseum Berlin

Erinnerungsstätte Notaufnahmelager
Marienfelde e. V.
Marienfelder Allee 66–80, 12277 Berlin
Fon 90 173-325
täglich 12–17 Uhr ♿

Ethnologisches Museum
Staatliche Museen zu Berlin
Lansstraße 8, 14195 Berlin
Fon 8301-438
Di–Fr 10–18, Sa/So 11–18 Uhr ♿

Juniormuseum
Arnimallee 23, 14195 Berlin
Fon 8301-438
Di–Fr 13–18, Sa/So 11–18 Uhr ♿

Feuerwehrmuseum Berlin
Berliner Straße 16, 13507 Berlin
Fon 439 06 180
Mo, Di, So 9–12, Mi 16–19 Uhr ♿

Filmmuseum Berlin
Deutsche Kinemathek
Filmhaus am Potsdamer Platz
Potsdamer Straße 2, 10785 Berlin
Fon 30 09 03-10
Di–So 10–18, Do 10–20 Uhr
Bibliothek Di, Mi, Fr 11–18,
Do 12–20 Uhr ♿

Forschungs- und Gedenkstätte
Normannenstraße ASTAK e. V.
Ruschestraße 103, Haus 1, 10365 Berlin
Fon 553 68 54
Mo–Fr 11–18, Sa/So und Feiertage
14–18 Uhr, für Gruppen auch nach
Vereinbarung ♿

Friedrichswerdersche Kirche
Staatliche Museen zu Berlin
Werderscher Markt, 10117 Berlin
Fon 208 13 23
Di–So 10–18 Uhr ♿

Gedenkstätte Berlin–Hohenschönhausen
Genslerstraße 66, 13055 Berlin
Fon 98 60 82 30
Besuch nur mit Führung
täglich 11 und 13 Uhr,
für angemeldete Gruppen
täglich 9–18 Uhr ♿

Gedenkstätte Deutscher Widerstand
Stauffenbergstraße 13–14, 10785 Berlin
Fon 2699 50-00
Mo–Fr 9–18Uhr, Do 9–20 Uhr, Sa/So
und Feiertage 10–18 Uhr ♿

Gedenkstätte Köpenicker Blutwoche Juni 1933
Puchanstraße 12, 12555 Berlin
Fon 657 14 67
Di/Mi 10–16.30, Do 10–18 Uhr

Gedenkstätte Plötzensee für die Opfer des Nationalsozialismus aus dem In- und Ausland
Hüttigpfad, 13627 Berlin
Fon 344 32 26 (oder über die Gedenkstätte Deutscher Widerstand).
März bis Okt. täglich 9–17 Uhr

Gemäldegalerie
Staatliche Museen zu Berlin
Matthäikirchplatz 8, 10785 Berlin
Fon 266 29 51
Di–So 10–18, Do bis 22 Uhr

Georg-Kolbe-Museum
Sensburger Allee 25, 14055 Berlin
Fon 304 21 44
Di–So 10–17 Uhrr

Gipsformerei
Staatliche Museen zu Berlin
Sophie-Charlotten-Str. 17/18
14059 Berlin
Fon 32 67 69-0
Mo–Fr 9–16, Mi bis 18 Uhr

Gründerzeitmuseum im Gutshaus Mahlsdorf
Hultschiner Damm 333, 12623 Berlin
Fon 567 83 29
Besuch mit Führung Mi und So 10–18 Uhr und auf Anfrage

Gutshaus Steglitz
Schloßstr.48, 12165 Berlin
(Wrangelschlößchen)
Fon 63 21-39 24, 797 39 89
Di–So 14–19 Uhr

Hamburger Bahnhof
Museum für Gegenwart
Staatliche Museen zu Berlin
Invalidenstraße 50/51, 10557 Berlin
Fon 397 834-11
Di–Fr 10–18, Sa/So 11–18 Uhr

Hanfmuseum
Mühlendamm 5, 10178 Berlin
Fon 242 48 27
Di–Fr 10–20, Sa/So 12–20 Uhr

Haus am Checkpoint Charlie
Friedrichstraße 43–44, 10969 Berlin
Fon 253 72 50
9–22 Uhr

Haus am Waldsee
Argentinische Allee 30, 14163 Berlin
Fon 6321-5234, 801 89 35
Di–So 12–20 Uhr

Haus der Kulturen der Welt
John-Foster-Dulles-Allee 10
10557 Berlin
Fon 397 87-0
Di–So 12–20 Uhr

Haus der Wannsee-Konferenz
Gedenk- und Bildungsstätte
Am Großen Wannsee 56–58
14109 Berlin
Fon 80 50 01-0
Mo–So 10–18 Uhr, Bibliothek und Mediathek: Mo–Fr 10–18 Uhr

Heimatmuseum Charlottenburg-Wilmersdorf
Schloßstraße 69, 14059 Berlin
Fon 90 29 13 201
Di–Fr 10–17, So 11–17 Uhr

Heimatmuseum Friedrichshain
In der Alten Feuerwache,
Marchlewskistraße 6, 10243 Berlin
Fon 249 68 75
Di–Fr 11–16, So 12–18 Uhr

Heimatmuseum Hellersdorf
→ Bezirksmuseum Marzahn-Hellersdorf

Heimatmuseum Hohenschönhausen
Lindenweg 7, 13053 Berlin
Fon 982 73 78
Di–Do 10–12 und 14–18, So 13–18 Uhr
Bibliothek und Archiv nur nach telefonischer Anmeldung ♿

Heimatmuseum Köpenick
Alter Markt 1, 12555 Berlin
Fon 65 84 33 51
Di, Mi 10–16, Do 10–18, Sa 14–18 Uhr, Archiv und Bibliothek: Di 10–16.30 Do 10–18 Uhr ♿

Heimatmuseum Kreuzberg
→ Kreuzberg-Museum

Heimatmuseum Lichtenberg
Parkaue 4, 10367 Berlin
Fon 57 79 46 53
Di und Do 11–18, Mi 13–18, So 14–18 Uhr, für Gruppen auch nach Vereinbarung. Archiv und Bibliothek nach Anmeldung ♿

Heimatmuseum Marzahn
→ Bezirksmuseum Marzahn-Hohenschönhausen

Heimatmuseum Mitte
→ Museum Mitte von Berlin

Heimatmuseum Neukölln
Museum für Stadtkultur und Regionalgeschichte
Ganghoferstraße 3–5, 12043 Berlin
Fon 6809-2535
Mi–Fr 13–18, Sa/So 12–18 Uhr
Schulklassen Mi 13–16 Uhr ♿

Heimatmuseum Pankow
→ Panke Museum

Heimatmuseum Prenzlauer Berg
→ Prenzlauer Berg Museum

Heimatmuseum Reinickendorf
Alt-Hermsdorf 35, 13467 Berlin
Fon 404 40 62
Mi–So und Feiertage 10–18 Uhr
Archiv: Mi/Do 9–15, Fr 9–12 Uhr ♿

Heimatmuseum Schöneberg
→ Schöneberg Museum

Heimatmuseum Spandau
→ Stadtgeschichtliches Museum Spandau

Heimatmuseum Steglitz
Drakestraße 64a, 12205 Berlin
Fon 833 21 09
Mo 16–19, Mi 15–18, So 14–17
Archiv: Mo 16–19, Mi 15–18 Uhr ♿

Heimatmuseum Tempelhof
→ Tempelhof Museum

Heimatmuseum Tiergarten
Turmstraße 75, 10551 Berlin
Fon 39 05 27 28
Di–Fr und So 12–17, Do 12–18 Uhr
Archiv: Zwinglistraße 2, 10555 Berlin
Besuch nach Anmeldung ♿

Heimatmuseum Treptow
Sterndamm 102, 12487 Berlin
Fon 61 72-56 29
Di/Do 10–18, So 14–18 Uhr, Archiv: Do 10–18 Uhr nach Voranmeldung ♿

Heimatmuseum Wedding
Pankstraße 47, 13357 Berlin
Fon 20094-4158
Di/Mi 10–16, Do 12–18, So 11–17 Uhr, Archiv nach Vereinbarung ♿

Heimatmuseum Wilmersdorf
→ Wilmersdorf Museum und Archiv

Heimatmuseum und Heimatarchiv Zehlendorf
Clayallee 355, 14169 Berlin
Fon 802 24 41
Mo und Do 16–19 Uhr, Archiv nach Anmeldung ♿

Historische Instrumentensammlung am Johannes-Müller-Institut für Physiologie
Im Gebäude der ehemaligen Frauenklinik, Tucholskystraße 2
10117 Berlin
Fon 450 52 80 61
Mo–Fr 8–18 Uhr ♿

Historischer Hafen Berlin
Märkisches Ufer, 10178 Berlin
Fon 213 80 41 ♿

Hugenottenmuseum
Im Französischen Dom
Gendarmenmarkt 5, 10117 Berlin
Fon 229 17 60
Di–Sa 12–17 Uhr, So und Feiertage 11–17 Uhr ♿

Informations- und Dokumentationszentrum Berlin der Bundesbeauftragten für die Stasi-Unterlagen
Mauerstraße 38, 10117 Berlin
Fon 22 41 74 70
Mo–Sa 10–18 Uhr, So und an Feiertagen geschl. ♿

Jagdschloß Grunewald
Am Grunewaldsee 29, 14193 Berlin
Fon 813 35 97,
15. Mai – 15. Oktober, Di–So 10–13 und 13.30–17 Uhr ♿

Jüdisches Museum Berlin
Lindenstraße 9–14, 10969 Berlin
Fon 2599 3300
täglich 10–20, Mo 10–22 Uhr, 7./8. und 16. Sept. geschlossen, Bibliothek und Archiv: Mo–Do 10–16 Uhr nach schriftlicher Anmeldung ♿

Jugendmuseum Schöneberg
→ Schöneberg Museum

Käthe-Kollwitz-Museum Berlin
Fasanenstraße 24, 10719 Berlin
Fon 882 52 10
Mi–Mo und Feiertage 11–18 Uhr ♿

Keramik-Museum Berlin
Geschäftsstelle, Bibliothek und Archiv:
Neufertstraße 6, 14059 Berlin
Fon 321 23 22

Kinder & JugendMuseum im Prenzlauer Berg
Prenzlauer Allee 75, 10405 Berlin
Fon 74 77 82 00, nur für Gruppen nach Vereinbarung ♿

Knoblauchhaus
→ Stadtmuseum Berlin

Kreuzberg-Museum für Stadtentwicklung und Sozialgeschichte
Adalbertstraße 95A, 10999 Berlin
Fon 5058 5233
Mi–So 12–18 Uhr, Offenes Archiv und Präsenzbibl. Di–Fr 11–16 Uhr ♿

Museumsdruckerei Schneider
Ritterstr. 12, 10969 Berlin,
Fon 614 71 77
Fr 11–16 Uhr, für Gruppen nach tel. Vereinbarung

KunstBank
Galerieraum in der Senatsverwaltung für Wissenschaft, Forschung und Kultur
Brunnenstraße 188-190, 10119 Berlin
Fon 90228-870
Mo–Fr 14–18 Uhr, an Feiertagen geschlossen ♿

Kunstbibliothek
Staatliche Museen zu Berlin
Matthäikirchplatz 6, 10785 Berlin
Fon 266 20 29
Sonderausstellung: Di–Fr 10–18, Sa/So 11–18 Uhr, Bibliothek: Mo 14–20, Di–Fr 9–20 Uhr, Studiensaal – Sondersammlung: Mo 14–20, Di–Fr 9–16 Uhr ♿

Kunstforum in der GrundkreditBank
Budapester Str. 35, 10787 Berlin
Fon 2698 1574
Di–So 10–18 Uhr ♿

Kunstgewerbemuseum
Staatliche Museen zu Berlin
Schloß Köpenick
Bis voraussichtlich Mai 2003 wegen Sanierung geschlossen.
Kulturforum
Matthäikirchplatz, 10785 Berlin
Fon 266 29 02
Di–Fr 10–18, Sa/So 11–18 ♿

Kunstsammlung des Deutschen Bundestages
Platz der Republik 1, 11011 Berlin
Fon 227-393 82 ♿

Kupferstichkabinett
Sammlung der Zeichnungen und Druckgraphik
Staatliche Museen zu Berlin
Matthäikirchplatz 6, 10785 Berlin
Fon 266 20 23
Sonderausst. Di–Fr 10–18, Sa/So 11–18 Uhr
Studiensaal Di–Fr 9–16 Uhr ♿

Labyrinth Kindermuseum Berlin
Osloer Straße 12, 13359 Berlin
Fon 49 30 89 01
Di–Fr 14–16, Mi 14–18, Sa 13–18, So und Feiertage 11–18 Uhr, für angemeldete Gruppen Mo– Fr 9–13 Uhr ♿

Landesarchiv Berlin
Eichborndamm 115–121, 13403 Berlin
Fon 90264-0/-111
Di–Do 9–18, Fr 9–15 Uhr,
Speziallesesäle Di–Fr 9–15 Uhr

Lapidarium am Landwehrkanal
Hallesches Ufer 78, 10963 Berlin
Fon 2655 5058
Sa–Do 10–18 Uhr ♿

Luftwaffenmuseum der Bundeswehr
General Steinhoff-Kaserne Flugplatz Gatow
Kladower Damm 182, 14089 Berlin
Zufahrt: Groß-Glienicker Weg
Fon 3687-2601, Sa/So 3687-2604
Di–So 9–17 Uhr (Einlaß bis 16 Uhr) ♿

Märkisches Museum
→ Stadtmuseum Berlin

Martin-Gropius-Bau
Niederkirchnerstraße 7, 10963 Berlin
Fon 254 86–0
Mi–Mo 10–20, Sa 10–22 Uhr ♿
→ Museum der Dinge

Mauermuseum
→ Haus am Checkpoint Charlie

Mies van der Rohe-Haus
Oberseestraße 60,13053 Berlin
Fon 9700 0618
Di–Do 13–18, Sa/So 14–18 Uhr

Max-Liebermann-Villa
Am Großen Wannsee 42, 14109 Berlin
Fon 823 40 15
Fr 13–20 , Sa/So 10–20 Uhr

Mori-Ôgai-Gedenkstätte
Luisenstraße 39, 10117 Berlin
Fon 282 60 97
Mo–Fr 10–14 Uhr, an Feiertagen geschlossen ♿

Münzkabinett
Staatliche Museen zu Berlin
Im → Bode-Museum: bis vorauss. 2005 geschlossen.
Die Ausstellung antiker Münzen des Münzkabinetts im
→ Pergamonmuseum bleibt weiterhin zugänglich

Museum Berlin-Karlshorst
Zwieseler Straße 4/Ecke
Rheinsteinstraße, 10318 Berlin
Fon 50 15 08-10
Di–So 10–18 Uhr ♿

Museum der Dinge
Werkbund-Archiv
Im → Martin-Gropius-Bau
Niederkirchnerstraße 7, 10963 Berlin
Fon 254 86 900

Mi–Mo 10–18 Uhr, Sa 10–22 Uhr,
So 10–20 Uhr ♿

Museum der Unerhörten Dinge
Crellestraße 5–6, 10827 Berlin
Fon 781 49 32 / 0175-410 91 20
Mi–Fr 15–19 Uhr, jeden ungeraden Sa im Monat 12–17 Uhr,

Museum Europäischer Kulturen
Staatliche Museen zu Berlin
Im Winkel 6–8, 14195 Berlin
Fon 83901-287
Di–Fr 10-18, Sa/So 11–18 Uhr ♿

Museum für Indische Kunst
Staatliche Museen zu Berlin
Lansstraße 8, 14195 Berlin
Fon 8301-361
Di–Fr 10–18, Sa/So 11–18 Uhr ♿

Museum für Islamische Kunst
Staatliche Museen zu Berlin
→ im Pergamonmuseum
Fon 20 90-50
Di–So 10–18 Uhr, Do bis 22 Uhr

Museum Kindheit und Jugend
→ Stadtmuseum Berlin

Museum für Kommunikation Berlin
Leipziger Straße 16, 10117 Berlin
Fon 202 94-0
Di–Fr 9–17, Sa/So 11–19 Uhr ♿

Museum für Naturkunde
Invalidenstraße 43, 10115 Berlin
Fon 2093-8591
Di–Fr 9.30–17, Sa/So und Feiertage 10–18 Uhr ♿

Museum für Ostasiatische Kunst
Staatliche Museen zu Berlin
Lansstraße 8, 14195 Berlin
Fon 8301-382
Di–Fr 10–18, Sa/So 11–18 Uhr ♿

Museum für Vor- und Frühgeschichte
Staatliche Museen zu Berlin
Schloß Charlottenburg
Langhansbau, 14059 Berlin
Fon 32 67 48 11
Di–Fr 9–17 Uhr, Sa/So 10–17 Uhr ♿

Museum im Wasserwerk
Wasserwerk Friedrichshagen
Müggelseedamm 307, 12587 Berlin
Fon 86 44-76 95
Mi–Fr 10–16, Sa/So und Feiertage 10–17 Uhr ♿

Museum Mitte von Berlin
Palais am Festungsgraben
Am Festungsgraben 1, 10117 Berlin
Fon 208 40 00
Mi–Fr 13–17, Sa 13–20 Uhr, So 11–17 Uhr ♿

Museumsdorf Düppel
→ Stadtmuseum Berlin

Musikinstrumenten-Museum
Tiergartenstraße 1, 10785 Berlin
Fon 254 81-178
Di–Fr 9–17, Sa/So und Feiertage 10–17 Uhr ♿

Naturwissenschaftliche Sammlungen Berlin
→ Stadtmuseum Berlin

Neue Gesellschaft für Bildende Kunst e.V.
Oranienstraße 25, 10999 Berlin
Fon 615 30 31
Mo–So 12–18.30 Uhr ♿

Neue Nationalgalerie
Staatliche Museen zu Berlin
Potsdamer Straße 50, 10785 Berlin
Fon 266 26 62/-47
Di, Mi, Fr 10–18, Do 10–22, Sa/So 11–18 Uhr ♿

Neuer Berliner Kunstverein
Chausseestraße 128/129, 10115 Berlin
Fon 280 70 20
Di–Fr 12–18, Sa/So 12–16 Uhr

Nicolaihaus
→ Stadtmuseum Berlin

Nikolaikirche
→ Stadtmuseum Berlin

Olympiastadion
Die Ausstellung
Deutsches Sportforum
Hanns-Braun-Str./Adlerplatz
14053 Berlin
Fon 30 11 10-0, (Sa/So 30 11 10-233),
Mi u. So 10–18 Uhr, Sonderführungen
nach Voranmeldung

Panke Museum
Heimatmuseum Pankow
Heynstraße 8, 13187 Berlin
Fon 481 40 47
Di und Do 10–18, So 10–17.30 Uhr
Chronik Pankow-Archiv
Breite Straße 43, 13187 Berlin
Fon 47 53 51 31
Mo 8–16, Mi 14–19 Uhr

Pergamonmuseum
Staatliche Museen zu Berlin
Bodestraße 1–3, Eingang Kupfergraben
10178 Berlin
Fon 20 90-50
Di–So 10–18, Do bis 22 Uhr

Picasso und seine Zeit
Sammlung Berggruen
Staatliche Museen zu Berlin
Schloßstraße 1, 14059 Berlin
Fon 32 69-580
Di–Fr 10–18, Sa/So 11–18 Uhr

Polizeihistorische Sammlung im
Polizeipräsidium Berlin
Platz der Luftbrücke 6, 12101 Berlin
Fon 6993 5050
Mo–Mi 9–15 Uhr, für Gruppen auch
Do/Fr nach Anmeldung

Prenzlauer Berg Museum für
Heimatgeschichte und Stadtkultur
Prenzlauer Allee 227/228, 10405 Berlin
Fon 42 40 10 97
Mo–Fr 9–19 Uhr, Archiv und Bibliothek:
Di 13–18 Uhr

Puppentheater-Museum Berlin
Karl-Marx-Straße 135, 12043 Berlin
Fon 687 81 32
Mo–Fr 9–16, So 11–17 Uhr

Robert-Koch-Museum
Dorotheenstr. 96, 10117 Berlin
Fon 450 52 40 10
Besuch nur nach Anmeldung

Rotkreuz-Museum Berlin
Bundesallee 73, 12154 Berlin
Fon 85 00 52 55
Mi 17–20, So 10–13 Uhr u. nach
Vereinbarung

Sammlung Berggruen
→ Picasso und seine Zeit

Sammlung industrielle Gestaltung /
Kulturbrauerei
Das Museum im Nordflügel,
Schönhauser Allee 36–39, Eingang
Knaackstraße 97, 10435 Berlin
Fon 443 178 68
Mi–So 13–20 Uhr

Scheringianum
Museum der Schering AG
Müllerstraße 170, 13353 Berlin
Fon 46 81 21 71
Besuch nach Anmeldung

Schloss Britz
Alt-Britz 73, 12359 Berlin
Fon 609 79 23-0
Di–Do 14–18, Fr 14–20, Sa/So und
Feiertage 11–18 Uhr

Schloss Charlottenburg
Luisenplatz, 14059 Berlin
Fon 32091-1
Altes Schloß
Di–Fr 9–17, Sa/So 10–17 Uhr
(letzte Führung 16 Uhr)
Neuer Flügel (Knobelsdorff-Flügel)
Di–Fr 10–18, Sa/So 11–18 Uhr
Schinkel-Pavillon (Neuer Pavillon)
Di–So 10–17 Uhr
(Einlass bis 16.30 Uhr)
Belvedere
April–Oktober Di–So 10–17 Uhr
Mausoleum
April–Oktober Di–So 10–12 und
13–17 Uhr (Einlass bis 16.45 Uhr)

Schloss Friedrichsfelde
→ Stadtmuseum Berlin

Schloss und Landschaftsgarten Glienicke
Königstraße 36, 14109 Berlin
Fon 805 30 41
Garten ganzjährig täglich geöffnet,
Schloss und Casino: 15. Mai –
15. Oktober Sa/So und Feiertage
10–17 Uhr

Schloss und Landschaftsgarten Pfaueninsel
14109 Berlin
Fon 8058 6630
Garten von Mai–August täglich 8–20, im
Sept. 8–18 Uhr geöffnet,
Schloss: April–Oktober Di–So 10–13 und
13.30–17 Uhr

Schloss Tegel
Humboldt-Museum
Adelheidallee 19–21, 13507 Berlin
Fon 434 31 56
Besuch nur mit Führung Mo, 10, 11, 15
und 16 Uhr

Schöneberg Museum und Jugendmuseum Schöneberg
Hauptstraße 40/42, 10827 Berlin
Fon 7560 6163
Mo–Fr 9–13 Uhr nur für angemeldete
Gruppen

Schwartzsche Villa
Grunewaldstr. 55, 12165 Berlin
Fon 63 21 22 12/-10
Di–Fr und So 10–18 Uhr, Sa 14–18 Uhr

Schwules Museum Berlin
Mehringdamm 61, Gartenhaus
10961 Berlin
Fon 693 11 72
Mi–Mo 14–18, Sa 14–19, Bibliothek und
Archiv Mi–So 14–18 Uhr

Skulpturensammlung und Museum für Byzantinische Kunst
Staatliche Museen zu Berlin
Im → Bode-Museum, wegen Sanierung
des Bode-Museums bis 2005
geschlossen.

Sonderausstellungshallen am Kulturforum
Matthäikirchplatz 4, 10785 Berlin
Fon 266 29-51
Di–So 10–18 Uhr

Spandovia Sacra
Museum der St. Nikolai-Gemeinde
Spandau
Reformationsplatz 12, 13597 Berlin
Fon 333 80 54
Do–So 15–18 Uhr und nach
Vereinbarung unter Fon 333 80 54

Sportmuseum Berlin
→ Stadtmuseum Berlin

Staatsbibliothek zu Berlin
Unter den Linden (Haus 1)
Unter den Linden 8, 10117 Berlin
Fon 266 23 03
Mo–Fr 9–21, Sa 9–17 Uhr
Potsdamer Straße (Haus 2)
Potsdamer Straße 33, 10785 Berlin
Fon 266 23 03
Mo–Fr 10–20, Sa 10–18 Uhr

Stadtgeschichtliches Museum Spandau
Im Zeughaus der → Zitadelle
Fon 35 49 44-297
Di–Fr 9–17, Sa/So 10–17 Uhr, Archiv nach Anmeldung unter
Fon 35 49 44-287 ♿

Gotisches Haus
Breite Straße 32, 13597 Berlin
Fon 333 93 88
Mo–Fr 9–17, Sa 10–13 Uhr ♿

Stadtgeschichtliches Museum Weißensee
Parkstraße 9, 13086 Berlin
Fon 925 05 49, 925 77 71
Archiv Mi 10–12 und 13–18 Uhr nach telefonischer Anmeldung
Ausstellungsgebäude:
Pistoriusstraße 8, 13086 Berlin
Di 10–16, Mi/Do 12–18 Uhr
So 14–18 Uhr ♿

Stadtmuseum Berlin
Landesmuseum für Kultur und Geschichte Berlins
Postadresse:
Poststraße 13/14, 10178 Berlin
Info-Hotline: 24 002-162
Die Bibliothek (Fon 61 65 68-05), das Modearchiv (Fon 76 007 183), das Theaterarchiv (Fon 76 007 188) und das Photographische Archiv (Fon 201 12 08) können nach telefonischer Vereinbarung genutzt werden.

Domäne Dahlem
Landgut und Museum
Königin-Luise-Straße 49, 14195 Berlin
Fon 666 30 00
Mi–Mo 10–18 Uhr ♿

Museum Ephraim-Palais
Poststraße 16, 10178 Berlin
Fon 24 002-121
Di–So 10–18 Uhr ♿

Museum Galgenhaus
Brüderstraße 10, 10178 Berlin
Fon 201 12 08
Di–So 10–18 Uhr, Photographische Sammlung und Bibliothek nach tel. Vereinbarung Mo–Fr 9–15 Uhr ♿

Grünauer Wassersportmuseum
Regattastraße 191, 12527 Berlin
Fon 674 40 02
Sa 14–16.30 Uhr und nach Vereinb. ♿

Handwerks- und Friseurmuseum
Alt-Marzahn 31, 12685 Berlin
Fon 541 02 31
Di–So 10–18 Uhr ♿

Museum Knoblauchhaus
Poststraße 23, 10178 Berlin
Fon 2757 6733
Di–So 10–18 Uhr ♿

Märkisches Museum
Am Köllnischen Park 5, 10179 Berlin
Fon 308 66-0
Di–So 10–18 Uhr ♿

Museum Kindheit und Jugend
Wallstraße 32,10179 Berlin
Fon 275 03 83
Di–Fr 9–17 Uhr ♿

Museumsdorf Düppel
Clauertstraße 11, 14163 Berlin
Fon 802 66 71, 802 33 10
Saison vom 23. März – 8. Okt.
Do 15–19, So und Feiertage 10–17 Uhr
(Einlass bis eine Stunde vor Schl.) ♿

Naturwissenschaftliche Sammlungen Berlin
Schloßstraße 69a, 14059 Berlin
Fon 342 50 30
Di–So 10–18 Uhr, Bibliothek nach Anmeldung ♿

Museum Nicolaihaus
Brüderstraße 13, 10178 Berlin
Fon 204 58 163
Di–So 10–18 Uhr

Museum Nikolaikirche
Nikolaikirchplatz, 10178 Berlin
Fon 2472 4529
Di–So 10–18 Uhr

Schloss Friedrichsfelde
Auf dem Gelande des Tierparks
Am Tierpark 125, 10319 Berlin
Fon 513 81 42
Di–So 10–18 Uhr

Sportmuseum Berlin
Deutsches Sportforum,
Hanns-Braun-Straße, 14053 Berlin
Fon 305 83 50
Bibliothek und Archiv nach Anmeldung
unter Fon 305 83 00

Stiftung Deutsche Kinemathek
→ Filmmuseum Berlin

Stiftung »Neue Synagoge Berlin Centrum Judaicum«
→ Centrum Judaicum

Stiftung Topographie des Terrors
Niederkirchnerstraße 8, 10963 Berlin
Fon 254 86-703

Tempelhof Museum
Alt-Mariendorf 43, 12107 Berlin
Fon 75 60 74 65
Mi 15–18, So 11–15 Uhr, Bibliothek
nach Anmeldung

Das Verborgene Museum e. V.
Dokumentation der Kunst von Frauen
Schlüterstraße 70, 10625 Berlin
Fon 313 36 56
Mi–Fr 15–19, Sa/So 12–16 Uhr

Vitra Design Museum
Kopenhagener Straße 58, 10437 Berlin
Fon 473 777-0
Di–So 11–20, Fr 11–22 Uhr

Vorderasiatisches Museum
Staatliche Museen zu Berlin
Im → Pergamonmuseum
Fon 20 90-50
Di–So 10–18, Do bis 22 Uhr

Wäschereimuseum
Luisenstraße 23, 12557 Berlin
Fon 651 64 24
jeden 1. Freitag im Monat, 15–18 Uhr,
Gruppen nach Vereinbarung

Waldmuseum mit Waldschule
im Jagdschloß Grunewald
Am Grunewaldsee 29, 14193 Berlin
Fon 813 34 42
Di–Fr 10–14, Sa/So 11–16 Uhr

Wassersportmuseum Grünau
→ Stadtmuseum Berlin

Zentrum für Berlin-Studien der Zentral- und Landesbibliothek Berlin
Breite Straße 35/36, 10178 Berlin
Fon 902 26-479
Mo–Fr 10–19, Sa 13–18 Uhr

Zitadelle Spandau
Am Juliusturm, 13599 Berlin
Fon 354 944-200
Di–Fr 9–17, Sa/So 10–17 Uhr

Zucker-Museum
Amrumer Straße 32, 13353 Berlin
Fon 314 27 574
Mo–Do 9–16.30, So 11–18 Uhr

Potsdam

Fon Vorwahl: 0331

Berliner S-Bahn-Museum
Postadresse und Information:
S-Bahnhof Jannowitzbrücke, 10179 Berlin
Fon 030-787 055 11
Museum:
Rudolf-Breitscheid-Straße 203
14482 Potsdam

Filmmuseum Potsdam
Marstall/Schloßstraße 1
14467 Potsdam
Fon 271 81-18/28, tägl. 10–18 Uhr

Haus der Brandenburgisch-Preußischen Geschichte
Kutschstall/ Am Neuen Markt
14467 Potsdam
Fon 201 39 49

Potsdam-Museum
Naturkundemuseum
Breite Straße 13, 14467 Potsdam
Fon 289 66 00
Di–So und an jedem 1. Montag im Monat 9–17 Uhr
Hiller-Brandtsche Häuser
Breite Straße 8–12, 14467 Potsdam
Fon 289 66 00/-03
Hermann-Elflein-Straße 3
Fon 289 66 00
Mi und So 10–17 Uhr
Benkertstraße 3
Städtische Gemäldesammlung
Fon 28147 90
Di–So und an jedem 1. Montag im Monat 9–17 Uhr
Berliner Straße 98–101
Mo–Fr 8–15, Sa/So 9–17 Uhr
Gedenkstätte Lindenstraße 54
ehem. Untersuchungsgefängnis der Staatssicherheit
Fon 289 61 36
Di, Do und jeder 1., 3. und 5. Sa im Monat 9–17 Uhr

Gedenkstätte in der Henning-von Tresckow-Straße 2–8
täglich 9–17 Uhr

Park Sanssouci
Schloss Sanssouci
Fon 9694-190
April–Okt. Di–So 9–17 Uhr, Nov.–März Di–So 9–12.30, 13–16 Uhr
Damenflügel im Schloss Sanssouci
Fon 9694-184
15. Mai–15. Okt. Sa/So 10–12.30 und 13–17 Uhr
Bildergalerie
Fon 9694-181
15. Mai–15. Oktober, Di–So 10–12.30 und 13–17 Uhr
Neue Kammern
Fon 9694-206
April–14. Mai Sa/So 10–17
15. Mai–15. Oktober, Di–So 10–12.30 und 13–17 Uhr
Historische Windmühle
Fon 9694-284
April–Okt. täglich 10–18 Uhr
Orangerieschloss
Fon 9694-280
15. Mai–15. Oktober, Di–So 10–12.30 und 13–17 Uhr
Chinesisches Haus
Fon 9694-222
15. Mai–15. Oktober, Di–So 10–12.30 und 13–17 Uhr
Friedenskirche
Fon 97 40 09
Mai–Okt. täglich 10–18 Uhr,
So 12–18 Uhr
Neues Palais
Fon 9694-255
April–Okt. Sa–Do 9–17 Uhr,
Nov.–März Sa–Do 9–16 Uhr
Schloss Charlottenhof
Fon 9694-228
15. Mai–15. Oktober, Di–So 10–12.30 und 13–17 Uhr

Römische Bäder
Fon 9694-224
15. Mai–15. Oktober, Di–So 10–12.30 und 13–17 Uhr ♿

Dampfmaschinenhaus (Moschee)
(außerhalb von Park Sanssouci)
Breite Straße
Fon 9694-248
15. Mai–15. Oktober, Sa/So 10–12.30 und 13–17 Uhr ♿

Neuer Garten

Marmorpalais
Fon 9694-246
April–Okt. Di–So 10–17 Uhr ♿

Orangerie
Fon 24 21 58
geöffnet nur zu Sonderausstellungen und Konzerten ♿

Schloss Cecilienhof
Historische Gedenkstätte des Potsdamer Abkommens
Fon 9694-244
April–Oktober Di–So 9–17 ♿

Belvedere auf dem Pfingstberg
Fon 270 19 72
April, Mai, Sept. tägl. 10–18, Juni, Juli, Aug. tägl. 10–20, März, Nov. Sa–So 10–16

Pomonatempel
Auf dem Pfingstberg
Fon 270 19 72
Apr.–Okt. Sa/So 15–18 Uhr ♿

Park Babelsberg

Schloss Babelsberg
14482 Potsdam
Fon 9694-250
April–Oktober, Di–So und Feiertage 10–17 Uhr ♿

Flatowturm
Fon 9694-249
April – 27. Okt., Sa/So und feiertags 10–17 Uhr ♿

Jagdschloss Stern
Am Ende der Jagdhausstraße
14480 Potsdam
Fon 9694-240, Besuch mit Führung ♿

Schloss Caputh
14548 Caputh
Fon 033209/703 45
15. Mai–15. Okt. Di–So 10–17 Uhr, 16. Okt.–14. Mai Sa/So 10–16 Uhr ♿

Schlossmuseum Oranienburg
16515 Oranienburg
Fon 03301/537 437
April–Okt. Di–So 10–18 Uhr, Nov.–März Di–So 10–17 Uhr, letzter Einlass jeweils eine Stunde vor Schließung ♿

Schloss Rheinsberg
16831 Rheinsberg
Fon 033931/726-0/14
April–Okt. Di–So 9.30–17 Uhr,
Nov.–März Di–So 10–12.30
u. 13–16 Uhr ♿

Schloss Paretz
Parkring 1, 14669 Paretz
Fon 033233/736-10
Di–So 10–17 Uhr

Schloss Königs Wusterhausen
Schlossplatz
15711 Königs Wusterhausen
Fon 03375/21 17 01
April–Okt. Di–So 10–17 Uhr, Nov.–März Di–So 10–16 ♿

Aktuelle Veranstaltungen sowie nähere Informationen zu Führungen und genaue Anfahrtsbeschreibungen finden Sie im MuseumsJournal online unter www.museumsjournal.de

Hinweise für behinderte Besucher:
♿ = behindertengerecht
♿ = bedingt behindertengerecht, (wenn möglich, telef. anmelden)
♿ = nicht behindertengerecht

BIOSPHÄRE POTSDAM

Die Biosphäre ist eine neue Naturerlebniswelt zwischen Schloß Sanssouci, Ruinenberg und dem BUGA-Park. Sie ist das Verbindungsglied zwischen Historie und Moderne, Vergangenheit und Zukunft.

Eine spannungsreiche Geschichte verknüpft die Elemente der Luft, des Wassers und des Landes mit den Erfahrungen und Abenteuern der Jahrhunderte. Der Besucher ist nicht Zuschauer, er wird Teil einer Entdeckungsreise in eine tropische Pflanzenwelt ferner Gestade. Vergangene Jahrhunderte, der Reiz fremder Welten und Abenteuer liegen vor ihm.

Der Geist des Fürsten Pückler persönlich geleitet die Besucher in seine Welt, die verschollene Biosphäre. Natürlich nicht ohne ein paar Anekdoten aus seinem mehr als bewegten Leben zum besten gegeben zu haben.

Und hier beginnt die zweite Ebene der Biosphäre. Nicht erleben, sondern verstehen und selbst probieren heißt es ab jetzt für die Besucher.

Vorbei an über 14 Meter hohen Bäumen sind auf den verschlungenen Pfaden immer neue Geheimnisse zu entdecken. Über einen geheimen Zugang erreichen die Besucher die Unterwasserforschungsstation der Biosphäre. Hier, unter einem künstlichen See, können die Besucher Experimente durchführen, Fische beobachten und eine spannende Tauchfahrt erleben.

Ein Höhenweg über die Naturerlebniswelt führt über die Baumwipfel hinweg zurück zum Ausgangspunkt der Reise. Ein Erlebnis inmitten von Potsdam – zu jeder Jahreszeit.

Info

Restaurant mit Außen- und Innenterrasse, Bar, Shop. Ganzjährig geöffnet von 9 bis 20 Uhr.

Parken kostenlos , voll behindertengerecht.

Tipp

Der BUGA-Park-Eintritt ist im Preis enthalten. Deshalb empfiehlt es sich, den attraktiven Park in der Tagesplanung zu berücksichtigen.

Vergessen von der Zeit.
Verborgen vor der Welt.
Bis heute...
Biosphäre
Die einzigartige Naturerlebniswelt inmitten von Potsdams grünem Herzen.
Lassen Sie sich entführen in eine zauberhafte tropische Pflanzenwelt und seien sie Teil einer einzigartigen Geschichte zu Lande, zu Wasser und in der Luft. Inmitten des Bornstedter Parks Potsdam erwartet sie auf über 5000qm eine einzigartige Reise des Forschens, Staunens, Entdeckens und Erholens.
Ganzjährig geöffnet. Parkplätze am Haus. 10 Minuten von Schloß Sanssouci und Ruinenberg
Biosphäre Potsdam Georg Herrmann Allee 99 14469 Potsdam 0331-5507155
www.biosphaere-potsdam.de

MD BERLIN – KULTURDIENSTLEISTER FÜR MUSEEN UND THEATER IN BERLIN

Museumsfestivals

Lust auf einen Museumsbesuch der anderen Art? Dafür gibt es gleich mehrere Gelegenheiten in Berlin. Zu Beginn eines jeden Jahres veranstaltet der MD Berlin Schauplatz-Museum, „Deutschlands kleinstes feines Festival". In über 20 Museen finden zwei Wochen lang 60 Veranstaltungen statt, bei denen die verschiedenen Künste in einen Dialog treten: Musik, Literatur, Theater, Performance, Film und Medien interpretieren auf ungewöhnliche Weise Museumsstücke, geben ihnen Klang, Sprache und Bewegung. Am Ende eines jeden Schauplatz-Museum steht die Lange Nacht der Museen. Rund 100 Museen locken mit Wandelkonzerten, Performances, Lesungen, Malaktionen, Filmen, Sonderführungen zwischen 18 Uhr und 2 Uhr morgens. Eine kombinierte Eintrittskarte für alle teilnehmenden Institutionen, verbunden mit Shuttle-Bussen, sorgt für einen preiswerten Besuch und eine bequeme Verbindung.

Der August steht ganz im Zeichen des MuseumsSommers: die Freiflächen der Stadt werden bespielt und die ständigen Angebote der Museen gebündelt und der Jahreszeit entsprechend präsentiert. Glanzvoller Abschluss auch hier: die Lange Nacht der Museen.

Schauplatz-Museum
www.schauplatz-museum.de
Januar/Februar

MuseumsSommer
www.museumssommer.de
Juni bis September

Lange Nacht der Museen
www.lange-nacht-der-museen.de
Ende Januar/Ende August

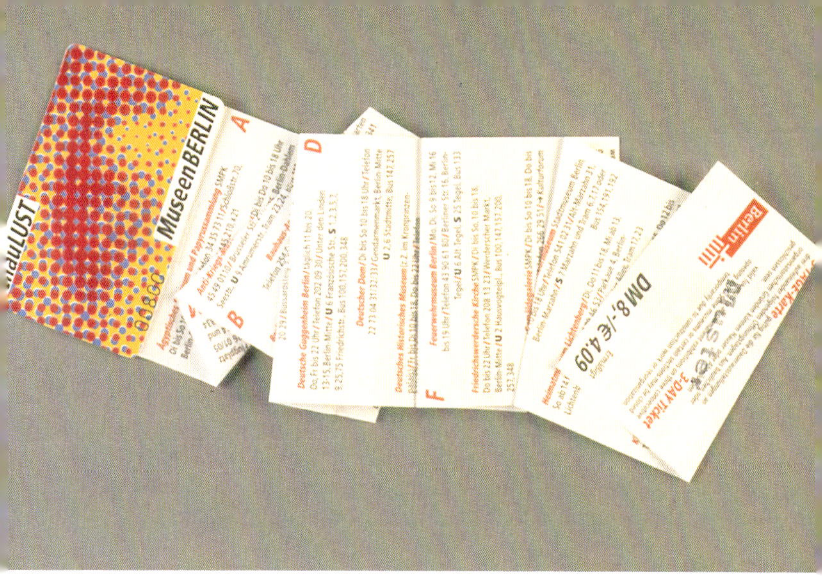

Publikationen

Immer auf der Spur fesselnder Themen gibt der MD Berlin Ausstellungsmagazine, Zeitungen, Informations- und Führungsblätter, museumspädagogische Materialien, Jahrbücher, Dokumentationen heraus und vierteljährlich:

MuseumsJournal

Das MuseumsJournal berichtet über Museen, Schlösser, Sammlungen und Archive in Berlin und Potsdam, über Bestände, Neuerwerbungen sowie Forschungsergebnisse und informiert über Museumspolitik und Museumsalltag. Der Übersichtsteil im MuseumsJournal enthält Sonderausstellungen und Veranstaltungen sowie Anschriften, Öffnungszeiten und Verkehrsverbindungen der Museen.

www.museumsjournal.de

museumsTip

Im museumsTip werden die pädagogischen Projekte des MD Berlin neben den Führungen und ausgewählten Angeboten anderer Einrichtungen vorgestellt. Hier erfahren Sie alles über Termine, Anmeldungen und Eintrittspreise.

www.museumstip.de

Museumspädagogik

Ob interessierter Museumsbesucher, ob Kind, Jugendlicher oder Erwachsener, ob Multiplikator – der MD Berlin erschließt für Sie zielgruppenorientiert Wege in die Berliner Kulturlandschaft. Fortbildungen für den Bereich „Schule und Museum" gehören ebenso zum Angebot wie die Kinder- und Jugendarbeit von „Abenteuer Museum". In den Workshops „Fenster zur Kunst" erarbeiten Erwachsene betrachtend, schreibend, gestaltend und mit theatralischen Mitteln neue Zugänge zur Kunst. Unter dem Titel „Forum: Kultur + Stadt" firmieren Workshops, Vorträge, Diskussionsveranstaltungen, Stadterkundungen, Lesungen, die sich mit der Kulturgeschichte und städtischen Entwicklung Berlins beschäftigen. Mit den Mitteln des Theaters führt unser Theaterpädagogischer Dienst an Theater, Kunst und Wissenschaft heran.

FührungsNetz

Das FührungsNetz des MD Berlin bringt Sie als Einzelbesucher oder auch als Gruppe auf die Fährten vieler Berliner Museen und Ausstellungen. Auch Sonderführungen, Stadterkundungen und Vorträge können Sie bei uns anfordern.

MD infoline/MD infoline junior

Die MD infoline ist der heiße Draht für Museumsbesucher. Hier finden Sie zum normalen Telefontarif – in Deutsch und Englisch – Information und Beratung zu Berliner und Brandenburger Museen, Gedenkstätten, Archiven, Denkmalen, zu Sonder- und Dauerausstellungen. Besucherprogramme gestaltet der MD Berlin individuell nach Ihren Wünschen.

Bei der MD infoline können Sie buchen: Die Stadt- und Museumsführungen des „FührungsNetzes", die Workshops und künstlerischen Veranstaltungen für Erwachsene von „Fenster zur Kunst",die Fortbildungsseminare für Lehrer von „Lernort Museum".

Auskünfte und Buchungen zu den Kinderprogrammen des MD Berlin sowie zu Museen, Veranstaltungen, Angeboten für Kinder und Jugendliche in Berlin erhalten Sie über die MD infoline junior des MD Berlin.

Außerdem nimmt die MD infoline Bestellungen der Publikationen des MD Berlin entgegen.

Mo–Fr 9–16 Uhr, am Wochenende und
an Feiertagen 9–13 Uhr
Fon 28 39 74 44 (MD infoline)
Fon 28 39 74 67 (MD infoline junior)
Fax 2 82 61 83
infoline@mdberlin.de
www.md-infoline-der-berliner-museen.de

Wenn Sie weitere Informationen wünschen:

MD Berlin
Chausseestr. 123
D-10115 Berlin
Fon 2 83 97-3,
Fax 2 82 61 83
www.mdberlin.de
info@mdberlin.de

SERVICEANGEBOTE DER BESUCHER-DIENSTE DER STAATLICHEN MUSEEN ZU BERLIN

www.smpk.de

Informationen zu allen Ausstellungen erhalten Sie unter der Info-Telefonnummer 20 90 55 55

Führungen können Sie unter Fon 20 90 55 56 oder Fax 20 90 55 02 anmelden. Dort erfahren Sie auch die Bedingungen und können sich zu den unterschiedlichen Angeboten – für Kinder, Familien, Schulklassen, Reisegruppen, Ferienaktionen uvm. – informieren lassen.

An folgenden Standorten können Sie zu den dort befindlichen Museen weitere Informationen erfahren:
Pergamonmuseum (Mitte/Museumsinsel) 20 90 55 77
Ethnologisches Museum (Museumskomplex Dahlem) 830 14 38
Kulturforum (Museumskomplex Tiergarten) 266 29 51

MUSEEN (NICHT NUR) FÜR KINDER

MUSEEN (NICHT NUR) FÜR KINDER

Museen sind entschieden nicht langweilig! Speziell für Kinder und Jugendliche gibt es in Berlin verschiedene Museen. Ob mit der Schulklasse, am Geburtstag oder nur einfach am Wochenende mit den Eltern, ein Besuch lohnt sich auf jeden Fall. Nachfolgend eine Auswahl der schönsten Museen für Kinder.

Das Feuerwehrmuseum veranstaltet Führungen mit historischen Feuerwehrfahrzeugen, Videovorträgen und neuen Lösch- und Rettungsfahrzeugen. Die Ausstellung ist nicht speziell für Kinder konzipiert, einen Besuch ist sie aber trotzdem wert.

Berliner Str. 16, 13507 Berlin (Reinickendorf)
U6 Alt-Tegel, S25 Tegel, Bus 133
Öffnungszeiten Mo, Di, So 9-12 Uhr, Mi 16-19 Uhr

Das Kinder & JugendMuseum im Prenzlauer Berg behandelt historische Fragen, die Veränderungen im Stadtteil und in der Stadt und Ökologie und Umweltschutz. Lernen im Spiel und mit allen Sinnen sind die Charakteristika der Vermittlung.

Senefelderstr. 6, 10437 Berlin
Fon 74 77 82 00, Fax 74 77 82 05
ki.jumus.pb@museum.b.shuttle.de
www.b.shuttle.de/museum.de
Leitung Karen Hoffmann und Marie Lorbeer

Die Idee, ein Kindermuseum im damals noch zu Ost-Berlin gehörenden Prenzlauer Berg aufzubauen wurde 1989/90 geboren. Nach der Wende begann der Verein „Netzwerk Spiel/Kultur" die Idee vom Kindermuseum Schritt für Schritt in die Tat umzusetzen. Neuer Standort seit Ende 2001 ist die Elias-Kirche in Prenzlauer Berg. Davon hatten die Initiatoren lange geträumt: große Räume mit viel Platz für Ausstellungen, zum Rutschen und Klettern, zum Erfinden und Bauen.

Während der Bauarbeiten von der Kirche zum Kindermuseum wurden bereits Workshops angeboten, bei denen die Kinder mitplanen und gestalten durften. Ideen wurden später bei dem Projekt „BauMit" in die Tat umgesetzt. Das Kindermuseum hat den Anspruch, ein Museum für die ganze Familie zu sein. Deshalb sind differenzierte Angebote für verschiedene Alterstufen und ein Erlebnisbereich für Krabbelkinder geplant.

Inhaltlich wird die Richtung des Museums von Schwerpunkten wie Stadtplanung, Geschichte mit regionalen Bezügen, Kunst, Vermittlung alter Handwerkstechniken (Drucken, Mosaizieren etc.) bestimmt. Es sind feste Ausstellungsinstallationen geplant: Astronomieraum im Kirchenturm, Kunstlabor, Museumsdruckerei, Restaurierungswerkstatt, Architekturbüro, Multimedia-Raum, Spiegelzimmer. Gleichzeitig werden Wechselausstellungen zu unterschiedlichen Themen gezeigt.

Die Ausstellungen sind interaktiv angelegt, Anfassen ist erlaubt. Wer will kann sich als Künstler versuchen oder die handwerklichen Fähigkeiten testen. Das Prinzip: Lernen mit allen Sinnen.

Ein Café lädt zum Entspannen ein, der Museumsshop zum kreativen Einkauf.

Weitere Aktivitäten des Kinder und JugendMuseums im Prenzlauer Berg sind Kooperationsprojekte zwischen dem Kinder & JugendMuseum im Prenzlauer Berg und dem Museum für Naturkunde (Invalidenstraße 43, 10115 Berlin). So auch die im Mai beginnenden Panke-Wanderungen. Kinder und Jugendliche werden eingeladen, die Panke, einen typischen Berliner Fluss, auf Exkursionen zu erkunden, für Familien finden Wanderungen am Wochenende statt. Das Projekt ist insgesamt auf einen Zeitraum von drei Jahren angelegt.

Veranstalter: Museum für Naturkunde,
Invalidenstraße 43, 10115 Berlin,
Dr. Oliver Coleman, Fon 20 93 85 31
Kinder & JugendMuseum im Prenzlauer Berg,
Senefelderstr. 6, 10437 Berlin
Karen Hoffmann, Fon 74 77 82 00

Das Kinder-Kunst-Museum e.V. organisiert Welt-Kinderkunst Ausstellungen, Austauschausstellungen für seine Partner in aller Welt, interaktive Projekte gegen Gewalt und Rassismus und für Toleranz. Im Projekt für Schulen „Spiel, Kunst und Musik" werden spielerisch Kulturen aus 5 Kontinenten im Sinne einer Völkerverständigung präsentiert.

Der Verein „Kinder-Kunst-Museum e.V." zur Förderung des Internationalen Museum of Children's Art wurde am 11. August 1993 ins Leben gerufen. Ziel war es, die kreative künstlerische Kraft der Kinder wahrzunehmen und zu erkennen. Der Verein verfolgt das Ziel, in Berlin ein „Kinderkunst Museum of Children's Art" zu eröffnen. Es soll ein internationales Forum für künstlerisch begabte und interessierte junge Menschen werden, um ihnen die Kulturen der Welt nahezubringen.

Hartmannsweilerweg 11, 14163 Berlin (Zehlendorf)
U1 Krumme Lanke, Onkel-Toms-Hütte
S1 Mexikoplatz
Bus 112, 148, 211

Auch im Labyrinth Kindermuseum ist Anfassen ausdrücklich erlaubt. Das Museum versteht sich als außerschulischer Kultur- und Lernort und arbeitet mit Methoden des handlungs- und erfahrungsorientierten Lernens. Neben dem Besuch von Mitmachausstellungen können hier auch Kindergeburtstage gefeiert und Workshops besucht werden

Osloer Str. 12, Berlin-Wedding
Fon 49 30 89 01 (Info und Anmeldung)
kontakt@kindermuseum-labyrinth.de
Im Winter (01.10.-31.03.) Di–Fr 14–18 Uhr
Im Sommer (01.04.- 30.09.) Di, Do, Fr 14-16, Mi 14-18 Uhr
Ganzjährig: Sa 9–13, So 11–18 Uhr
Öffnungszeiten an Feiertagen und in den
Berliner Schulferien sowie Führungen bitte im
Museum erfragen.
U9 Osloer Str., U8 Pankstr., S1, S2, S8,
Bornholmer Str., Tram 23, 24 (Prinzenallee)

LABYRINTH KINDERMUSEUM
Detektivausstellung – ist hier alles lupenrein?

Das Labyrinth Kindermuseum Berlin ist ein Kultur- und Lernort für Kinder, Familien und Pädagogen. Es ist ein Museum zum Anfassen, Ausprobieren, Erkunden und Mitmachen. Seit 1997 werden in der ehemaligen Montagehalle einer Zündholzmaschinenfabrik wechselnde interaktive Ausstellungen angeboten. Auf einer Fläche von 1.000 Quadratmetern eignen sich die kleinen und großen Gäste auf spielerische Weise Themen aus Umwelt, Kultur und Gesundheit an. Sie zaubern Seifenblasen, bauen meterhohe Türme oder hantieren als „Bauarbeiter" mit Brettern, Röhren, Decken und Kisten. Dabei steht das Motto „sich bewegen – mit allen Sinnen lernen" im Mittelpunkt.

Auch Kindergeburtstage können hier gefeiert werden – in separatem Geburtstagsraum und mit begleitendem Workshop.

Im Museum Kindheit und Jugend sieht man z.B. ein Skateboard, Kondome und auch Rauschgift-Imitate als Relikte der heutigen Jugend, aber auch eine Eselsmaske, die Schüler vor hundert Jahren als Strafe aufsetzen mussten. Eine Strafarbeit, auf der 30 mal der Satz „Ich darf nicht in der Schule schwatzen" geschrieben steht, stammt aus dem Jahre 1950.

Wallstr. 32, 10179 Berlin (Mitte)
U2 Märkisches Museum, U8 Heinrich-Heine-Str.
S3, S5, S7, S9 Jannowitzbrücke
Bus 143, 147, 240, 265
Öffnungszeiten Di–Fr 9–17 Uhr

Das Puppentheater Museum ist für Kinder und Erwachsene. Es informiert über die Geschichte des Puppentheaters und zeigt vergangene Spielformen. Tägliche Führungen für Kinder und Erwachsene sowie wechselnde Puppentheateraufführungen, Märchenerzählungen, Lesungen und Workshops für Kinder und Erwachsene ergänzen die Ausstellung.

Karl-Marx-Str. 135, 12043 Berlin (Neukölln)
U7 Karl-Marx-Str., S41, S42, S46, S47 Neukölln, Bus 104
Öffnungszeiten Mo-Fr 9-16 Uhr, So 11-17 Uhr

Das Spektrum informiert als Teil des Technikmuseums über insgesamt mehr als 250 Experimente zu Phänomenen der Akustik, Optik, Elektrizität, Wärmelehre, Radioaktivität etc. Hier kann man spielerisch die Grundlagen der Naturwissenschaft und Technik verstehen lernen. Das Foucaultsche Pendel in der Eingangshalle beweist allen Besuchern, dass sich die Erde dreht.

Trebbiner Str. 9 Eingang Möckernstraße 26,
10963 Berlin (Kreuzberg)
U1, U2 Gleisdreieck, U1, U7, U15 Möckernbrücke,
S1, S2, S25, S26 Anhalter Bahnhof, Bus 129, 248, 341
Öffnungszeiten Di-Fr 9-17.30 Uhr, Sa/So 10-18 Uhr

Das Waldmuseum mit Waldschule entführt Kinder und Erwachsene in die märchenhafte Zauberwelt des Grunewaldes. Es gibt hier außerdem regelmäßig Wald-Jugendspiele, bei denen kleine Schülergruppen vielfältige Aufgaben zum Thema Wald, seinen Pflanzen und Tieren an Stationen im Wald lösen müssen.

Jugend im Museum e.V.

Hier werden Kurse in Museen aller Berliner Stadtbezirke zu ganz unterschiedlichen Themen aufgeführt, zum Spaß haben, lernen und Kennenlernen anderer Kinder.

Museum zum Mitmachen – Jugend im Museum e.V.

Der gemeinnützige Verein will Kindern und Jugendlichen unter fachkundiger Anleitung künstlerische Arbeit und handwerkliche Techniken vermitteln. Durch einen Museumsbesuch während des Kurses soll Interesse an der eigenen Kunst und Kultur sowie der anderen Völker geweckt werden.

Dreimal jährlich bietet der Verein Kindern und Jugendlichen von sechs- bis achtzehn Jahren ein abwechslungsreiches Kursprogramm an. Geleitet werden die Kurse von Bildhauern, Malern, Grafikern, Kunst- und Werkpädagogen, Tischlern, Töpfern und Fotografen. Sie finden zur Zeit in fast allen Stadtbezirken statt. Zur Verfügung stehen dafür Räume in Schulen, Freizeitheimen, Kitas oder eigene Werkstätten.

In Integrationskursen arbeiten behinderte und nichtbehinderte Kinder zusammen.

Fon 283 32 49 oder Fon/Fax 283 32 59
Jim@jugend-im-museum.de

Außerhalb des normalen Kursprogramms werden Projekte angeboten, die sich auf Ausstellungen in den Museen beziehen.

Das Junior-Museum im Ethnologischen Museum vermittelt an Kinder und Jugendliche – besonders von Berliner Schulen – Informationen über außer-europäische, fremd anmutende Kulturen. Die anfängliche Fremdheit und die exotische Ferne sollen verringert werden, und eine offenere, tolerante Haltung zu dem Andersartigen soll herausgebildet werden. Die wechselnden Sonderausstellungen werden von Führungsprogrammen für Schüler ergänzt. Einige der Ausstellungsobjekte können angefasst werden.

Lansstraße, Berlin-Dahlem
Fon 20 90 55 55 (Info-Nr.), Fax 831 59 72
Leitung Prof. Dr. Viola König
Di–Fr 10–18 Uhr, Sa und So 11–18 Uhr
Geschlossen: 1.1., Osterdienstag, Pfingstdienstag, 24., 25., 31.12.
Führungen nach Anmeldung bei den Besucher-Diensten unter Fon 20 90 55 66
Gruppen mit Voranmeldung Di–Fr 9–13 Uhr, ohne Voranm. Di–Fr 13–18, Sa, So 14–18 Uhr
U-Bahn bis Dahlem-Dorf; Bus X11, X83, 110, 183
Eigener Parkplatz vorhanden
Mo und Mi 8–16 Uhr
Behindertengerecht: Aufzug, Rollstuhlrampen, WC

Kinderzeitung Kiek mal

Sechs Jahre ist es zum diesjährigen Kindertag her, dass Berliner Kinder ihre eigene Zeitung bekamen. Seither zeigt sie ihnen, was die Hauptstadt für 8–14 Jährige zu bieten hat. Frech berlininerisch „Kiek Mal" genannt, wurde das Blatt mit der Auflage von 20.000 Exemplaren für Familien, Kinder, Lehrer und Erzieher begehrtes Hilfsmittel bei der Freizeitplanung.

Die Zeitung ist auch im Kinderhauptstadt-Office des Deutschen Kinderhilfswerkes zu bekommen und sucht in der Leipziger Straße 117 freitags zwischen 14 und 17 Uhr den Kontakt zu Lesern und jungen Redakteuren. Besonders beliebt bei den jungen Lesern ist die Kiek-Mal-Aktion „Kinder testen Berlin": einige hundert Kinder testen Bäder, Kinos, Museen und Freizeitparks auf Kinderfreundlichkeit. Die Aktion fand solchen Zuspruch, dass Testbeiträge mit Kindern bis heute in jeder Ausgabe zu finden sind. Hier dürfen die 8–14 Jährigen ihre Einschätzung geben, welche Einrichtungen und Angebote in Berlin und Umgebung kinderfreundlich sind und welche nicht. Die allermeisten Testberichte fallen durchaus positiv aus.

Das Blatt erscheint jetzt zweimonatlich und erreicht endlich alle 481 Berliner Grundschulen, Freizeiteinrichtungen und Kinderprojekte der Stadt. Die Zeitung gibt Tipps für Veranstaltungen und Angebote in Theatern, Museen, Kultur- und Sporteinrichtungen, Freizeitparks oder in den modernen

Medien. Im redaktionellen Teil kommen auch Witze, Rätsel und Comics für Kinder nicht zu kurz. Schließlich soll Zeitung lesen Spaß machen.

Info und Kontakt
„Kiek Mal", Die Berliner Kinderzeitung
Leipziger Str. 116–118, 10117 Berlin
Fon 279 37 68, Fax 279 38 33
kpzkiekmal@t-online.de
www.kiekmal-online.de

Kinderinsel

Die Erlebniswelt Kinderinsel ist ein intenationales Kinderhotel mit stunden- und tageweiser Betreuung sowie mit Wochen-, Wochenend- und Ferienangeboten. Mit der Kinderinsel mobil bieten die Organisatoren einen mobilen Betreuungsservice für Eltern, Unternehmen und Veranstalter vor Ort bei verschiedenen Anlässen wie Betriebsfeiern, Hochzeiten, Tagungen und Kongressen, mit oder ohne Themenprogramm, und einen individuellen Babysitterservice im Hotel an.

Kinderinsel GmbH
Eichendorffstraße 17
10115 Berlin
Fon 41 71 69-28, Fax -48
info@kinderinsel.de, www.kinderinsel.de

REGISTER

Register

*=Zur besseren Auffindung von uns veränderte Bezeichnung

Näheres zu den Dienstleistungs- und Serviceangeboten des MD Berlin und der Besucher-Dienste der Staatlichen Museen zu Berlin finden Sie ab Seite *314*

FOTOS

R. Friedrich (teilweise Rechte bei Staatliche Museen Berlin, Besucher-Dienste)
16 (unten), 22 (2x), 30/31 (kl .Foto), 37, 57 (kl. Foto), 61, 63, 67, 83, 91, 96, 99, 103, 120, 140, 142, 146, 169, 212/213, 222 (2x), 238, 247, 257, 261, 264/265, 268, 270, 271, Rücktitel Tango-Nacht, Schloß Charlottenburg

Staatliche Museen, Besucher-Dienste/Dietrich Graf
33, 42(2x), 45 (2x)

MD Berlin/Sergej Horovitz/11. Lange Nacht der Museen
50/51, 57 (gr. Foto), 130, 144, 336, Titel (kleines Foto)
MD Berlin 24, 26
NEXT Berlin
Titelbild (gr. Foto), 19, 30/31, 342/343
Matthias Zeckert/German Arts
Lichtinstallationen Titelbild (gr. Foto), 19, 30/31, 342/343

Jüdisches Museum Berlin 132/133, 135 (2x), 136

Werner Bern, Berlin 52

Scherhaufer/Filmmuseum Berlin 76 (2x), 78, 79, 81

Credit line/Bauhaus-Archiv Berlin 106/107

SPSG 243, 244

Eric Brenckle/SPSG 244

Christoph Hönig/Juniormuseum 219

The Story of Berlin 278 (2x), 279

Uwe Steinert 16 (oben)

Iris Papadopoulos 6 (unten)

Jeweilige Museen
112, 117, 123, 150/151, 165, 167, 171, 175, 180, 193, 207, 217, 254, 274, 282, 285, 289, 323

L&H Verlag 70, 73

Titelbild	Alte Nationalgalerie in der Langen Nacht der Museen (NEXT/Matthias Zeckert), oben Alte Nationalgalerie (Sergeij Horovitz/MD Berlin)
Rücktitel	Obere Reihe: Jüdisches Museum, Tango-Nacht in der Neuen Nationalgalerie, Deutsches Technik-Museum Untere Reihe: Schloß Charlottenburg, Deutsches Filmmuseum (Fotos wurden auch im Innenteil verwendet, sie sind im Fotonachweis oben enthalten)

IMPRESSUM

Der Berliner Museumsführer erscheint in Kooperation zwischen dem L&H Verlag, dem Museumspädagogischen Dienst Berlin, den Besucher-Diensten der Staatlichen Museen zu Berlin Preußischer Kulturbesitz und den Berliner Museen.

Deichstraße 27, D-20459 Hamburg
Fon 0 40/32 08 68 92
Fax 0 40/32 08 68 94
ISDN 0 40/37 50 12 14
LH-Verlag@t-online.de
www.LH-verlag.de

IDEE Wolfgang Henkel, L&H Verlag, Hamburg
KONZEPT Wolfgang Henkel, L&H Verlag, Hamburg
TEXTE Staatliche Museen Berlin, Besucher-Dienste, MD Berlin, einzelne Museen, L&H Verlag.
Die Texte wurden größtenteils verändert, Ursprungstexte stammen teilweise aus Berliner Museumsführer 4. und 5. Auflage von Anke Küpper, Hamburg
Text „The Story of Berlin", copyright berlin.de new media GmbH & Co. KG, Bearbeitung: berlin.de
REDAKTION L&H Verlag, Hamburg
FOTOS siehe Seite 334
KARTEN L&H Verlag, Hamburg/kontur, Berlin
GESTALTUNG Inken Broocks M. A., Stefan Seufert und Wolfgang Henkel, alle L&H Verlag
SATZ Inken Broocks M. A., Stefan Seufert, beide L&H Verlag, Hamburg
PRODUKTION Druckerei zu Altenburg, Altenburg

Die Deutsche Bibliotek – CIP-Einheitsaufnahme

Berliner Museumsführer. - 6., veränd. Aufl.. - Hamburg : L-und-H-Verl., 2002
ISBN 3-928119-62-1

ALTE NATIONALGALERIE
Impressionen der Stille – im Gegensatz zur Langen Nacht

PENTAGON.DE

Gesamtprogramm L&H Verlag — ISBN 3 - 928119 -

Hamburg

Hamburg Grün. Die Gärten und Parks der Stadt	39-7
Hamburg für Leser	71-0
Hamburg Kompakt/Hamburger Museumsführer	69-9
Hamburg musikalisch – Spurensuche i. d. Neustadt	54-0
Linie 36 – Hamburg-Tour in 38 Minuten	56-7
Stadtführer für Notfälle/ Hamburgs öffentl. Toiletten	58-3
HafenCity und HafenkanteÖvelgönne bis Meßberg	63-X
Das Rathaus der Freien und Hansestadt Hamburg	25-7
Es begann 1676 – Hamburg. Geschichte. Katastrophen. Feuersbrünste	67-2
Beatles, Hagenbeck und Schopenhauer	68-0
Hamburg, eine fotografische Zeitreise	73-7
Weihnachten und Advent in Hamburg und Umland	59-1

Berlin/Potsdam/Brandenburg

DenkMal Berlin	74-5
Berliner Museumsführer Berlin/SMPK	62-1
Berliner Museen. Deutsch/Englisch	50-8
Berlin Grün. Die historischen Gärten und Parks	51-6
Linie 100 + 200 – Berlin-Tour in 33 Minuten	57-5
Potsdam Kompakt,	66-4
Potsdam Grün	64-8
Ein Garten der Erinnerung/Karl Foerster	65-6
Statuen in Potsdam	07-9
Ferien vom Ach/Karl Foerster	72-9

Weitere Bundesländer

Schlösser und Gutsanlagen in Schleswig-Holstein	24-9
Schlösser, Herrenhäuser und Kirchen in Mecklenburg-Vorpommern	53-2
KulturRouten Niedersachsen	
Band 1: Hannover/Braunschweig	32-X
Band 2: Harz, Weser- und Leinebergland	33-8
Band 3: Osnabrücker Land, Emsland, Mittelweser	34-6
Band 4: Ostfriesland, Oldenburg	35-4
Band 5: Elbe-Weserdreieck, Bremen	36-2
Band 6: Lüneburger Heide, Wendland	37-0
Rhein-Ruhr Kompakt	60-5
Das Gartenreich Dessau-Wörlitz	61-3
Gärten&Parks in Sachsen	26-5
Weimarer Museumsführer/Kompakt	48-6
Erlebnis Handwerk	40-0
Aphorismen für Führungskräfte	22-2

Dessau-Wörlitzer Gartenreich

Weitere Informationen über das Dessau-Wörlitzer Gartenreich:

Kulturstiftung DessauWörlitz, Schloss Großkühnau, 06846 Dessau

Telefon: +49 (0340) 6 46 15-0 • Telefax +49 (0340) 6 46 15-10

www.ksdw.de • E-mail: ksdw@ksdw.de